Sozialwissenschaftliche Theoriebildung und das Problem der Mediation

AF881969

Europäische Hochschulschriften
Publications Universitaires Européennes
European University Studies

Reihe II
Rechtswissenschaft

Série II Series II
Droit
Law

Bd./Vol. 4385

PETER LANG
Frankfurt am Main · Berlin · Bern · Bruxelles · New York · Oxford · Wien

Elke Fischer

Sozialwissenschaftliche Theoriebildung und das Problem der Mediation

PETER LANG
Europäischer Verlag der Wissenschaften

Bibliografische Information Der Deutschen Bibliothek
Die Deutsche Bibliothek verzeichnet diese Publikation in der Deutschen Nationalbibliografie; detaillierte bibliografische Daten sind im Internet über <http://dnb.ddb.de> abrufbar.

Zugl.: Marburg, Univ., Diss., 2005

D 4
ISSN 0531-7312
ISBN 3-631-55103-7

© Peter Lang GmbH
Europäischer Verlag der Wissenschaften
Frankfurt am Main 2006
Alle Rechte vorbehalten.

Das Werk einschließlich aller seiner Teile ist urheberrechtlich geschützt. Jede Verwertung außerhalb der engen Grenzen des Urheberrechtsgesetzes ist ohne Zustimmung des Verlages unzulässig und strafbar. Das gilt insbesondere für Vervielfältigungen, Übersetzungen, Mikroverfilmungen und die Einspeicherung und Verarbeitung in elektronischen Systemen.

www.peterlang.de

Inhaltsverzeichnis

I. Einleitung

1. Mediation im Recht

Das Thema „Mediation" als außergerichtliches Konfliktlösungsverfahren wurde zunächst bedeutsam im Zusammenhang mit Diskussionen über die Möglichkeit einer Entlastung der Justiz durch alternative Streitbeilegungsmöglichkeiten. Die Verhandlung wird dabei nicht von einem entscheidungsbefugten Richter, sondern von einem neutralen Vermittler geführt, dem selbst keine inhaltliche Entscheidungskompetenz hinsichtlich der Konfliktlösung zukommt. Die Lösung für den Konflikt muss also grundsätzlich von den Parteien selbst erarbeitet werden, so dass sie anschließend in einer vertraglichen Vereinbarung festgehalten werden kann. Von Verfahren der Schiedsgerichtsbarkeit oder der Schlichtung unterscheidet sich die Mediation also vor allem dadurch, dass der Konflikt hier nicht durch einen Dritten beendet wird. Der Mediator hat keine Entscheidungskompetenz und die Mediationsvereinbarung hat in der Regel die Wirkung eines privatrechtlichen Vertrages.

Zu den Vorteilen eines Mediationsverfahrens gegenüber der gerichtlichen Konfliktlösung gehört vor allem die Kosten- und Zeiteinsparung. Durch die Nichtöffentlichkeit des Verfahrens sind die Parteien in manchen Fällen bereit, Zugeständnisse zu machen, die sie in einem öffentlichen Gerichtsverfahren nicht zugestehen könnten oder wollten. Die Loslösung von Rechtsnormen kann in manchen Fällen als weiterer Vorteil angesehen werden. Die Mediation bewegt sich zwar innerhalb der Grenzen des Rechts, aber sie ist ein Verfahren der Streitschlichtung ohne ständige Auseinandersetzung mit konkreten Normen. Die zentrale Frage ist dabei nicht, wie sich die Positionen der Parteien rechtlich durchsetzen lassen, sondern es geht zunächst um die Frage nach den Interessen der Parteien und dann um Möglichkeiten einer konfliktfreien praktischen Verwirklichung.

Insbesondere dann, wenn die Parteien nach Beendigung des Konflikts ihre Beziehung fortsetzen wollen oder müssen, stellt die Mediation und ihr Verhandlungsprinzip eine schonendere Konfliktlösung dar. Hier kommt zum Tragen, dass das Ergebnis der Mediation per definitionem eine Vereinbarung darstellt, mit dem die Parteien zumindest partiell zufrieden sind. Dadurch gibt es keine eindeutigen Gewinner-

oder Verliererpositionen. In diesem Zusammenhang wurde von „win-win-solutions" gesprochen. Dadurch können die Parteien auch nach dem Verfahren noch Partner sein und werden mit geringerer Wahrscheinlichkeit zu unversöhnlichen Gegnern.

Als Problem kann zunächst angesehen werden, dass keine Pflicht zur Einhaltung verfassungsrechtlicher Verfahrensgarantien besteht. Hier ist insbesondere daran zu denken, dass die Parteien die Bedeutung des rechtlichen Gehörs selbst bestimmen können. Darüber hinaus wird der Konflikt privatisiert und der äußeren Kontrolle sowie der richterlichen Rechtsfortbildung entzogen. Es entstehen also keine Lösungsanhaltspunkte für ähnliche Fälle und die Mediation entzieht sich der allgemeinen Rechtsdurchsetzungsmöglichkeit. Darüber hinaus ist auch die Gefahr eines Rechtsverlustes zu berücksichtigen, da die Mediation keine Fristen hemmen kann. Mit Ausnahme dieses letzten Problems können die Nachteile geradezu als die Entsprechungen der Vorteile der Mediation als Streitschlichtungsverfahren angesehen werden. Damit zeigt sich schon eine gewisse Ambivalenz dieses Verfahrens.

Das Recht spielt jedoch auch in der Mediation eine positive Rolle. Zunächst bestimmen Rechtsnormen den Wert der Nichteinigungsalternativen der Beteiligten. Dies geht vor allem darauf zurück, dass jede der Parteien unter der Annahme vollständiger Rationalität und der Motivation durch Eigeninteresse einem Vergleichsvorschlag nur zustimmen wird, wenn sie durch diesen mindestens so viel erreicht, wie sie voraussichtlich bei der gerichtlichen Streitbeilegung erreichen könnte. Darüber hinaus ist zu berücksichtigen, dass die rechtlichen Regeln auch Maßstäbe zur Beurteilung von Einigungsoptionen darstellen, indem die gefundene Lösung an den Vorschriften des zwingenden Rechts gemessen und außerdem durch den Gerechtigkeitsgehalt des dispositiven Rechts beurteilt wird. Schließlich können Rechtsnormen auch als Denkanstöße für die Gestaltung von Einigungsoptionen dienen. Dennoch bleibt die Ambivalenz bestehen, dass eine Verrechtlichung der Mediation sich grundsätzlich nicht mit deren Grundanliegen einer interessenbasierten und konsensualen Konfliktlösung verträgt.

Auf der grundsätzlichen Ebene der rechtsphilosophischen Begründung des Rechts könnte man auf den Gedanken des Vertrags am Anfang der rechtlichen Gemeinschaft verweisen, in dem die Staatsbürger einen Teil ihrer natürlichen Freiheit aufgeben, um ihre rechtliche Freiheit im Staat zu gewinnen. In diesem Vertrag verzichten die präsumptiven Bürger gerade auf ihre Stellung als gleichrangige Kontrahenten in Interessenkonflikten und übertragen die Regelung solcher Konflikte auf eine neutrale Institution, die eine sanktionsbewehrte Entscheidung trifft. Hier könnte argumentiert werden, mit dem Konsensprinzip allgemein und speziell mit dem Instrument der Mediationsverfahren werde dieser Verzicht auf eine private Austragung von Konflikten zurückgenommen und die Konfliktaustragung wieder den privaten Machtkonstellationen zwischen den Kontrahenten übertragen. Bis zu einem gewissen Grade wird hier ja der Gedanke von einem Recht, das an die Stelle privater Konfliktverfolgung und Konfliktbeilegung treten soll, aufgegeben, und an seine Stelle tritt der Gedanke von einem Recht, das sich an Opportunitätsgesichtspunkten orientiert und den Kontrahenten nur Verfahrensinstrumente zur Konfliktregelung zur Verfügung stellen will, nicht aber selbst materiell-rechtlich wirksam werden soll.

Damit wird der Konflikt zwischen den Kontrahenten neu definiert. Es handelt sich nicht mehr um einen Konflikt im Sinne eines Verstoßes gegen die rechtliche Gemeinschaft, die durch den ursprünglichen Vertrag der Staatsgründung und der Übertragung der Konfliktregelung auf rechtliche Normen entstanden war. Jetzt handelt es sich wieder um einen Konflikt zwischen zwei Personen, die sich auf gleicher Ebene gegenüberstehen, und deren Konflikt grundsätzlich damit re-privatisiert wird. Dagegen lässt sich vor allem einwenden, dass auch die Effektivität der Rechtspflege einen Teil der Realisierung des Vertrags zwischen den Staatsbürgern darstellt. Dann wird es zu einer Abwägungsfrage, ob die zumindest teilweise Umdefinition von Konflikten, die den Rechtsfrieden bedrohen, zu solchen Konflikten, die nicht zwischen Gemeinschaft und Staatsbürger, sondern zwischen Staatsbürger und Staatsbürger stattfinden, zu einem höheren oder niedrigeren Ausmaß an Rechtssicherheit führt. Diese Abwägung muss dabei jedoch grundsätzlich nicht allein nach den Grundsätzen der Effektivität und der Legalität stattfinden, sondern anhand der Frage, ob der Zuwachs an Effektivität auch einen Zuwachs an Legalität mit sich bringt oder ob die höhere Effektivität mit einer geringeren Legalität und einer geringeren Realisierung des rechtsbegründenden Vertrags für die Staatsbürger verbunden ist.

2. Mediation zwischen Recht und Effektivität

Im Zusammenhang mit der Theorie einer Weltgesellschaft wird von Niklas Luhmann eine fundamentale Kritik an der Idee des Rechts vorgebracht, derzufolge gerade die rechtliche Form der Regelung von Interaktionen nicht mehr den funktionalen Erfordernissen der sich herausbildenden globalen Gesellschaft entspreche. Damit wird eine Kritik formuliert, die das Recht von vornherein und grundsätzlich nur unter system-funktionalistischen Prämissen wahrnimmt. Als Begründung des Rechts wird nur dessen Funktionalität für das Bestehen von Gesellschaftssystemen zugelassen, so dass Dysfunktionalitäten entsprechend dazu führen, im Recht eine überflüssige und sogar schädliche Einrichtung zu sehen. Damit werden Gründe für die Existenz und für den Sinn von Recht ausgeblendet, die sich nicht auf seine Funktionalität beziehen, sondern den rechtlichen Zustand zwischen Menschen aus seinem eigenen Wert heraus rechtfertigen. Solche Gründe wurden etwa von Immanuel Kant mit Bezug auf die Notwendigkeit eines rechtlichen Zustandes ausgearbeitet, der in seiner freiheitsbegründenden Bedeutung den Staat als Garant des Rechts definiert.

Diese beiden Positionen stellen gewissermaßen das Spannungsfeld dar, in dem sich die Konzeption der Mediation in ihrer Beziehung auf das Recht und in ihrer Unterscheidung von rechtlichen Regelungen rechtfertigen und positionieren muss. Hier ist darüber hinaus zu beachten, dass Luhmann in seiner funktionalistischen Auffassung und Kritik auch noch beansprucht, die rechtsphilosophische Betrachtungsweise selbst wiederum system-funktionalistisch einordnen und verstehen zu können. Auch auf dieser Ebene kann dagegen Kants rechtsphilosophischer Anspruch gesetzt werden, das Recht auf die Freiheit und Personalität der in einem staatlich verfaßten Gemeinwesen lebenden Bürger gründen zu können, die von „Natur" aus das Recht *und* die Pflicht haben, in einem status civilis zu leben.

Nach Luhmann stellt das Recht die Struktur eines sozialen Systems dar, "die auf kongruenter Generalisierung normativer Verhaltenserwartungen beruht".[1] Diese Funktionsbestimmung geht von der Notwendigkeit eines ausreichenden Maßes an Erwartungssicherheit bezüglich des Verhaltens anderer Menschen aus, um im sozialen Zusammenleben konfliktfrei miteinander umgehen zu können. Normativ sind die-

[1] Luhmann, N., Rechtssoziologie, 3. Auflage, Opladen 1987, S. 105.

se Erwartungen dann, wenn von anderen gefordert wird, dass sie sich gemäß bestimmter Erwartungen verhalten. Eine kongruente Generalisierung stabilisiert die Sicherheit im sozialen Umgang durch die Garantie wechselseitig übereinstimmender Erwartungen, die damit von individuellen Besonderheiten unabhängig werden: A kann sicher sein, dass B seinen dem Recht gemäßen Erwartungen entsprechen wird (andernfalls er ihn durch staatliche Sanktionen dazu anhalten kann), und er kann sicher sein, dass B auch seine Verhaltenserwartungen nicht enttäuschen wird, d.h. dass B ihn nicht durch völlig unerwartete Erwartungen an sein Verhalten überraschen wird. Generalisiert sind diese Erwartungen im Recht nun, weil die Sicherheit vor Enttäuschungen nicht mehr abhängig von der Individualität, sondern nur noch vom Status des anderen als Rechtssubjekt ist: A kann von B erwarten, dass er vor einer roten Verkehrsampel anhält und er erwartet von B, dass dieser von ihm - dem A - erwartet, ebenfalls vor roten Verkehrsampeln anzuhalten, und dies unabhängig von Geschlecht, Haarfarbe, Bildungsstand und Automarke.

Durch diese Leistung bildet das Recht eine Struktur sozialer Systeme, die in der Selektion stabiler und garantierter Verhaltenserwartungen besteht. Damit wird ein Bereich möglicher Zustände im sozialen System umgrenzt und andere werden ausgeschlossen. Genau dies ist nach Luhmann die Funktion von Systemen überhaupt: sie reduzieren Komplexität, indem sie bestimmte Bereiche des theoretisch Möglichen ausschließen und so ein System von seiner Umwelt abgrenzen und es als ein bestimmtes System ausbilden. Innerstaatliches Recht reicht hier solange aus, als Gesellschaften sich durch außenpolitisch definierte Grenzen von einander unterscheiden lassen und keine Notwendigkeit besteht, eine grenzüberschreitende Gesellschaft durch rechtlich gesicherte wechselseitige Verhaltenserwartungen zu strukturieren.

Luhmann hat nun in verschiedenen Publikationen eine These ausgearbeitet, derzufolge das Recht aus mehreren Gründen nicht geeignet sei, in der sich entwickelnden „Weltgesellschaft" eine Verhaltenserwartungen strukturierende Funktion zu erfüllen.[2] Dieser Zweifel an der Angemessenheit rechtsförmiger Regulierungen bezieht sich zunächst auf die strukturierende Funktion des Rechts grundsätzlich, das der Dynamik eines globalen Gesellschaftssystems gerade durch die Stabilität der garan-

---

[2] Luhmann, N., Die Weltgesellschaft, ARSP 57, 1971, S. 1ff.; ders., Rechtssoziologie, S. 338 ff.; ders., Die Gesellschaft der Gesellschaft, 1. Teilband, Frankfurt/Main 1997, S. 145 ff.

tierten Verhaltenserwartungen nicht gerecht werde. An der Stelle einer durch Entscheidungen und Normen gesicherten Verhaltenserwartung seien anpassungsfähigere und in höherem Maße lernfähige Mechanismen erforderlich, die das Recht auch dann nicht bereitstellen könne, wenn es nur noch als Entwurf reversibler Verhaltensmodelle konzipiert wird. Insbesondere richtet sich der Zweifel hier gegen die dem Recht immanente Normativität, die in Gefahr stehe, den Kontakt zu den Strukturentwicklungen der Weltgesellschaft zu verlieren, da in Interaktionen primär kognitive Erwartungsstrukturen im Vordergrund stünden und das Problem lernender Anpassung den strukturellen Primat gewinne. Luhmann formuliert auf dieser Grundlage den Verdacht, "dass - auf weitere Entwicklungsmöglichkeiten hin gesehen - jene aus den Hochkulturen überlieferte Festlegung auf normative, politisch-rechtliche Mechanismen eine Fehlspezialisierung der Menschheitsentwicklung war, an die sich eine weitere Evolution nicht anschließen lässt."[3]

Kant dagegen bestimmt das Recht als Regelung äußerer Handlungen, die von deren Beweggründen absehen muss und kann und deshalb Zwangsmittel einsetzen darf, um die Freiheit des einen mit der des anderen vereinbar zu gestalten. Die Notwendigkeit einer solchen Zwangsregelung durch positive, „statutarische" Gesetze ist bereits in der Kantischen Entwicklung des Naturrechts impliziert. Auch ohne die Sanktionsdrohungen durch öffentliche Gesetze könnten zwar vernünftig begründete natürliche Rechte in Anspruch genommen werden, aber es fände sich kein kompetenter Richter, der ihnen Anwendung verschaffen könnte. Weil im Zustand des bloßen Naturrechts folglich jeder sein eigener Richter ist und sein Recht mit seinen eigenen Machtmitteln verfolgt, deshalb nennt Kant den „juridischen Naturzustand" einen „status belli".[4]

Wenn die Freiheit moralischer Personen es jedoch verlangt, auch in ihren äußeren Verhältnissen einen Zustand zu schaffen, in welchem "Jedem das Seine erhalten werden kann",[5] so ist die machtgeregelte wechselseitige Sicherstellung des rechtmäßigen Eigentums eine Forderung, die bis auf die Grundlagen der Kantischen Philosophie der Praxis zurückgeht. Das natürliche Recht umfaßt deshalb nicht nur das „private" Recht, sondern auch das „öffentliche„ Recht, worunter Kant die naturrecht-

---

[3] Luhmann, N., Rechtssoziologie, S. 339 f.
[4] Kant, I., Religionsphilosophie, Akademieausgabe Bd. VI, S. 97 Anm.
[5] Kant, I., Metaphysik der Sitten, Akademieausgabe, Bd. VI, S. 237.

lich begründeten Bedingungen des Übergangs vom juridischen Naturzustand in einen status civilis versteht, in dem das Recht durch öffentliche und machtunterstützte Gesetze gesichert wird. In einem (Rechts-)Staat zu leben ist demzufolge ein Gebot, das über den nur provisorischen Charakter des privaten Naturrechts und dessen Grundlagen in der Freiheit handlungsfähiger Subjekte bis in die Kantische Moralphilosophie zurückreicht. Das vernünftige Recht entwickelt auf dessen Grundlage aus sich selbst die Forderung, aus dem provisorischen Zustand in einen dauernden und öffentlich gesicherten überzugehen, in dem der status belli durch die machtunterstützte Rechtsgarantie des status civilis aufgehoben wird.

Der Begriff der Freiheit stellt nun zum einen den Grundbegriff der Kantischen Moralphilosophie dar, zum anderen fundiert er jedoch auch die Kantische Philosophie des Rechts.[6] Das Recht ist in Kants Konzeption eine Regelung, mit deren Hilfe freie, verantwortliche und selbstzweckhafte (also mit der Fähigkeit zur Selbstbestimmung ausgezeichnete) Wesen zusammen leben können, ohne sich wechselseitig an ihrer Freiheit Abbruch zu tun.[7] Das Recht bezeichnet einen „bürgerlichen Zustand", in dem Rechte durch öffentliche und mit Sanktionen durchsetzbare positive Gesetze garantiert werden.[8] Im bürgerlichen Zustand wird die Vereinigung der Freiheiten "unter einer allgemeinen äußeren (d. i. öffentlichen) mit Macht begleiteten Gesetzgebung" geregelt.[9] Darin ist auch die Notwendigkeit der Existenz des Staates begründet. Der Staat ist im Kantischen Verständnis die Instanz, die durch ihr Gewaltmonopol die Durchsetzung der positiven Gesetze ermöglicht und damit den „status belli" in den „bürgerlichen Zustand" transformiert.[10] Der Staat stellt eine "Vereinigung einer Menge von Menschen unter Rechtsgesetzen" dar, und in ihm sind die einzelnen Willen "verbunden durch das gemeinsame Interesse Aller, im rechtlichen Zustande zu sein."[11]

Kant bezeichnet die „juridischen Pflichten" nun ebenso als ethische Pflichten.[12] Er spricht hier von „indirekt-ethischen" Pflichten.[13] Die Unterscheidung zwischen Moral

---

[6] Vgl. zum Folgenden Küsters, G.-W., Kants Rechtsphilosophie, Darmstadt 1988, und Kersting, W., Wohlgeordnete Freiheit. Immanuel Kants Rechts- und Staatsphilosophie, Berlin 1984.
[7] Vgl. Geismann, G., Kant als Vollender von Hobbes und Rousseau, in: Der Staat 27/1982, S. 161 - 189, S. 178.
[8] Vgl. Küsters, G.-W., Kants Rechtsphilosophie, Darmstadt 1988, S. 56.
[9] Kant, I., Metaphysik der Sitten, AA VI, S. 256.
[10] Vgl. Kersting, W., Wohlgeordnete Freiheit. Immanuel Kants Rechts- und Staatsphilosophie, Berlin 1984, S. 199 ff., S. 233 ff.
[11] Kant, I., Metaphysik der Sitten, AA VI, S. 313 bzw. 311.
[12] Kant, I., Metaphysik der Sitten, AA VI, S. 214.

und Recht betrifft also grundsätzlich "die Einteilung in die Pflichten der äußeren und inneren Freiheit".[14] Dieser Zusammenhang von moralischer und rechtlicher Freiheit ergibt sich nun zunächst aus der Verantwortlichkeit, die aufgrund ihrer Freiheit nur der Person zukommt, die sich selbst bestimmen kann und somit als Selbstzweck existiert. Diese Verantwortlichkeit bildet die Grundlage der Möglichkeit des Rechts. Da das Recht aber die äußeren Handlungen einer Person regelt - und nicht in erster Linie auf die Beweggründe achtet, wie das gemäß der Kantischen Ethik für die Moral charakteristisch ist, so ist als Person nun der Mensch aufzufassen, insofern er eine rechtlich relevante Tat begehen kann. Als rechtlich relevante Tat kann eine Handlung dann bezeichnet werden, "sofern sie unter Gesetzen der Verbindlichkeit steht, folglich auch sofern das Subjekt in derselben nach der Freiheit seiner Willkür betrachtet wird."[15]

Das Dasein als ein „rechtlicher Mensch" ist also gleichbedeutend damit, "im Verhältnis zu anderen seinen Wert als den eines Menschen zu behaupten" und erfordert von der Person das Bestreben, sich für andere nicht zum bloßen Mittel zu machen, sondern für sie zugleich Zweck zu sein.[16] Der Kantische Begriff des Rechts erscheint in Bezug auf den Begriff der Person insofern als die Übertragung der grundlegenden Begriffe der Moralphilosophie in die Sphäre der äußeren Beziehungen zwischen Menschen. Das Recht wird von Kant deshalb bestimmt als "der Inbegriff der Bedingungen, unter denen die Willkür des einen mit der Willkür des andern nach einem allgemeinen Gesetze der Freiheit zusammen vereinigt werden kann."[17] Es stellt also eine Regelung dar, mit deren Hilfe freie, verantwortliche und selbstzweckhafte (also mit der Fähigkeit zur Selbstbestimmung ausgezeichnete) Wesen zusammen leben können, ohne sich wechselseitig an ihrer Freiheit Abbruch zu tun.[18]

Im Unterschied zu der Moral regelt das Recht aber äußere Handlungen und abstrahiert dabei von der individuellen Intention, solange dadurch nicht Zweifel an der Verantwortlichkeit, Freiheit und damit Zurechenbarkeit von Taten entstehen. Darüber hinaus würde im Status des bloßen Naturrechts jeder sein eigener Richter sein und

---

[13] Kant, I., Metaphysik der Sitten, AA VI, S. 221.
[14] Kant, I., Metaphysik der Sitten, AA VI, S. 406.
[15] Metaphysik der Sitten, AA VI, S. 223.
[16] Metaphysik der Sitten, AA VI, S. 236.
[17] Metaphysik der Sitten, AA VI, S. 230.
[18] Vgl. Geismann, G., Kant als Vollender von Hobbes und Rousseau, in: Der Staat 27/1982, S. 161-189, S. 178.

damit ein Zustand gegeben sein, den Kant als „status belli" bezeichnet. Das Recht bezeichnet unter diesem Aspekt nun den Übergang zu einem „bürgerlichen Zustand", in dem Rechte durch öffentliche und mit Sanktionen durchsetzbare positive Gesetze garantiert werden.[19] Im bürgerlichen Zustand wird die Vereinigung der Freiheiten nun "unter einer allgemeinen äußeren (d. i. öffentlichen) mit Macht begleiteten Gesetzgebung" geregelt.[20] Diese Durchsetzbarkeit von Gesetzen auch gegen Widerstand ist nach Kant bereits "im Begriffe einer äußeren rechtlichen Verpflichtung wegen der Allgemeinheit, mithin auch der Reziprozität der Verbindlichkeit aus einer allgemeinen Regel enthalten."[21]

Wenn nur so die Freiheiten vereinigt werden und Personen in ihrer Freiheit, Verantwortlichkeit und Selbstzweckhaftigkeit miteinander leben können, ist der „bürgerliche Zustand" eine Forderung, die bereits aus der moralphilosophischen Grundlegung der Begriffe Freiheit und Selbstzweckhaftigkeit abgeleitet werden kann. Einen solchen Zustand anzustreben, ist folglich selbst eine moralische Forderung, die unmittelbar aus den Grundlagen der Moralität entsteht. Der „bürgerliche Zustand" ist also so begründet, "dass alle Menschen, die mit einander (auch unwillkürlich) in Rechtsverhältnisse kommen können, in diesen Zustand treten sollen".[22] Im Rechtszustand zu leben ist also eine ethische Forderung. In erster Linie ist hier an die Selbstzweckhaftigkeit des Menschen zu denken, der deshalb an die Bestimmung seines Willens durch die reine Form der Gesetzlichkeit gebunden ist, weil er und alle vernünftigen Wesen als Zwecke an sich selbst existieren. Daraus ergibt sich: das Recht wird in der Kantischen Rechtsphilosophie dadurch gerechtfertigt, dass es der besonderen Würde des Menschen entspricht, der sich selbst und andere nicht allein als Mittel, sondern stets auch als Zwecke an sich selbst auffassen muss. Das Recht und der Staat sind für Kant Institutionen, die die Selbstzweckhaftigkeit des Menschen sichern sollen.

---

[19] Vgl. Küsters, G.-W., Kants Rechtsphilosophie, Darmstadt 1988, S. 56.
[20] Metaphysik der Sitten, AA VI, S. 256.
[21] Metaphysik der Sitten, AA VI, S. 256. Vgl. auch W. Kersting: "Das System der äußeren Freiheit besorgt durch heteronome Disziplinierung aller selbst seine Erhaltung." (Kersting, W., Wohlgeordnete Freiheit. Immanuel Kants Rechts- und Staatsphilosophie, Berlin 1984, S. 12).
[22] Metaphysik der Sitten, AA VI, S. 306.

3. Die Ambivalenz der Institutionalisierung von Mediation

Es kann auf der Grundlage dieser zwei konträren Positionen zum Status rechtlicher Normen in einer Gesellschaft gefragt werden, wo die Institution der Mediation zu verorten ist. Dies kann zum Problem werden, wenn Mediation rechtlich verstanden wird, also nicht im Sinne einer psychologischen Konfliktlösung ohne rechtliche Implikationen. Dazu muss zunächst gefragt werden, welche Bedeutung das Recht für die heute anzutreffenden Formen von Mediation im Recht besitzt. Damit ergibt sich ein Abgrenzungskriterium gegenüber solchen Mediationsformen, die keine rechtlichen Implikationen besitzen und damit auch keine Probleme hinsichtlich ihrer Verortung im System des Rechts aufwerfen.

Auf dieser Grundlage kann dann näher gefragt werden, ob und wie sich die Institution der Mediation generell in das Spannungsfeld des Rechts zwischen Effektivität und Legalität einordnen lässt. Es muss also etwa gefragt werden, ob es sich bei der Mediation um einen Verlust von Legalität handelt, der das Rechtssubjekt seines Anspruchs auf die staatlich garantierte Sicherheit beraubt, die ihm zuvor das Recht garantierte. Dazu gehört auch die Frage, ob dies durch eine Erhöhung der Effektivität von Konfliktlösungen ausgeglichen werden kann. Weiter kann gefragt werden, ob Mediation einen Rückfall in ein „privates" Recht darstellt, in dem sich letztlich der Stärkere durchsetzt, oder ob die rechtliche Einbettung dieser Institution dafür Sorge tragen kann, dass wesentliche Kriterien der Rechtssicherheit auch hier zum Tragen kommen. Aufbauend darauf kann gefragt werden, ob diese Einbettung ein Substitut für die Garantie der Rechtssicherheit sein kann, die durch den Spruch des unabhängigen Richters gewährleistet wird.

Die beiden Positionen, in der zum einen die Effektivität des Rechts und zum anderen die Legalität des Rechts betont werden, können in diesem Zusammenhang dazu benutzt werden, um den Status der verschiedenen Formen der Mediation im System des Rechts diskutieren zu können. Insbesondere aber muss darauf geachtet werden, wie durch die Institutionalisierung der Mediation die Begründung der Geltung des Rechts im Staate tangiert wird. Hier gilt es zum einen, dem Gesichtspunkt der Effektivität als Geltungsgrundlage rechtlicher Konfliktregelungen zu genügen, und es gilt zum anderen, das Prinzip der Rechtssicherheit des einzelnen im Rechtsstaat anzuerkennen, um das Recht nicht vollständig Effektivitätsgesichtspunkten auszuliefern, auch wenn diese gerade zur Durchsetzung der Rechtssicherheit nicht vernachlässigt werden dürfen. Im Folgenden soll also vor allem der Status der Institution der Mediation innerhalb des Systems des Rechts, seiner staatlichen Garantie und seiner Bedeutung für die individuelle Rechtssicherheit untersucht werden.

4. Demokratietheoretische Grenzen der rechtlichen Institution der Mediation

Das Phänomen der Mediation als rechtlicher Konfliktregelungsinstitution berührt mit seiner Infragestellung der traditionellen rechtlichen Verfahren eine zentrale Frage der repräsentativen Demokratie, also jener Gestalt des demokratischen Prinzips, in der die Staatsgewalt zwar vom Volk ausgeht, das seine Gewalt jedoch durch gewählte Vertreter ausübt, von denen es sich repräsentieren lässt. Damit herrscht das Volk nur noch vermittelt über sich selbst. Eine jede Vermittlung lässt aber den Gehalt dessen, was vermittelt wird, nicht unangetastet. Dies gilt ebenso wie für Kommunikationsmedien auch für eine politische Herrschaft, die statt durch das Volk selbst durch Repräsentanten des Volks ausgeübt wird. Die Vermittlung besitzt eine Eigendynamik, durch die der Wille des Volkes gebildet, gestaltet und durch die eigenen Perspektiven der Repräsentanten auch verändert wird. Auch in diesem Sinne bedeutet Repräsentation stets „making present in some sense of something which is nevertheless not present literally or in fact."[23] Es ist nicht zufällig, dass ‚repraesentare' ursprünglich bedeutet: etwas gegenwärtig machen bzw. erneut vergegenwärtigen.

Die Integration eines Prinzips der Vermittlung in die Konzeption der Volkssouveränität wurde zunächst schon durch die Größe des Souveräns notwendig. Darüber hinaus ist die Repräsentation aber auch ein „Hilfsmittel der Artikulation des Volkswillens und seiner Teilinteressen".[24] Dies kann auch so aufgefaßt werden: erst mit Hilfe der Repräsentanten kommt der abstrakte Volkswille zu einer solchen Konkretion, die ihn geeignet macht, in bestimmten Gesetzen zu bindenden Regelungen für das Leben der Gesellschaft transformiert zu werden. Des weiteren kann im Repräsentativ-

---

[23] Pitkin, H. F., The Concept of Representation, Berkeley 1967, S. 8.
[24] Beyme, K.,v., Die politischen Theorien der Gegenwart. Eine Einführung, Opladen 1992, S. 175.

system der Schutz von Minderheiten gegen die Beschlüsse der Mehrheit besser gewährleistet werden, da im beschlußfassenden Organ auf diese Weise auch Minderheiten permanent repräsentiert werden, die etwa bei Volksversammlungen regelmäßig überstimmt würden. Schließlich drängt der Gesichtspunkt der Effektivität des Gesetzgebungsprozesses und des Regierens zur Beschlußfassung in einer kleinen und kommunikationsfähigen Gruppe von Repräsentanten. Das Repräsentativorgan wird damit zum „praktikablen Ersatz für die nichtpraktikable Selbstentscheidung" des Volkes.[25]

In der Wirklichkeit des politischen Prozesses der Demokratie wurde das Prinzip der Volkssouveränität allerdings schon lange durch Mechanismen eingeschränkt, die es erst in der Funktion der Repräsentation arbeitsfähig machen. Hier ist insbesondere das Problem der Spannung zwischen prinzipiell freiem Mandat der Abgeordneten und der Fraktionsdisziplin bzw. dem Fraktionszwang in den Parlamenten zu nennen, das durch die genannte Privilegierung der Organisationen zur Gestaltung der politischen Willensbildung ausgelöst wurde. Im Zusammenhang mit der Funktion der Parteien für die politische Willensbildung in der repräsentativen Demokratie kann darüber hinaus noch das Problem des imperativen Mandats genannt werden, das in der Bundesrepublik im Zusammenhang der Parteiendemokratie realisiert ist, obwohl der Begriff ursprünglich eingeführt wurde, um eine Möglichkeit zu bezeichnen, die Qualität politischer Entscheidungen in der repräsentativen Demokratie enger an den Willen des Volkes als des Souveräns zu binden. Mit dem imperativen Mandat wäre jedoch – wenn es radikal durchgeführt werden könnte – das Prinzip der repräsentativen Demokratie durchbrochen und der Versuch unternommen, die Fiktion einer Identität von Volkssouverän und gesetzgebendem Organ herzustellen, die aus den verschiedenen Gründen nicht funktionieren kann. Mit den Phänomenen der Fraktionsdisziplin bzw. des – faktischen – Fraktionszwanges dagegen wird der Gedanke des freien Mandats beibehalten und doch auf eine bestimmte Weise eine Vermittlung des Volkswillens durch politische Organisationen eingeführt. In der Bundesrepublik ist sowohl das freie Mandat als auch die Mitwirkung der Parteien an der politischen Willensbildung vom Verfassungsgeber festgeschrieben.

---

[25] Landshut, S., Der politische Begriff der Repräsentation, in: Rausch, H., Hg., Zur Theorie und Geschichte der Repräsentation und Repräsentativverfassung, Darmstadt 1968, S. 482-497, S. 485.

Damit ergibt sich innerhalb des Spannungsverhältnisses, das in Bezug auf das Prinzip der Volkssouveränität durch eine mit Hilfe von freiem Mandat und Fraktionsdisziplin bzw. Parteienmitwirkung strukturierte Repräsentation entsteht, ein weiteres Spannungsverhältnis zwischen dem freien Mandat und der Fraktionsdisziplin. Einerseits sollen die Abgeordneten Vertreter des ganzen Volkes sein, die an Aufträge und Weisungen nicht gebunden und nur ihrem Gewissen unterworfen sind, andererseits sind sie Vertreter von Parteien als Vermittlungsinstanzen der politischen Willensbildung. Mit dem freien Mandat sind einige demokratische Funktionsprinzipien verbunden: die Anerkennung des Mehrheitsprinzips, das Offenhalten von Alternativen, der Rechtfertigungszwang des einzelnen Abgeordneten gegenüber seinen Wählern, das Prinzip der innerparteilichen Demokratie.[26] Das Prinzip der Repräsentation, das in modernen Demokratien das Prinzip der Volkssouveränität realisiert, ist damit auf eine bestimmte Weise strukturiert. Es stellt sich also die Frage, wie das Prinzip der Volkssouveränität in der repräsentativen Demokratie bewahrt werden kann, wenn dem Abgeordneten einerseits ein freies – und nicht imperatives Mandat – zugeschrieben wird, und wenn er andererseits in der Wirklichkeit der politischen Willensbildung und Entscheidungsfindung durch solche vermittelnde Organisationen in seinem Abstimmungsverhalten bestimmt oder doch zumindest mitbestimmt wird, die selbst Funktionen im Zusammenhang der Repräsentation übernehmen.

Der Begriff des Prinzips der Repräsentation muss also nicht auf einen Begriff bloß formaler Repräsentation eingeschränkt werden. Nach einem solchen Begriff wäre Repräsentation nur ein bestehender bzw. durch institutionelle Arrangements hergestellter „Legitimations- und Zurechnungszusammenhang zwischen dem Handeln der Leitungsorgane und dem Volk“.[27] Sinnvoller und für die Wirklichkeit des demokratischen Prozesses aussagekräftiger ist dagegen eine Repräsentationstheorie, die sowohl handlungsorientierte als auch symbolische Aspekte berücksichtigt. Danach ist zunächst für das ‚Gelingen' von Repräsentation als Vermittlungsinstanz von Volkssouveränität das tatsächliche Handeln der Abgeordneten ausschlaggebend. Grundsätzlich sind Abgeordnete in diesem Sinne Repräsentanten, wenn sie Ent-

---

[26] Hofmann, H./Dreier, H., Repräsentation, Mehrheitsprinzip und Minderheitenschutz, in: Schneider, H.-P./Zeh, W., Hg., Parlamentsrecht und Parlamentspraxis in der Bundesrepublik Deutschland, Berlin/New York 1989, S. 165-198, S. 184 ff.

[27] Böckenförde, E.-W., Staat, Verfassung, Demokratie. Studien zur Verfassungstheorie und zum Verfassungsrecht, Frankfurt/Main 1991, S. 391.

scheidungen im Sinne und Interesse der Repräsentierten treffen.[28] Es geht also nicht darum, wer die Repräsentanten sind, sondern darum, „what (policies, preferences, ideas) they represent."[29] Damit soll jedoch der Aspekt der symbolischen Repräsentation nicht ausgeschlossen werden, mit dem berücksichtigt wird, dass Repräsentation auch beinhaltet, dass sich die Repräsentierten vertreten glauben müssen, d.h. dass sie sich in den Repräsentanten symbolisiert sehen. Auf diese Weise werden Elemente einer „acting-for"-Repräsentation mit Elementen einer „standing-for"-Repräsentation verbunden.

Gemäß einer solchen Konzeption kann Repräsentation nun als ein Kommunikationsproblem zwischen den Repräsentierten und den Repräsentanten aufgefaßt werden. Das Problem, das aus der Verbindung von freiem Mandat und Fraktionsdisziplin entsteht, wobei die Vermittlung des Wählerwillens durch Organisationen mit einer eigenen Willensbildung und einer eigenen internen Eigendynamik geschieht, die eigene Elemente in den Prozeß der Demokratie einbringt, durch welche der Wählerwille bestimmt und damit formiert wird, muss dann nach dem Kriterium bestimmt werden, ob dieses Verhältnis die gesellschaftlich-parlamentarische Kommunikation behindert oder befördert. Anders gesagt: die Frage hinsichtlich der Vermittlung und Beeinflussung des Wählerwillens durch Organisationen stellt sich nicht danach, ob ein Abgeordneter durch seine theoretisch freie, in der Praxis aber durch Fraktionszwänge determinierte Mandatsausübung in seinen Rechten beschränkt wird, sondern ob und wie durch dieses Verhältnis die Vermittlung der Volkssouveränität durch das Prinzip der Repräsentation tangiert wird.

Die zentrale Frage im Zusammenhang einer Überlegung zum Status der Einführung rechtssubstituierender Institutionen in der repräsentativen Demokratie ist also, ob und wie die durch Fraktionsdisziplin und andere organisationale Einflußnahmen beschränkte Freiheit des Abgeordneten sich auf die durch Repräsentation herzustellende Kongruenz von Interessen- und Wertorientierungen der Wähler mit dem Abstimmungsverhalten und damit mit dem Entscheidungsverhalten des Parlaments auswirkt. Dies muss offensichtlich zunächst die Rolle der Parteien und deren Eigen-

---

[28] Hier wäre der Ort für die Unterscheidung zwischer programmatischer und klientelistischer Repräsentation, vgl. Kitschelt, H., Linkages between Citizens and Politicians in Democratic Polities, in: Comparative Political Studies 33/2000, S. 845-879.
[29] Phillips, A., The Politics of Presence, Oxford 1995, S. 227.

dynamik im politischen Willensbildungsprozeß betreffen, da die Fraktionsdisziplin in erster Linie eine Parteidisziplin darstellt, wobei allerdings berücksichtigt werden muss, dass daran in erster Linie die Organisationseliten und damit die politischen Eliten beteiligt sind. Man könnte darin einen weiteren Repräsentations- und damit Vermittlungsschritt sehen, in dem die Wert- und Interessenhaltungen der Parteimitglieder sich nur vermittelt in der Entscheidungsbildung der Parteien wiederfinden lassen.

Aber das Kommunikationsmodell muss darüber hinaus sowohl direkte als auch indirekte Kommunikationsströme zwischen Wähler und Abgeordneten berücksichtigen können, und es muss beachtet werden, dass in der Regel alle politische Kommunikationen organisationell vermittelt stattfinden, d.h. der Wähler organisiert seine Interessen, die über die Organisationen – wie z.B. Parteien – den Fraktionen und dem einzelnen Abgeordneten vermittelt werden, der Wähler kommuniziert über seine Wahlentscheidung aber auch indirekt (Zweitstimme) und direkt (Erststimme + laufende Kommunikationen) mit dem Wahlkreisabgeordneten. Wechselwirkungen zwischen den Kommunikationsformen sind dabei die Regel. Man könnte die Situation also so beschreiben: auf der einen Seite steht „die Freiheit des Abgeordneten, sich Probleme, Ansprechpartner, kollektive oder individuelle Interessen, denen er sich widmen möchte, selbst auszuwählen; das eröffnet die Chance, dass die Vielfalt gesellschaftlicher Interessen ihr Abbild im Gesamtparlament findet," auf der anderen Seite steht „die Vorformung des politischen Willens der Bevölkerung durch kollektive Akteure, die individuelle Forderungen und Ansprüche politikfähig und damit durch das politische System aufnehmbar macht."[30]

Dieses Kommunikationsmodell kann unter dem Aspekt der Responsivität erörtert werden. Responsivität bedeutet grundsätzlich, dass sich die Repräsentanten in ihren politischen Entscheidungen an den Wünschen und Forderungen der Repräsentierten orientieren. Man könnte darin auch den Versuch einer inhaltlichen Operationalisierung des Prinzips der Repräsentation unter den Bedingungen der modernen Parteien- und Verhandlungsdemokratie[31] sehen.[32] Unter dem Titel der Responsivität wird

[30] Weßels, B., Politische Repräsentation als Prozeß gesellschaftlich-parlamentarischer Kommunikation, in: Herzog, D./Rebenstorf, H./Weßels, B., Hg., Parlament und Gesellschaft, Opladen 1993, S. 99-137, S. 107.

[31] Vgl. Czada, R., Konkordanz, Korporatismus und Politikverflechtung: Dimensionen der Verhandlungsdemokratie, in: Holtmann, E./Voelzkow, Hg., Zwischen Wettbewerbs- und Verhandlungsdemokratie, Wiesbaden 2000, S. 23-49.

also das nur unter den genannten Vermittlungsbedingungen der Repräsentation sinnvolle und notwendige Problem behandelt, ob und wie und wie weit die Repräsentanten eine positive Reaktion auf die artikulierten Interessen und Forderungen der Repräsentierten zeigen. Hier wäre allerdings näher zu differenzieren, etwa zwischen Bürger- und Verbänderesponsivität, oder zwischen symbolischer Responsivität, Policy-Responsivität und Dienstleistungs-Responsivität.[33] Diese positive Reaktion muss sich zwischen zwei Extremen bewegen, die bereits von Etzioni so beschrieben wurden:

- „Ungenügende Sensibilität gegenüber den Bedürfnissen der Mitglieder führt zu einem System, das entweder zu rigide (konservativ) oder zu kreativ (radikal) ist; wenn der Mangel an Bedürfnisorientiertheit ein beträchtliches Ausmaß erreicht, entsteht mehr Widerstand oder Entfremdung, als von den beteiligten Eliten, der betreffenden gesellschaftlichen Struktur oder den integrativen Bindungen des Systems toleriert werden kann."

- „Andererseits würde eine vollständige Anpassung der Kontrollinstanz an die Nachrichten der Systemmitglieder die Fähigkeit des Systems zerstören, einer kollektiven Politik zu folgen. Damit würde das System passiv und ungesteuert den fluktuierenden Veränderungen in den Präferenzen der Mitglieder und den Wandlungen der Umwelt überlassen."[34]

Man könnte auch sagen, das Problem der Repräsentation zwischen Volkssouveränität und Effektivität kann mit Hilfe des Responsivitätsbegriffes formuliert werden.

Responsivität kann also aufgefaßt werden als ein Konzept, das die Vermittlungsleistung der Repräsentation innerhalb des Prinzips der Volkssouveränität operationalisiert. Mit seiner Hilfe kann bis zu einem gewissen Grade geprüft werden, wieviel Volkssouveränität in einer gegebenen Ausprägung der Repräsentation im politischen System vorhanden ist. Es hat den Vorteil, dass es in der Lage ist, die Funktions- und Effektivitätsbedingungen der Politik in modernen Demokratien, die durch Wettbewerb und Führung statt durch die Identität von Regierenden und Regierten geprägt sind,

---

32 Beyme dagegen kontrastiert Responsiveness und Repräsentativität, allerdings unter dem Vorzeichen einer auch von ihm kritisierten Auffassung von ‚spiegelbildlicher' Repräsentation (Beyme, K. v., Die parlamentarische Demokratie. Entstehung und Funktionsweise 1789-1999, Opladen 1999, S. 264 ff.).

33 A.a.O., S. 265.

34 Etzioni, A., Die aktive Gesellschaft. Eine Theorie gesellschaftlicher und politischer Prozesse, Opladen 1975, S. 512.

berücksichtigen zu können. Die Frage bezüglich der Vermittlung des Wählerwillens durch Organisationen, die auf die eine oder andere Weise an der politischen Willensbildung mitwirken, kann dann also so formuliert werden, ob und wie und inwieweit ein Spannungsverhältnis zwischen freiem Mandat und Fraktionsdisziplin bzw. Organisationseinfluß besteht, das durch Auswirkungen dieses Verhältnisses auf die Responsivität gegenüber dem Wähler geprägt ist, m.a.W.: ob ein solches Spannungsverhältnis deshalb besteht, weil die Responsivität der Repräsentanten gegenüber den Repräsentierten dadurch beeinträchtigt wird. Das Spannungsverhältnis zwischen der souveränen Entscheidung des Wahlbürgers als einer natürlichen Person, der in ihrer Gesamtheit von der Verfassung die Funktion des Souveräns zugeschrieben wird, kann mit dem Kriterium der Responsivität, das wiederum als Operationalisierung des Repräsentationsprinzips aufgefaßt werden kann, also auf die Frage zurückgeführt werden, ob die Spannung zwischen dem souveränen Bürger und der Vermittlung seines politischen Willens durch formierende und gestaltende Organisationen einen prinzipiellen Konflikt mit dem Grundsatz der Repräsentation als der Ausprägung der Volkssouveränität unter modernen Bedingungen aufgefaßt werden muss.

Bezüglich der Institution der Mediation stellt sich also die Frage, inwieweit ihr Status auch dadurch bestimmt werden kann bzw. muss, ob und inwieweit der Wähler als der Souverän der Demokratie mit einem solchen konsensuellen Konfliktlösungsverfahren einverstanden ist und sich dadurch nicht dem politischen System und seinen Entscheidungsverfahren entfremdet sieht. Dies könnte darauf rekurrieren, dass es im Recht grundsätzlich nicht nur um Beziehungen zwischen Individuen geht, sondern um die Beziehung des Rechtssubjekts zum Recht als der Regelungsweise von Konflikten, die sich eine staatlich verfaßte Gesellschaft gegeben hat, um – in Kantischen Begriffen gesprochen – den Status eines ‚status civilis' zu erreichen. Mit dem Vordringen konsensueller Verfahren im Recht könnte ein solcher Konsens über die Verfahren der Streitbeilegung gefährdet werden, so dass sich die Frage nach der demokratischen Legitimierung der Institution der Mediation stellt. In den vorangegangenen Ausführungen wurde diese Frage nach einigen Aspekten auszudifferenzieren versucht. Eine Antwort darauf zu versuchen ist derzeit sicher verfrüht, solange sich die Institution der Mediation noch in den Anfängen befindet und in der Regel nur auf freiwilliger Basis durchgeführt werden kann. Anders würde sich die Situation darstellen, wenn die Institution der Mediation zu einem bedeutende Teile des gegenwärtigen Rechts substituierenden Faktor der Konfliktregelung werden sollte.

II. Grundlagen einer systemtheoretischen Auffassung des Rechts

1. Die postmoderne Situation eines Wissens über gesellschaftliche Regelungsmechanismen

1.1 Der Begriff des Wissens in der Postmoderne

Das postmoderne Wissen hat seinen besonderen Charakter darin, dass es seinen eigenen Begriff negativ von den Grundlagen her bezieht, auf denen die Sicherheit des Wissens der Moderne aufgebaut war, ohne jedoch zu einem vormodernen Verständnis von Wissen zurückzukehren. Das postmoderne Wissen lässt sich deshalb von einem Verständnis der Moderne her charakterisieren, da es durch seine Herkunft als kritische Überwindung der Grundlagen eines modernen Wissens bestimmbar ist. Durch ein Verständnis als Wissen *nach* der Moderne wäre es unterbestimmt, insofern es eben ein Wissen nach der *Moderne* ist, durch die es auch in der Absetzung von ihr geprägt ist.

War die Moderne durch eine Zentrierung ihres Wissens geprägt, die sich unter verschiedenen Aspekten betrachten lässt, so ist die Moderne generell durch die Tendenz zu einer Dezentrierung charakterisiert, die sich im einzelnen in einer Mannigfaltigkeit von Facetten zeigt.[35] Dieser Grundzug betrifft zunächst und vor allem den Grundgedanken der Moderne, der als Zentrierung alles Wissens im Ich und seiner Gewißheit bezeichnet werden kann. Die Absetzungsbewegung der Postmoderne von der Moderne lässt sich hier bereits an Descartes' Ausgangspunkt bei der Suche nach der richtigen Methode zur Gewinnung von Wissen zeigen. Dass Wissen durch die bloße An-

[35] Nach W. Welsch führt erst ein Komplex von Pluralisierungsdynamik, Pluralitätserwartung und Pluralitätswahrnehmung zur Postmoderne. Kennzeichnend für die Postmoderne ist deshalb eine radikale Pluralität, die folgendermaßen zu bestimmen ist: "Sie betrifft - erstens - nicht nur abgehobene, etwa kulturelle oder gar bloß ornamentale Niveaus unserer Selbstauslegung, sondern tangiert schon Elementarzonen unserer Selbstorganisation, biologische beispielsweise ebenso wie ökonomische Fragen. Und in jeder der betreffenden Sphären hat diese Pluralität - zweitens - das Eigentümliche, nicht Vielheit auf gemeinschaftlicher Basis zu bedeuten, sondern eine Vielheit zu signalisieren, die sich noch auf das Verständnis und die Definition der jeweiligen Basis und Sphäre auswirkt. Auch in diesem Sinn ist diese Pluralität radikal: Sie geht an die Grunddefinitionen, an die Wurzeln - und auch an die Substanz. Sie lässt - anders als der herkömmliche, laue Pluralismus - keine Basisfrage unbetroffen, sondern schlägt auf die Fundamente durch. Gerade das macht das Dramatische und Prekäre der Postmoderne aus." (Welsch, W., Postmoderne oder ästhetisches Denken - gegen seine Mißverständnisse verteidigt, in: G. Eifler/O. Saame, Hrsg., Postmoderne - Anbruch einer neuen Epoche?, Wien 1990, S. 237 - 269, S. 245).

wendung einer Methode - fast - automatisch gewonnen werden könnte, dies widerspricht dem postmodernen Begriff von Wissen radikal.

Darüber hinaus sind jedoch auch die Einzelheiten dieses Methodenbegriffs geeignet, um den postmodernen Begriff von Wissen zu verdeutlichen. Dies beginnt bereits mit der Selbstgewißheit des nach den Grundlagen seines Wissens fragenden Ich, das als Wissen alles anerkennen will, was ihm in zweifelloser Klarheit und Deutlichkeit erscheint. Gegen die Descartes prinzipiell möglich erscheinende Automatik auf dem Weg zu einem auch praktisch verwendbaren Wissen führt die Postmoderne die Pluralität und Offenheit der möglichen Arten des Erwerbs von Wissen ins Feld. Eine Automatik kann es schon deshalb nicht geben, weil das Wissen sich nicht auf eine bestimmte Form festlegen lässt. Wenn das Wissen selbst aber nicht von sich aus eine bestimmte Form fordert, dann kann es auch keinen durch das Wissen selbst geforderten Weg zu ihm geben. Die Pluralität der Methode ist also bereits eine Kennzeichnung, durch die das postmoderne Wissen sich in einer wichtigen Hinsicht vom Wissen der Moderne unterscheidet.[36]

Diese Pluralität steht darüber hinaus in engem Zusammenhang mit der erschütterten Selbstgewißheit eines Ich, das alles, was *ihm* klar und deutlich erscheint, auch als Wissen zu akzeptieren bereit war. Diese Sicherheit hat das postmoderne Ich verloren. Es kann sein eigenes Bewußtsein von Klarheit und Deutlichkeit nicht mehr mit der Sicherheit identifizieren, dass alle Inhalte, die von diesem Bewußtsein begleitet werden, auch für alle anderen Subjekte Geltung besitzen müssen und darum als Wissen angesehen werden können. Auch hier ist die Postmoderne durch eine Pluralität gekennzeichnet, die es nicht mehr zuläßt, auf die Überzeugung von der Sicherheit eines Inhaltes dessen Verläßlichkeit und Geltung für die Allgemeinheit zu gründen. Die individuelle Erkenntnis*fähigkeit* erscheint also nicht mehr ausreichend, um eine verläßliche Erkenntnis zu gewinnen.

Von da her verändert auch die Problemorientierung des Bemühens um Wissen ihren Charakter. Dass Wissen zum Lösen menschlicher Probleme da ist, dies wird zwar auch postmodern nicht bestritten. Neben dem Verzicht auf die Definition einer an sich gegebenen Problemsituation sieht sich das postmoderne Problemlösungswissen je-

---

[36] Vgl. Lyotard, J.-F., Das postmoderne Wissen. Ein Bericht, Graz/Wien 1986, S. 90; Welsch, W., Unsere postmoderne Moderne, Weinheim 1987, S. 5.

doch auch in einer Lage, in der das Problem nicht mehr durch vorgegebene Möglichkeiten der Problemlösung vorbestimmt erscheint. Die Bestimmung dessen, wie ein Problem überhaupt strukturiert und definiert ist und wie es dementsprechend in Angriff genommen und bearbeitet werden kann, ist auf dieser Grundlage nun weit schwieriger als zuvor. Jedes Problem, zu dessen Bewältigung nach einem geeigneten Wissen gesucht wird, stellt in der Postmoderne zunächst das Problem, selbst als Problem beschrieben und definiert werden zu müssen. Im Gegensatz zur Moderne steht dabei keine Anleitung durch exklusive und vorgegebene Methoden mehr zur Verfügung. Das Bewußtsein der Pluralität, das die Postmoderne kennzeichnet, äußert sich hier also durch die Pluralität der Möglichkeiten, ein Problem als solches zu bestimmen.

Postmodern ist also das Wissen, nicht mehr unmittelbar sagen zu können, was das Problem ist. An die Stelle dieser Sicherheit tritt das Bewußtsein, dass jede Problemdefinition prinzipiell auch anders hätte ausfallen können und dann zu ganz anderen Lösungsversuchen hätte führen müssen. Dies ist identisch mit dem Wissen, dass bereits die Bestimmung eines Problems eine Leistung des erkennenden Subjekts darstellt, die ihm weder durch eine an sich bestehende Situation noch durch vorgegebene Methoden zur Lösung von Problemen abgenommen werden kann. Insbesondere ist hier von Bedeutung, dass durch die Bestimmung eines Problems auch die Art des Wissens präfiguriert wird, die zu seiner Bearbeitung eingesetzt werden muss. Das Problem des Wissens entsteht auf postmoderner Grundlage also in gewisser Weise eine Stufe früher. Damit ist die Lage zwar einerseits komplexer geworden, weil die Bestimmtheit des Problems nun nicht mehr den Status einer Tatsache, sondern einer Möglichkeit hat. Nicht nur die Lösung könnte also stets anders sein, sondern auch das Problem selbst könnte stets anders definiert werden, was den Möglichkeitsspielraum des einzusetzenden Wissens in seinem Umfang vervielfacht. Andererseits wird damit nicht nur die Komplexität des Problems erhöht, sondern es wird auch die Komplexität der Problemlösungsmöglichkeiten erweitert, insofern nun die Definition eines Problems bereits in die Möglichkeiten zu seiner Bearbeitung integriert wird.

Die Pluralität, durch die die Postmoderne sich generell von der Moderne absetzt, betrifft aufgrund der Pluralität der Methode und der Pluralität der das zu gewinnende Wissen bestimmenden Problemdefinitionen nun auch das Ziel der wissenschaftlichen

Tätigkeit.[37] Descartes konnte dieses Ziel noch als universelles System darstellen, in dem alles Wissen sich zu einem geordneten Ganzen fügt, und in dem folglich jeder Teil mit jedem anderen in einer genau bestimmten Relation steht. Wenn die Postmoderne nun gerade durch den ‚Abschied vom Prinzipiellen'[38] gekennzeichnet ist, so kann ein solcher Zusammenhang offensichtlich nicht mehr behauptet werden und an seine Stelle tritt eine Pluralität von Wissensbeständen verschiedenster Art, die weder aufgrund ihrer Inhalte noch durch die Methode ihrer Gewinnung zu einem Ganzen zusammengefügt werden.

Das postmoderne Wissen wird also durch eine grundlegende Heterogenität gekennzeichnet sein. Das schließt nicht aus, dass sich in einzelnen Bereichen Zusammenhänge ausbilden, die unter bestimmten Gesichtspunkten eine Einheitlichkeit nach Inhalt oder Methode herstellen. Solche Zusammenhänge lassen sich jedoch zum einen nicht zu einem Ganzen des Wissens organisieren.[39] Zum anderen können sie sich nicht auf vorgegebene Definitionen von Objekten, Situationen oder Problemen stützen. Damit sind die Grundlagen solcher Zusammenhänge selbst Möglichkeiten, denen andere Möglichkeiten gegenüberstehen. Dies führt dazu, dass auch diese Zusammenhänge selbst nur Möglichkeiten sind, deren Auswahl aus anderen Möglichkeiten nicht notwendig ist, so dass eine andere Wahl von Möglichkeiten stets möglich bleibt.

Im Gegensatz zu einem System des Wissens ist das postmoderne Wissen also ein Bestand, in dem sich nur zeitweise Strukturen herausbilden, die sich von anderen Strukturen abgrenzen lassen, und die sich ebenso wieder auflösen und durch andere Strukturen abgelöst werden. Das postmoderne Wissen als Ganzes besitzt folglich überhaupt keine Struktur und kann deshalb auch nicht als ein Ganzes bezeichnet werden. Es handelt sich vielmehr um eine Bewegung fließender Strukturbildungen, die

---

[37] Vgl. Bertens, H., Die Postmoderne und ihr Verhältnis zum Modernismus. Eine Übersicht, in: D. Kamper/W. v. Reijen, Hrsg., Die unvollendete Vernunft. Moderne versus Postmoderne, Frankfurt 1987, S. 46-98.

[38] Vgl. Marquard, O., Abschied vom Prinzipiellen, Stuttgart 1980.

[39] Der Abschied vom Ganzen ist bereits in entscheidenden Theoremen der Naturwissenschaft und Mathematik des 20. Jahrhunderts impliziert. Hier ist insbesondere an Einsteins Relativitätsprinzip, an Heisenbergs Unschärferelation und an Gödels Unvollständigkeitssatz zu denken: "In diesen grundlegenden Theoremen der modernen Wissenschaft werden Totalitätsintentionen des Wissens gebrochen und Wahrheitsansprüche auf das Maß spezifischer und begrenzter Transparenz reduziert." (Welsch, W., Unsere postmoderne Moderne, Weinheim 1987, S. 186).

selbst auch nicht durch ein Bewegungsprinzip bestimmt wird und deshalb ‚im Ganzen' chaotisch ist.[40]

Bezüglich der Ausarbeitung der Cartesischen Grundlegung des Wissens, mit der die neuzeitliche und damit moderne Konzeption von Wahrheit und Wissen beginnt, ist bereits die nähere Bestimmung der Ausgangsfrage für die Abgrenzung der Postmoderne von Bedeutung. Pointiert kann gesagt werden, dass Descartes' Grundlegung des Wissens im Denkzusammenhang der Postmoderne schon allein deshalb nicht durchführbar wäre, weil seine Ausgangsfrage in diesem Rahmen überhaupt nicht gestellt werden könnte. Einmal im Leben einen festen Halt für etwas Unerschütterliches und Bleibendes in den Wissenschaften schaffen wollen, dies müßte dem postmodernen Bewußtsein geradezu widersinnig erscheinen.

Es wäre ihm unter allen drei Aspekten widersinnig: einmal im Leben für sich selbst eine Wissensgrundlage schaffen, dieser Anspruch würde sowohl seinem a-zentrischen Selbstbewußtsein widersprechen, das in sich keine Grundlage für ein Wissen sieht, als auch seinem Bewußtsein von der Veränderlichkeit alles Wissens, das nicht einmal während der Dauer seines Lebens gleich bleiben wird; einen festen Halt könnte es aufgrund seines Wissens um eine Pluralität von Wissensformen und Methoden nicht suchen wollen; und nach etwas Unerschütterlichem und Bleibendem könnte es in jener Bewegung fließender Strukturbildungen, aus der es das Bewußtsein seiner selbst als eines wissenden Ich bezieht, schon überhaupt nicht suchen.[41]

Auch die Cartesische Durchführung der Begründung alles Wissens müßte dem postmodernen Ich im Grunde unverständlich sein. Auch wenn ihm der Zusammenhang „cogito ergo sum" noch einleuchtet, so könnte es darauf doch nicht die Sicherheit eines Wissens gründen, das über diesen Zusammenhang hinaus informativ sein soll. In diesem Zusammenhang wäre darüber hinaus daran zu erinnern, dass Descartes daraus den Status der Wahrheit nur für solche Gewißheiten ableitet, die klar und deutlich sind. Bereits diese Fundierung des Wissens in einem einzelnen Bewußtsein wäre im Rahmen des postmodernen Denkzusammenhanges widersinnig.

---

[40] Vgl. dazu die Entdeckung der Geschichte und der Probleme des Werdens und der Zukunft durch die moderne Naturwissenschaft (z. B. Prigogine, J./Stenger, J., Entre le temps et l'éternité, Paris 1988, S. 181, und Prigogine, J./Pahaut, S., Die Zeit wiederentdecken, in: Baudson, M., Zeit. Die vierte Dimension in der Kunst, Weinheim 1985, S. 28 ff.).

[41] Vgl. dazu Forget, Ph., Leitfäden einer unwahrscheinlichen Debatte, in: ders., Hrsg., Text und Interpretation, München 1984, S. 7 ff.

Das „je pense donc je suis" wäre jedoch postmodern schon deshalb für die Fundierung des Wissens ungeeignet, weil damit nur die Sicherheit als ein denkendes Ich erreicht ist. Als res cogitans wird dieses Ich als getrennt vom Körper aufgefaßt. Dies wird in Descartes' Gedankenführung zum einen in sich konsequent erreicht. Das seiner selbst gewisse Ich kann jedoch auch nur als res cogitans aufgefaßt werden, da es nur so allgemein ist. Ein körperliches Ich könnte aufgrund seiner Individualität, in der es sich von anderen unterscheidet, nicht die gewünschte Begründung eines für alle Wesen, die sich als Ich wissen, gleichermaßen gültigen Wissens erbringen. Gerade die Rede von einem körperlosen und damit jeder Individualität enthobenen Ich widerspricht jedoch dem postmodernen Grundgedanken der Pluralität. Pluralität heißt postmodern nicht nur Pluralität von Wissensformen und Methoden. Pluralität bezeichnet vielmehr einen Zusammenhang des Denkens, von dem die Pluralität der Wissensformen und Methoden nur Aspekte darstellen. In diesen Zusammenhang gehört jedoch auch die Pluralität der Subjekte, die damit zu Individuen werden. Zu einem Individuum wird das Ich jedoch durch seine Körperlichkeit, wobei nicht nur an sein physisches Substrat zu denken ist, sondern ebenso an alle Eigenschaften, durch die es sich von anderen Individuen unterscheidet, also an alle die Bestimmtheiten, die ihm nicht schon deshalb zukommen, weil es ein denkendes Wesen ist. Als rein denkendes Wesen nämlich wäre es von vornherein allgemein, da es sich auf diese Weise nicht von anderen unterscheiden könnte.

Nun gründet Descartes das Wissen jedoch gerade auf das Ich, insofern es nur ein denkendes Wesen ist und trennt alle übrigen Eigenschaften, aufgrund derer das Ich anders sein könnte als andere, davon ab, da an deren Wahrheit wenigstens prinzipiell ein Zweifel möglich ist. Folglich benutzt Descartes gerade ein radikal individualitätsloses Ich, um darauf alles Wissen zu gründen. Gerade zu diesem Zentrum des Cartesischen Anfangs der Modernität stehen das postmoderne Denken und sein Prinzip der Pluralität also in einem entschiedenen Gegensatz.

Diese Entgegensetzung kann zu einer weiteren Verdeutlichung der Grundzüge des postmodernen Denkens führen, wenn die Fortführung des Cartesischen Gedankens von der Fundierung alles Wissens in einem per se allgemeinen und sich selbst wissenden Ich in der nachfolgenden Subjektphilosophie berücksichtigt wird.[42] Darin wird der

[42] Vgl. dazu Lyotard, J.-F., Streifzüge. Gesetz, Form, Ereignis, Wien 1989, S. 70 ff.

Anspruch erhoben, ein wissenschaftliches und damit mit den Attributen der Allgemeinheit und der Notwendigkeit ausgestattetes Wissen begründen zu können, indem der Gegenstand eines möglichen Wissens in ein solches Verhältnis zu dem Subjekt des Wissens von ihm gesetzt wird, dass die Strukturen des Subjekts als apriorische Strukturbedingungen der Erfahrung von Gegenständen des Wissens aufgefaßt werden müssen.

Wenn auf diese Weise nach Bedingungen der Möglichkeit eines Wissens von Gegenständen im Bewußtsein bzw. im Ich gefragt werden soll, so muss eine Konzeption von Bewußtsein und Ich zugrundegelegt werden, von der sich die postmoderne Konzeption deutlich abhebt. Das postmoderne Wissen verdeutlicht sich hier durch die Differenz des vorausgesetzten und implizierten Begriffs von Bewußtsein und Ich von dem entsprechenden Begriff, den das moderne Wissen zu seiner eigenen Begründung benutzen mußte.

Das Ich, das Descartes aufgrund seiner Selbstgewißheit als das einzige sichere Fundament alles Wissens angesehen hatte, faßt Kant nun als fähig zur Herstellung einer Einheit unter den sinnlichen Eindrücken auf, und durch diese Einheitsleistung wird erst eine erkennbare Gegenständlichkeit erzeugt. Wenn so das Subjekt das Objekt bestimmt, so muss es selbst eine Einheit darstellen, die es auf die Welt der sinnlichen Eindrücke übertragen kann. Da die gegenstandskonstituierende Einheit unter dem sinnlich gegebenen Material Kant zufolge durch Begriffe hergestellt wird, so muss auch die Einheitlichkeit des erkennenden Subjekts grundsätzlich begrifflich verfaßt sein. Diese begriffliche Einheit begründet Kant als Bedingung der Identität eines Selbstbewußtseins, das sich nur auf diese Weise als im Zeitablauf dasselbe bleibend verstehen kann.[43] Nach allen drei Hinsichten könnte das postmoderne Denken Kants Auffassung nicht folgen.

Bereits Kants Vorstellung von einer inneren Einheit des Subjekts ist eine Konzeption, die im Widerspruch zu den zentralen Gedankengängen der Postmoderne steht. Auch hier könnte man Folgeerscheinungen der Pluralität sehen, die die Postmoderne wesentlich kennzeichnet. Diese Pluralität führt dazu, nicht nur das Subjekt als Individuum aufzufassen und ihm damit die Fähigkeit zu einer in jedem Bewußtsein gültigen Begründungsleistung abzusprechen. Bereits diese Individuierung würde jedoch genü-

[43] Vgl. Waldenfels, E., Der Stachel des Fremden, Frankfurt/Main 1990, S. 45 ff.

gen, um den kantischen Anspruch in Zweifel zu stellen, wonach die Einheit des Ich ausreicht, um Gegenstände als Einheiten unter den Sinneseindrücken zu konstituieren. Auch Kant muss das Ich als in jedem Bewußtsein gleich auffassen, damit eine Objektwelt begreiflich wird, zu deren Merkmalen es ja gehört, keine individuelle Welt zu sein, sondern für alle gleich und unabhängig von jedem zu bestehen.

Über diese Entgegensetzung hinaus gehört es zum postmodernen Denken jedoch auch, die Möglichkeit einer Einheitlichkeit des Ich als solche zu bestreiten. Nicht nur ist das Ich ein Individuum und damit unterschieden von anderen, sondern im postmodernen Denken erfaßt die Pluralität auch das Ich in seiner inneren Struktur.[44] Auch das Ich kann sich demnach nicht aus der Bewegung fließender Strukturbildungen herauslösen, aus denen in der Postmoderne das menschliche Wissen besteht. Das Ich selbst wird postmodern als eine solche Strukturbildung verstanden und enthält damit eine innere Differenziertheit, die wiederum nicht unter einem Einheitsprinzip steht und folglich keinen internen Zusammenhang aufweist, der zur Charakterisierung einer Einheit ausreichen würde.

Das postmoderne Ich ist also selbst nur fragmentarisch eine Einheit. Es bildet eine Einheit nur jeweils unter einer bestimmten Perspektive und diese Einheit bleibt deshalb von jener Perspektive abhängig.[45] Folglich kann im Ich auch keine Einheit angelegt sein, die ausreichen würde, um eine solche Einheit in die Mannigfaltigkeit der Sinneseindrücke zu bringen, dass der Begriff der Objektivität erfüllt wäre. Das Subjekt erscheint postmodern also als ‚dezentriert' und dies unter verschiedenen Aspekten. Zum einen kann das Ich als Individuum nicht mehr als konstituierendes Zentrum einer Welt gelten, insofern es nur eines unter vielen ist. Zum anderen verliert das Ich aber auch in sich den zentrierten Charakter, der es als Einheit auszeichnet.

Des weiteren kann dem Ich nun auch kein begrifflicher Zusammenhang mehr zugeschrieben werden, der zur begrifflichen Objektivierung der Welt führen würde. Von einer begrifflichen Einheit kann schon deshalb nicht gesprochen werden, weil im postmodernen Verständnis Begriffe keine feste Bedeutung umgrenzen, sondern selbst nur eine

---

[44] Vgl. Hejl, P.M., Der Begriff des Individuums. Bemerkungen zum ungeklärten Verhältnis von Psychologie und Soziologie, in: Schiepek, G., Hrsg., Systeme erkennen Systeme, München/Weinheim 1987, S. 115 ff.

[45] Es erscheint damit als ein "Netzwerk von Kontingenzen" (Rorty, R., Kontingenz, Ironie und Solidarität, Frankfurt/Main 1989, S. 66).

fließende Einheit besitzen.[46] Die Begriffe enthalten so selbst eine Pluralität, die sie ungeeignet machen, dem Subjekt zu einer Einheit zu verhelfen, die dann die Einheit einer Objektwelt gegenüber der Mannigfaltigkeit der Sinneswahrnehmungen konstituieren könnte. In diesem Sinne entspricht die verlorene Einheit der Welt der verlorenen Einheit des Subjekts.

In einer Welt, die zu begrifflicher Festigkeit und zu bestimmten Objektbildungen nur im vorübergehenden Anhalten des Flusses fragmentarischer Strukturbildungen kommt und in der auch das Subjekt keine Einheit bildet, sondern in sich selbst pluralistisch verfaßt ist, wird offensichtlich auch das Kantische Vorhaben einer Fundierung der gegenstandskonstituierenden begrifflichen Einheit des Subjekts in den Bedingungen seiner Identität scheitern müssen. Der postmoderne Grundgedanke der Pluralität widerspricht damit auch der Vorstellung von einem sich im Zeitablauf durchhaltenden Bewußtsein und Ich. Ein Bewußtsein, das sich als gleich in der Zeit versteht, setzte gerade die innere Einheit voraus, die durch das postmoderne Denken dementiert wird.[47]

Außerdem würde Identität im modernen Denken aufgrund des wechselseitigen Zusammenhanges von Subjekt- und Objektstrukturen auch die Einheit der Objektwelt verlangen, die aufgrund der Pluralität der Wissensformen, Methoden und Perspektiven für das postmoderne Denken nicht möglich erscheint. Die Identität des Ich löst sich postmodern ebenso auf wie die Einheit des Bewußtseins. An ihre Stelle treten vorübergehende strukturelle Identitätsbildungen, die zum einen nicht ausreichen, um dem Bewußtsein die für die Konstitution einer einheitlichen Gegenstandswelt ausreichende Vorstellung von der Gleichheit seiner selbst über die Dauer seines Lebens zu geben und die zum anderen nie Bewußtsein als solches betreffen, sondern nur Fragmente seiner Bewußtseinsleistungen, in denen vorübergehend eine Sich-selbst-Gleichheit in Teilbereichen seines Lebens erzeugt wird.[48] Die Identität des Bewußtseins erscheint unter dem Vorzeichen des postmodernen Wissens also ebenso pluralisiert wie die Gegenständlichkeit seiner Welt und die Einheit seines Ich.

---

[46] Vgl. Gadamer, H.G., Text und Interpretation, in: Forget, Ph., Hrsg., Text und Interpretation, München 1984, S. 24 ff.
[47] Vgl. Matthiesen, U., Das Dickicht der Lebenswelt und die Theorie des kommunikativen Handelns, München 1985, S. 129; sowie Meyer-Drawe, K., Illusionen von Autonomie, München 1990, S. 151 f.
[48] Vgl. Waldenfels' Begriff der ‚lateralen Allgemeinheit' (Waldenfels, B., Ordnung im Zwielicht, Frankfurt/Main 1987, S. 39, S. 209), der auf eine variable und zeitabhängige Vernetzung abzielt.

1.2 Die Regelung der Gesellschaft in der Postmoderne

Die Moderne beanspruchte, mit ihrem Wissen eine fundierte Anleitung für die richtige Organisation des Zusammenlebens durch vernünftig zu rechtfertigende gesellschaftliche, staatliche und ökonomische Institutionen geben zu können. Wenn das Wissen der Moderne nun durch die postmoderne Pluralisierung von Wissensformen und Methoden und durch die Auflösung der fundierenden Einheit und Identität des Bewußtseins zweifelhaft geworden ist, so lässt dies offensichtlich den politisch-utopischen Anspruch der Moderne nicht unberührt.[49] Durch diesen Charakter lässt sich das postmoderne Wissen am besten von Habermas' Konzeption abgrenzen, in der die Modernität durch ein Moment von Pluralität ergänzt wird und somit der Versuch unternommen wird, das ‚Projekt der Moderne' mit dem Grundcharakter der Postmoderne zu versöhnen.

Die Konzeption eines modernen Wissens mit politisch-utopischem Anspruch von Habermas versucht, auf der Grundlage eines Begriffes von Wahrheit, der den kommunikativen Zusammenhang mit anderen Menschen konstitutiv einschließt, eine Wissensform zu begründen, die sowohl das Prinzip der Einheit der Methode als auch das Prinzip der Pluralität berücksichtigt. Sie steht jedoch ebenso wie alle übrigen Versuche einer modernen Wissensbegründung in Gegensatz zur Postmoderne, da ihr Begriff von Pluralität dem der Postmoderne grundsätzlich widerspricht. Im Diskurs heben die Teilnehmer - und damit sind prinzipiell und ‚kontrafaktisch' alle Angehörigen der Menschheit gemeint, die jemals gelebt haben und jemals leben werden - ihre Individualität dadurch auf, dass sie alle Vormeinungen thematisch machen und die Reflexionsebenen beliebig wechseln können. Auf diese Weise geht die Pluralität zwar in den Prozeß der Gewinnung von Wissen ein, aber sie verschwindet darin jedoch auch. Zuvor jedoch kann schon die Auszeichnung einer bestimmten Methode - des Diskurses - und einer bestimmten Wissensform - des diskursiv begründeten Wissens - als Gegensatz zur Auffassung der Postmoderne angesehen werden. Dies wäre nur dann im postmodernen Sinne, wenn darin tatsächlich die Pluralität bewahrt werden könnte. Dann aber

[49] Vgl. dazu Rötzer, F., Einleitung, in: ders., Hrsg., Denken, das an der Zeit ist, Frankfurt/Main 1987, S. 9-33, S. 24; Wellmer, A., Zur Dialektik von Moderne und Postmoderne, Frankfurt/Main 1985, S. 49 f; sowie Frank, M., Zwei Jahrhunderte Rationalitätskritik und ihre ‚postmoderne' Überbietung, in: Kamper, D./Reijen, W.v., Hrsg., Die unvollendete Vernunft. Moderne versus Postmoderne, Frankfurt/Main 1987, S. 99-121.

würde es sich gerade nicht mehr um eine einheitliche Methode und Wissensform handeln.

Die Auflösung der Pluralität geschieht im Diskurs durch die Thematisierung aller Vormeinungen gleich welcher Reflexionsebene. Damit wird gleichsam das Innerste der sprechenden Subjekte zum gemeinsamen Wissen aller. Indem jedoch auf diese Weise der Anspruch erhoben wird, alles über das andere Subjekt in die Formen eines für alle gleichen Wissens einfließen lassen zu können, wird seine Individualität zu etwas, das allgemein bekannt ist, und damit wird das Individuum als solches dementiert. Die Postmoderne beharrt dagegen auf der Unzugänglichkeit des Individuellen, das sich auch im Diskurs nicht auf einen allgemeinen Nenner bringen lässt.

Darüber hinaus sind für das postmoderne Wissen auch die Begriffe, mit deren Hilfe die Teilnehmer von Diskursen ihre Vormeinungen explizit machen und in einem prinzipiell unendlichen Argumentationsprozeß abarbeiten, selbst keine fixierten Bedeutungseinheiten, sondern nur Fragmente aus einem in unaufhörlicher Bewegung befindlichen Prozeß der Strukturierung und Umstrukturierung von Bedeutungszusammenhängen. Nach postmodernem Verständnis kann im Diskurs deshalb gerade das nicht gelingen, was mit ihm intendiert wird, nämlich die Gewinnung eines Wissens, das nicht nur selbst und als solches vollständig deutlich und verständlich ist, sondern das auch aufgrund seiner Begründungsmethode zu einer abschließenden Bestimmtheit gebracht werden kann.

Für das postmoderne Wissen stellt Habermas' Versuch, mittels einer Diskurstheorie der Wahrheit dem Wissen und seiner Begründung ein Element von Pluralität zu integrieren, folglich nur den untauglichen Versuch dar, das spezifisch moderne Wissen zu retten. Untauglich ist dieser Versuch für das postmoderne Wissen grundsätzlich deshalb, weil er prinzipiell mit den gleichen Mitteln operiert, die schon den Anspruch einer Begründung eines sicheren und einheitlichen Wissens in den solipsistischen Entwürfen der Moderne haben scheitern lassen.

Für die Postmoderne hat der in Diskursen erzielbare Konsens deshalb eine ganz andere Bedeutung als im Zusammenhang des Habermas'schen Denkens.[50] Ebenso wie gegenständliche Bestimmtheiten immer nur den Status von vorläufigen Verfesti-

---

[50] Vgl. Ladeur, K.H., Vom Sinnganzen zum Konsens, in: Deiseroth, D., Hrsg., Ordnungsmacht? Zum Verhältnis von Legalität, Konsens und Herrschaft, Frankfurt 1980, S. 112 ff.

gungen in einem Prozeß ständigen Entstehens und Vergehens von fragmentarischen Strukturierungen gewinnen können, so steht auch jeder erzielte Konsens unter dem Vorbehalt, durch einen neuen und anderen Konsens ersetzt werden zu können. Ein jeder Konsens ist für das postmoderne Denken aber nur ein faktischer, der durch keine Verfahren zu einem wahren Konsens gemacht werden kann.[51] Gegen die moderne Vorstellung von der Möglichkeit eines wahren Konsenses setzt die Postmoderne also die Pluralität und Unabgeschlossenheit tatsächlich erreichter Konsense, bei denen auch offenbleiben kann, ob es sich wirklich um eine Übereinstimmung in der Sache handelt oder ob nur ein scheinbarer Konsens vorliegt, wenn darin nur eine handlungsleitende Problemdefinition und -orientierung gelingt, d. h. wenn er zur *Kooperation* ausreicht.[52]

Auf dieser Grundlage lässt sich auch die Haltung der Postmoderne gegenüber dem mit der Moderne und vor allem in ihrem Revitalisierungsversuch bei Habermas erhobenen Anspruch, auf der Basis eines vernunftgegründeten Wissens die Prozesse und Institutionen, die das gesellschaftliche Zusammenleben regeln, richtig strukturieren zu können, näher bestimmen. Dabei muss jedoch berücksichtigt werden, dass das postmoderne Wissen nicht nur die Institutionen selbst, sondern auch die in ihnen ablaufenden Entscheidungsprozesse vernunftgemäß bestimmen wollte. Ohne ein begründbares und einheitliches Wissen ist dieser Entwurf offenbar zum Scheitern verurteilt. Das muss jedoch nicht heißen, dass die Postmoderne den Bereich der öffentlichen Institutionen nun den autokratischen Entscheidungen einzelner Individuen überlassen wollte. Die Postmoderne charakterisiert eine Situation, die die Moderne ebenso hinter sich hat wie die vormodernen Gedankensysteme. Insofern ist im Rahmen des postmodernen Denkzusammenhangs weder das Verharren in der Moderne noch die Rückkehr in die Prämoderne möglich.

Für die politischen Folgen der Moderne ist nun wiederum der Grundgedanke der Pluralität ausschlaggebend, der bereits die Sicherheit des Wissens und die Einheit und Identität des Bewußtseins fundamental infrage gestellt hatte. Diese Pluralität schließt zunächst aus, dass für die Bestimmung von staatlichen und ökonomischen Institutionen ein einziges und einheitliches Verfahren zur Anwendung kommen kann.[53] Institutionen

---

[51] Vgl. Lyotard, J.-F., Das postmoderne Wissen. Ein Bericht, Graz/Wien 1986, S. 175.
[52] Vgl. Koslowski, P., Die Prüfungen der Neuzeit. Über Postmodernität, Wien 1989, S. 47 ff.
[53] Vgl. Lyotard: "Es existiert keine Diskursart, deren Hegemonie über die anderen gerecht wäre." Lyotard,

und staatliche Regelungen kommen nach postmodernem Verständnis vielmehr ebenso durch eine Vielzahl von Methoden zustande, wie dies auf dem Gebiet des Wissens der Fall ist. Damit ist aber auch das in ihnen inkorporierte Wissen vielfältig und nicht auf einen Nenner zu bringen. Dies betrifft zum einen das Wissen, das überhaupt zur Einrichtung einer bestimmten Institution geführt hat. Nach postmodernem Verständnis kann dieses Wissen ebenso vielfältig sein wie die Institutionen selbst. Und dies betrifft zum anderen das Wissen, das die Institutionen zur Bewältigung ihrer Aufgaben einsetzen. Auch hier sieht das postmoderne Denken keine Einheitlichkeit und es sieht auch nicht die Notwendigkeit zu einer solchen. Auch wenn bestimmte Methoden und Wissensformen in einer Institution vorherrschen, so schließt dies doch nicht den Einsatz gänzlich anderer Verfahren aus, die auf anderen Wissensformen basieren.

Bezüglich der Funktionen und Aufgaben von Institutionen kann an das über die postmoderne Sicht der Bestimmung des Charakters von Problemen Gesagte erinnert werden. Wie in der Postmoderne ein Problem weder durch eine an sich gegebene Situation noch durch vorgegebene Lösungswege bestimmt erscheint, so sind auch Aufgaben nicht so bestimmbar und abgrenzbar, dass sie von sich aus die Bearbeitung durch bestimmte Institutionen mit bestimmten Verfahren verlangen würden. Die Zuordnung von Problemen zu Institutionen stellt demnach im postmodernen Verständnis eine Entscheidung dar, die weder durch das Problem noch durch die Natur einer Institution notwendig präfiguriert ist. Das Verhältnis von Problematik und institutionellem Ort ihrer Bearbeitung stellt sich vielmehr als ein Wechselverhältnis dar. Was das Problem ist und wie es näher bestimmt werden muss, ergibt sich vielmehr erst mit der Bestimmung von Institutionen und Verfahren, mit deren Hilfe versucht wird, mit dem Problem so umzugehen, dass eine für das Arbeiten der Institution ausreichende Akzeptanz erreicht wird.

Dieser Begriff der Arbeitsfähigkeit von Institutionen kann gerade als zentral für die postmoderne Auffassung angesehen werden. Eine Institution bestimmt sich danach nicht in erster Linie durch ihre Aufgaben oder durch den Bezug auf die staatlichen oder gesellschaftlichen Determinanten, denen sie formal ihre Existenz verdankt, sondern was eine bestimmte Institution ist, wird in einem komplizierten Wechselspiel von Aufgabendefinition, Reaktionen auf Komplexitätszumutungen aus seiner inneren und äußeren Umwelt, Selbstkonstruktion und Verschiebungen in den Strukturen des zugrunde-

---

J.-F., Der Widerstreit, München 1987, S. 262).

liegenden Wissens und der eingesetzten Methoden jeweils neu bestimmt.[54] Pointiert formuliert: es kann im postmodernen Denken im Grunde überhaupt keine Institutionen im herkömmlichen Verständnis mehr geben. In diesem Sinne teilen Institutionen das Schicksal von Wissensbeständen und Methoden sowie des Bewußtseins von Einheit und Identität. Auch Institutionen können nicht mehr als feste und definierte Bestände aufgefaßt werden. Sie verändern sich vielmehr mit ihren Aufgaben und den zugrundeliegenden Problemen, wie diese Aufgaben und Probleme sich durch die Eigendynamik der Institutionen selbst verändern. Auch gesellschaftliche, staatliche und ökonomische Institutionen können deshalb als stets nur vorübergehende Regelbildungen in einem Fluß stets in Bewegung befindlicher Strukturbildungen verstanden werden.[55]

Was eine Institution ist, dies bestimmt sich also auch durch ihre Relationen zu allen anderen Institutionen. Da sich alle Institutionen aber in einem steten Prozeß der Selbstveränderung befinden, so sind diese Relationen selbst im Fluß und können nicht für eine feste Bestimmung einer Institution und ihrer Aufgaben herangezogen werden. Damit ist im übrigen auch einer struktur-funktionalistischen Betrachtung der Boden entzogen. Eine Institution von ihrer Funktion her betrachten hieße eine feste Struktur voraussetzen, mit Bezug auf die sinnvoll von Funktionen die Rede sein kann. An die Stelle einer einheitlichen Struktur tritt jedoch in der Postmoderne ein fließender Zusammenhang von Funktionen, deren Bestimmung folglich nicht mehr von einer Struktur her vorgenommen werden kann, die selbst nur durch das willkürliche Anhalten eines unabschließbaren Prozesses von Strukturbildungen und -umbildungen zustande kommen könnte. Wenn die Struktur kein Fixpunkt für das Verständnis von Institutionen mehr sein kann, so muss die struktur-funktionalistische Theorie durch den Ansatz einer funktionalistisch-strukturellen Theorie ersetzt werden, die in der Lage ist, auch Strukturbildungen noch als Funktionen verstehen zu können. Luhmanns Systemtheorie versucht eine solche Betrachtungsweise mit Hilfe der Systeme konstituierenden Leistung der Reduktion von Komplexität zu begründen.

Die Bestimmung von einheitlichen Kriterien für die vernünftige Richtigkeit und das legitimierte Funktionieren von Institutionen ist demzufolge bereits aufgrund der postmo-

---

[54] Vgl. dazu Raulet, G., Zur gesellschaftlichen Realität der Postmoderne, in: Krüger, H.-H., Hrsg., Abschied von der Aufklärung? Perspektiven der Erziehungswissenschaft, Opladen 1990, S. 25-36.
[55] Vgl. dazu auch Beck, U., Risikogesellschaft. Auf dem Weg in eine andere Moderne, Frankfurt/Main 1986, S. 121 ff.

dernen Auffassung über den Charakter und das Wesen von Institutionen unmöglich geworden. Gegenüber der im Fluß befindlichen Wirklichkeit von Institutionen und ihrer Aufgaben und zugrundeliegenden Probleme kommt die Frage nach einer vernunftgegründeten Ausweisung ihrer Richtigkeit in gewisser Weise immer zu spät. Institutionen mit politisch-utopischem Anspruch durch Vernunft bestimmen zu wollen, würde ihrem Wesen nicht gerecht, das sich nicht auf die eine Dimension einer legitimierbaren Richtigkeit beschränken lässt. Damit allein jedoch ist der Diskurs über die richtige Organisation gesellschaftlicher, staatlicher und ökonomischer Institutionen nicht ausgeschlossen. Er wird jedoch von zwei Seiten begrenzt. Zum einen ist eine solche Begrenzung durch die bereits erwähnten grundlegenden Zweifel an der Möglichkeit eines mit dem Ziel der Entwicklung universal gültiger Bestimmungen erhobenen Anspruchs normativer Art gegeben. Zum anderen widersetzen sich Institutionen durch ihre eigene Unbestimmtheit der Festlegung durch normative Forderungen.

Darüber hinaus sind im postmodernen Denken jedoch noch andere Motive angelegt, die zu einer weitgehenden Dementierung des politisch-utopischen Anspruchs der Moderne führen. Auch hier ist wiederum an den fundamentalen Gedanken der Pluralität zu erinnern.[56] In diesem Zusammenhang ist insbesondere an die Pluralität des Wissens und der Methoden zu seiner Begründung sowie an die Pluralisierung der Subjektivität zu denken, die aus *dem* Ich Individuen macht, die keine apriorische Allgemeingültigkeit für das ihnen gewiß erscheinende Wissen beanspruchen können. Wenn keine einzelne Methode zur Auffindung und Begründung von Wissen mehr in Geltung ist, so kann ein einzelner Entwurf für die richtige Ordnung der Institutionen nicht mehr mit dem Bewußtsein seiner Notwendigkeit und Allgemeingültigkeit auftreten. In der Postmoderne ist *jede* Methode als nur *eine* unter vielen anderen möglichen Methoden bewußt, gegenüber denen sie keinen sachgegründeten Vorrang beanspruchen kann. Folglich kann auch das durch sie begründete Wissen über die normative Richtigkeit von Institutionen sich nicht als besser, sondern nur als anders verstehen. Das gleiche Ergebnis wird erreicht, wenn die postmoderne Pluralisierung von Wissensinhalten berücksichtigt wird. Das postmoderne Wissen erlaubt folglich grundsätzlich nicht die Entwicklung von allgemein-

---

[56] Dieser Gedanke war bereits in den frühen Untersuchungen über eine postmoderne Gesellschaft zentral; vgl. Etzioni, A., Die aktive Gesellschaft. Eine Theorie gesellschaftlicher und politischer Prozesse, Opladen 1975, und Bell, D., Die nachindustrielle Gesellschaft, Frankfurt/Main 1985.

verbindlichen Kriterien, die angeben könnten, was im Bereich der Organisation des menschlichen Zusammenlebens als richtig bezeichnet werden muss und kann.

Die Pluralisierung des Ich schließlich macht die Entwicklung eines allgemeinverbindlichen Wissens um die richtige Ordnung des menschlichen Zusammenlebens vollends unmöglich. Die individuellen Personen treffen sich nicht in einem Ich, das als ‚Ich überhaupt' die Instanz für ein alle Individuen bindendes normatives Wissen darstellen könnte.[57] Deshalb kann nun aber jede Vorstellung über eine richtige soziale und politische Ordnung nur noch den Status einer individuellen Perspektive gewinnen, der gegenüber andere Perspektiven ebenso ihr Recht geltend machen können. In der Postmoderne stehen keine Mittel mehr zur Verfügung, durch die die Differenz der Perspektiven aufgehoben und die individuellen Ansichten in einer verbindlichen Allgemeinheit vereinigt werden könnten.[58] Die Auszeichnung einer bestimmten individuellen Perspektive als normativ für alle Individuen verbindlich und damit als geeigneter Orientierungsmaßstab für die richtige Ordnung des menschlichen Zusammenlebens würde bedeuten, dass allen anderen individuellen Perspektiven die Berechtigung abgesprochen wird und sie als falsche Perspektiven angesehen werden müssen. Nun kann eine Perspektive jedoch aufgrund ihres Charakters als Perspektive nicht falsch sein. Darüber hinaus erlaubt es das postmoderne Wissen nicht, eine bestimmte Individualität als fähig zur richtigen Sicht der Welt auszuzeichnen und damit allen anderen Individualitäten diese Fähigkeit abzusprechen.[59]

Die Zurücknahme des politisch-utopischen Anspruchs der Moderne aufgrund der Pluralität der Postmoderne muss nun nicht zu einem radikalen Verzicht auf normatives Wissen führen. Die normativen Ansprüche bezüglich der richtigen Ordnungen im gesellschaftlichen, politischen und ökonomischen Bereich gewinnen jedoch nun einen anderen Status. Kein einzelner Entwurf kann mehr mit dem Anspruch auf Allgemeinverbindlichkeit auftreten. Dennoch kann es aufgrund normativer Forderungen zu Strukturbildungen kommen, die wenigstens zum Teil durch solche Forderungen existieren und

---

[57] Vgl. Lyotard: "Die Menschheit besteht nicht aus Kreaturen auf dem Weg zur Erlösung, sondern aus Einzelwillen auf dem Weg zu ihrer Emanzipation." Lyotard, J.-F., Der Widerstreit, München 1987, S. 266).

[58] Vgl. Welsch, W., Vielheit oder Einheit? Zum gegenwärtigen philosophischen Spektrum der Diskussion um die Postmoderne, in: Philosophisches Jahrbuch 1987, S. 111 ff.

[59] Vgl. Welsch, W., Die Philosophie der Mehrsprachlichkeit. Postmoderne und technologisches Zeitalter, in: Die politische Meinung 32/1987, S. 65 ff.

deren Normativität bis zu einem gewissen Grad realisieren.[60] Eine vollständige Realisierung kann schon deshalb nicht erwartet werden, weil Institutionen stets in einem vielfältigen Geflecht von Wechselbeziehungen stehen, durch die ihre Bestimmtheit weitgehend heterogen bleibt. Auch die Realisierungen von Normativität gewinnen jedoch nur den Charakter vorläufiger und fragmentarischer Strukturverfestigungen innerhalb eines Flusses von permanenten Strukturbildungen und -umbildungen.[61] Ein Gesamtentwurf einer richtigen Gesellschaftsordnung bzw. einer richtigen Politik und Ökonomie ist also in der Postmoderne weder denk- noch realisierbar. Der normative Anspruch des Wissens der Moderne zieht sich in der Postmoderne aufgrund ihrer Neubestimmung des Charakters alles Wissens in fragmentarische und temporäre Formationen zurück, die vom Ganzen her gesehen selbst nur Individuen darstellen, deren Ansprüche nur als Perspektiven unter anderen Perspektiven Geltung besitzen.[62]

Gesellschaft erscheint demnach im postmodernen Denkzusammenhang als eine Bewegung von Strukturbildungen, in denen soziale Zusammenhänge hergestellt und soziale Institutionen eingerichtet werden, die sich nicht aus einem Gesamtzusammenhang verstehen lassen und untereinander nicht nach einem Prinzip der Einheit verbunden sind.[63] In diesem Sinne sind die einzelnen Sozialgebilde nicht in ein System eingeordnet, sondern über eine Vielzahl von Vernetzungen verbunden, die selbst wieder untereinander vernetzt sein können, ohne dass auf irgendeiner Ebene ein Prinzip zu identifizieren wäre, das ein einheitliches Verständnis von Gesellschaft als einer Ganzheit zulassen würde.[64] Wenn im postmodernen Denken überhaupt noch von Gesellschaft gesprochen werden kann, so im Sinne einer Aufstufung fragmentarischer Vernetzungen, denen kein einheitliches Prinzip mehr zugrundeliegt. Gesellschaft zerfällt also im

---

[60] Man könnte hier auch von ‚Binnenrationalitäten' sprechen (vgl. Welsch, W., Vielheit oder Einheit? Zum gegenwärtigen Spektrum der Diskussion um die ‚Postmoderne', in: Philosophisches Jahrbuch 1987, S. 111 ff., S. 140).

[61] Vgl. zur Frage der Institutionalisierung dieses Prozesses der Selbstmodifikation Preuß, U.K., Revolution, Fortschritt und Verfassung. Zu einem neuen Verfassungsverständnis, Berlin 1990.

[62] Auch in diesem Sinne ist die Postmoderne durch das Gefühl gekennzeichnet, dass die großen Erzählungen (d. h. die umfassenden Sinndeutungen) nicht mehr funktionieren. Vgl. Lyotard, J.-F., Eine postmoderne Fabel über die Postmoderne oder: In der Megalopolis, in: Weimann, R./Gumbrecht, H.-U., Hrsg., Postmoderne - globale Differenz, Frankfurt/Main 1991, S. 291 - 304.

[63] Vgl. Lyotard, J.-F., Der Widerstreit, München 1987, S. 33; sowie Hennen, M., Zur Betriebsfähigkeit postmoderner Sozialentwürfe, in: Eifler, G./Saame, O., Hrsg., Postmoderne - Anbruch einer neuen Epoche?, Wien 1989, S. 53-72, S. 67 f.

[64] Vgl. Kellner, D., Postmodernismus als kritische Gesellschaftstheorie? Herausforderungen und Probleme, in: Krüger, H.-H., Hrsg., Abschied von der Aufklärung? Perspektiven der Erziehungswissenschaft, Opladen 1990, S. 37-60, bes. S. 39 ff.; sowie Berger, P.-L./Berger, B./Kellner, H., Das Unbehagen in der Modernität, Frankfurt/New York 1975, S. 59.

Grunde in eine Pluralität fragmentarischer sozialer Zusammenhänge temporären Charakters, die untereinander wiederum nur temporär und fragmentarisch sich zu Strukturen organisieren, ohne jedoch dauernd aus dem Fluß von Strukturum- und Strukturneubildungen herauszutreten, der für die Postmoderne an die Stelle eines durch die Angabe von Prinzipien bestimmbaren Systems getreten ist.[65]

[65] Zu dem darin angelegten permanenten Lernprozeß vgl. Eder, K., Prozedurales Recht und Prozeduralisierung des Rechts, in: Grimm, D., Hrsg., Wachsende Staatsaufgaben - sinkende Steuerungsfähigkeit des Rechts, Baden-Baden 1990, S. 155 ff.; sowie Rödel, U./Frankenberg, G./Dubiel, H., Die demokratische Frage, Frankfurt 1989.

2. *Der Organisationsbegriff als Grundlage der systemtheoretischen Rechtstheorie*

2.1 Organisation und Macht

Organisation ist in der Form der primären Organisierung selbst als ein Prozeß der Machtentfaltung zu verstehen. Strukturen werden gebildet und damit als Handlungsanweisungen und -begrenzungen für die Personen vorgegeben, die innerhalb dieser Strukturen agieren. Folglich ist Struktur selbst aber Macht, da mit ihr ein Wille auch gegen Widerstreben durchgesetzt wird. Dieser Wille ist in der Organisation als solcher aber nicht personal erkennbar, sondern erscheint ‚verdinglicht' in Mustern und Regeln, die eine sachgebundene und nicht personengebundene Anerkennung fordern. Die Beschreibung der Wechselwirkung dieser Macht mit der mikropolitisch ausgeübten Macht der agierenden Personen gelingt dann am besten, wenn verstanden werden kann, wie die mikropolitische Macht - die ja als primär personales Machtstreben verstanden wird - sich direkt in ein Verhältnis zu der organisationellen Macht setzt. Für diesen Zweck kann eine Rekonstruktion des Machtbegriffes in Organisationen mit Hilfe der informationstheoretisch-kybernetischen Auffassung von Macht hilfreich sein.

Der Begriff der Macht ist in dieser Konzeption auf dem Weg über die Auffassung von Lernen zu erreichen. Schon mit der Rückkopplungsfähigkeit ist aufs engste die Fähigkeit des systemischen Lernens verwandt.[66] Ganz allgemein ist Lernen die Fähigkeit eines selbstregulierenden Systems, sich an veränderte Bedingungen anzupassen. In Entsprechung zu den verschiedenen Rückkopplungsebenen sind nun auch zwei Lernarten zu unterscheiden: einfaches Lernen als einfache zielstrebige Rückkopplung und komplexes Lernen als zielverändernde Rückkopplung, also mit Veränderung der inneren Strukturprinzipien. Im letzteren Sinne besteht Lernen also in einer inneren Strukturveränderung mit äußerer Verhaltensänderung. Mit Hilfe dieses Konzeptes lassen sich Kriterien finden, mit denen die Lernfähigkeit des Systems Unternehmen zu untersuchen ist. Die Lernfähigkeit ist danach abhängig vom Umfang der möglichen neuen Kombinationen in einem System, diese wiederum hängt vom

[66] Vgl. Deutsch, K.W., Politische Kybernetik, Modelle und Perspektiven, Freiburg 1973, S. 145 ff.

Ausmaß und von der Zusammensetzung der ungebundenen Hilfsmittel ab. Darüber hinaus ist die Lernfähigkeit vom Grad der Auflösbarkeit dieser Hilfsmittel abhängig und von der Relevanz der festen Formationen, die nicht aufgelöst werden, aber für neue Kombinationen verwendbar sind. Darüber hinaus können auch höhere Formen des Lernens im kybernetischen Modell dargestellt werden. Schöpferisches Lernen liegt dann vor, wenn ganz neue Strukturmuster aus der Umgestaltung und Neuordnung der alten Elemente entstehen. Kreativität als die Fähigkeit zur Auflösung von Informationsteilen und ihre Kombination zu neuen Strukturmustern ist so als ein bestimmtes Strukturmuster des Informationsstromes darzustellen.[67]

Die fundamentale Bedeutung von Macht in dieser Konzeption ergibt sich nun aus der Beschreibung der Entscheidungsfähigkeit eines Systems gleich welcher Art. Die grundlegende Eigenschaft eines Systems, das zu Entscheidungen fähig sein soll, ist eine bestimmte Art von Informationsfilter, der zunächst als ‚Wille' bezeichnet werden kann. Es handelt sich dabei um eine bestimmte Lösung des Wert- oder Schaltproblems, das sich beim Nachrichtenfluß durch Rückkopplungssysteme stellt. Das System muss aus den eintreffenden Nachrichten auswählen und Entscheidungen über die Weiterleitung und -verarbeitung dieser Nachrichten treffen (etwa die Kanäle auswählen und die Nachrichten verteilen). Es müssen also Betriebsregeln (operating rules) vorhanden sein. In sozialen Gruppen handelt es sich dabei um kulturelle oder institutionelle Bevorzugung bzw. um das System der Werte. Unter ‚Werten' können dabei Präferenzen für bestimmte Kategorien von Informationen verstanden werden. Insofern sind Werte auch schon Entscheidungsmuster dafür, wie Nachrichten behandelt werden sollen. Wille kann deshalb als eine Informationsfilterung bezeichnet werden.

Eine solche Informationsfilterung erlaubt es nun, Entscheidungen zu fällen und sie aufrechterhalten und ausführen zu können. Allgemein beruhen Entscheidungen auf Informationsströmen der Gegenwart und solchen der Vergangenheit, also aus den Speichern. Damit verändern sich Entscheidungen laufend mit den Informationen. Soll eine Entscheidung jedoch ausgeführt werden können, so muss sie eine gewisse Zeit aufrechterhalten werden können. Dies wird erreicht durch eine Aussonderung

---

[67] Vgl. Gessenharter, W., Die Bedeutung der Kybernetik für das Studium politischer und sozialer Systeme, in: Oberndörfer, O., Hrsg., Systemtheorie, Systemanalyse und Entwicklungsländerforschung, Berlin 1971, S. 247-316, S. 287 ff.

jener Informationen, die die Entscheidung zu früh verändern könnten. Ein solcher Informationsfilter besteht nun aus inneren Kennzeichnungen der Kanäle oder bestimmter Abschnitte daraus, die die Informationen strukturiert und auf relativ unveränderliche Weise fließen lassen. Dadurch wird der Lernprozeß zeitweilig aufgehoben und es sind Entscheidungen möglich. Insofern kann ‚Wille' auch als das innere Programm eines Systems bezeichnet werden. Entscheidungen können also dann getroffen werden, wenn das System auf eine Informationseingabe mit einer Verarbeitung reagiert, deren Ergebnis vom inneren Programm des Systems abhängig ist.

Macht kann allgemein als potestas vivendi suis legibus bezeichnet werden, d.h. als Selbststeuerung bzw. als Autonomie. Der Machtbegriff kann also von dem Begriff der Autonomie her verstanden werden, indem Macht das Streben nach Autonomie darstellt, d.h. nach Selbstverfügung. Aufgabe des Modells ist es nun, analytische Instrumente zur Verfügung zu stellen, um die Eigenschaft der Autonomie untersuchen zu können. Die Grenzen einer autonomen Organisation kann man sich als ein Kommunikationsgefälle vorstellen. Ihr funktionaler Zusammenhang hängt von der Leistungsfähigkeit der Kommunikationskanäle ab, und zwar vor allem von den Kommunikationsvorgängen, die gespeicherte Informationen mit Gegenwartsinformationen verbinden. Allgemein kann man nun ein System unabhängig oder autonom nennen, wenn sein Verhalten durch Strukturen und Prozesse determiniert wird, die in diesem System selbst stattfinden.[68] Damit sind Autonomie und Macht aufs engste verbunden mit dem, was als ‚Wille' einer Organisation bezeichnet wurde: ein Strukturmuster von Präferenzen, das ein System aus der Vergangenheit aufgespeichert hat, das einen relevanten Teil der Mitglieder bewußtseinsmäßig kennzeichnet und von ihnen als Richtschnur angewandt wird. ‚Wille' ist in diesem Sinne als ein Filter zu verstehen, der es dem System durch Abschirmung neuer, andersartiger Nachrichten ermöglicht, zu Entscheidungen zu kommen und sie aufrechtzuerhalten.[69] Macht bzw. Autonomie besteht also in einem besonderen Prinzip der Nachrichtenverarbeitung, d.h. sie ist abhängig von und wird gewährleistet durch eine bestimmte Anordnung von Kanälen in einem Kommunikationssystem.

---

[68] Vgl. dazu Luhmann, N., Funktionen und Folgen formaler Organisationen, Berlin 1964, S. 210 ff.
[69] Vgl. Deutsch, K.W., Politische Kybernetik. Modelle und Perspektiven, Freiburg 1973, S. 162 ff.

In einem rudimentären Sinne kann man von Autonomie bereits in einfachen selbstregulierenden (zielstrebigen) Netzwerken sprechen; sie ist hier in den Regelkreisen fundiert. Autonomie im eigentlichen Sinne aber liegt erst in solchen Systemen vor, die Ziele ändern oder Rückkopplungsmechanismen neu einstellen können durch Rückkopplung von gespeicherten Informationen. Deshalb ist Autonomie auf Gedächtnis angewiesen, und sie beruht auf der Eigenschaft des Willens, worunter die Rückkopplung von Erinnerungen in die Entscheidungsbildung zu verstehen ist.[70] Wo nun Bewußtsein vorhanden ist - in kybernetischem Sinne als Vorgang der Rückkopplung sekundärer Nachrichten -, da wird diese Struktur zum entscheidenden Element, das das Gesamtverhalten des Systems bestimmt.[71] Für Autonomie sind deshalb jene Stellen entscheidend, die Informationen verdichten und sekundär kennzeichnen und jene Kanäle, in denen diese sekundären Nachrichten umlaufen sowie die Stellen, an denen sie verarbeitet und verglichen werden.[72] Autonomie erfordert also einen Steuerungsprozeß, der mehrere Informationsströme vereinigt, nämlich interne Informationen über die Führungsgröße (Ziel), Informationen von außen über das Ziel und Informationen über die Lage des Systems zu diesem Ziel. Eine selbststeuernde Organisation braucht demzufolge drei Informationsströme: Informationen über die Außenwelt, Informationen aus der Vergangenheit, sowie Informationen über sich selbst (Bewußtsein).

Obwohl Autonomie bzw. Macht als Streben nach Autonomie damit eine Funktion der gesamten Einrichtung der Organisation ist, so gibt es doch Stellen, die für Autonomie von besonderer Bedeutung sind, nämlich die Punkte, an denen der Informationsstrom aus der Vergangenheit mit dem Datenstrom, der für die Gegenwartsentscheidung aus der Außenwelt entnommen wird, zusammentrifft. So kann man sagen, dass das ‚Selbst' eines Systems an diesen strategischen Stellen des Entscheidungssystems konzentriert ist. In diesem Zusammenhang kann ‚Integrität' als das unge-

[70] Vgl. N. Luhmann: "Die zeitbindende Funktion des Entscheidens korrespondiert mit der Tatsache, dass es keine objektive (...) Zukunft gibt, so dass die Zukunft nur als Differenz zur Vergangenheit in Funktion treten kann. Entscheidungen können daher in je ihrer Gegenwart Ereignis nur sein, wenn sie eine Differenz von Vergangenheit und Zukunft zum Ausdruck bringen; aber sie können dies nur, indem sie als Differenz kontinuieren und ihren Beitrag zumindest eine Zeitlang zeitfest übertragbar machen." (Organisation und Entscheidung, in: Luhmann, N., Soziologische Aufklärung 3, Opladen 1981, S. 335 - 389, S. 341).

[71] Vgl. Deutsch, K.W., Politische Kybernetik. Modelle und Perspektiven, Freiburg 1973, S. 154 ff.

[72] Vgl. dazu Luhmann, N., Reflexive Mechanismen, in: ders., Soziologische Aufklärung 1, Köln /Opladen 1970, S. 92-112, bes. S. 96 ff.

störte Funktionieren der Anlagen verstanden werden, die dem Vorgang der Selbstlenkung zugrundeliegen, also als ein störungsfreier Zustand der autonomen Lernmechanismen. Wenn Autonomie mit Bewußtsein verbunden ist, so liegt die Eigengesetzlichkeit dann gerade in jenen Kanälen und Informationsverarbeitungsanlagen, die Bewußtsein kennzeichnen. Kriterien des Wachstums der Autonomie sind dann das Wachstum des inneren Zusammenhalts eines sozialen Systems, der Steuerungsleistung, der Datenverwendung und der Speicheranlagen.

Darüber hinaus darf jedoch das Dilemma oder Paradox der Autonomie und damit des Machtstrebens nicht übersehen werden: jedes System ist auf Informationen aus der Außenwelt angewiesen, diese müssen aber von inneren Erinnerungen und Präferenzen zurückgedrängt werden.[73] Die kybernetisch rekonstruierten Systemstrukturen ‚Wille' bzw. ‚Macht' können sogar Elemente pathologischen Lernens darstellen, wodurch die Autonomie eines Systems verringert wird. Deshalb gehört zur Erhaltung der Autonomie das Streben nach Gleichgewichtszuständen zwischen den verschiedenen Informationsströmen.

Mikro- und makropolitische Machtentfaltung können auf dieser Grundlage mit einem einheitlichen theoretischen Instrumentarium verstanden werden, das sich in erster Linie auf die Konzeption der Informationsverarbeitung im Zusammenhang mit der Ausbildung von Macht in Handlungssystemen stützt. Mikropolitische Macht bedeutet in erster Linie die Beherrschung der Informationsströme, die das Geschehen in Organisationen steuern. Dabei muss es sich keineswegs um die organisierten Informationskanäle handeln, die in die primäre Organisierung gehören. Mikropolitik ist gerade dadurch ausgezeichnet und ein Teil der permanenten sekundären Organisierung, dass hier informelle Informationsverbindungen aufgebaut werden, die nicht den Wegen der primären Organisierung folgen, sondern als Reorganisierungsprozesse Teil der permanenten sekundären Organisierung werden.

Politik realisiert sich in dieser Perspektive durch die Produktion von Informationen zweiten Grades, also Informationen, die den Fluß der Informationen ersten Grades lenken und damit ihre Wirkung bestimmen. Solche Schaltstellen - in denen das ‚Bewußtsein' einer Organisation lokalisiert werden kann - sind bereits mit der primären Organisierung vorgegeben. Das Geschehen der Politik kann deshalb nun als Aufbau

[73] Vgl. Luhmann, N., Funktionen und Folgen formaler Organisationen, Berlin 1964, S. 210 ff.

von Strukturen der Bestimmung von Informationen zweiten Grades verstanden werden, welche Strukturen sich von denen der primären Organisierung unabhängig aber in permanenter Wechselwirkung mit ihnen ausbilden. Anders gesagt: Politik bedeutet die Konstitution eines ‚zweiten Bewußtseins' einer Organisation, das als prozessuales Korrektiv zu dem in jeder Organisation strukturell verankerten ‚ersten Bewußtsein' im Sinne von informationsgeleiteten Schaltstellen zur Bestimmung der Behandlung von Informationen verstanden werden kann.

Wenn die Bestimmung der Behandlung von Informationen aber durch solche Informationen geschieht, die bestimmend in den Prozeß der Informationsverarbeitung eingehen, indem sie den ‚Erinnerungen' - also gespeicherten Informationen aus der Vergangenheit - entnommen werden, so kann die politische Dimension der Dualität von Struktur und Strukturierung auch als eine Dualität von Erinnerungsressourcen in Organisationen verstanden werden. Den in der primären Organisierung gespeicherten Erinnerungen stehen solche Erinnerungen und steht ein solches Gedächtnis der Organisation gegenüber, das in der primären Organisierung weder konstruiert wurde noch überhaupt geplant werden konnte. Hier zeigt sich auf neue Weise der Raum, der es erlaubt, dass Personen als Akteure in den Prozeß der Organisierung eingreifen, obwohl sie in der primären Organisierung nur als Rollen vorgesehen waren. Die Informationsverarbeitungsstrukturen, die in der primären Organisierung als Organisation fixiert und in die Organisationsstruktur eingebaut wurden, werden permanent gestört und korrigiert durch solche Determinanten der Behandlung von Informationen, die aus den individuellen und personalen Erinnerungs- und Gedächtnisressourcen der Organisationsmitglieder stammen, die sich auf diese Weise nicht als Rollen, sondern als Personen mit einem extern konstituierten Gedächtnis und damit mit von der Organisation nur stückweise kontrollierbaren Informationsverarbeitungsweisen darstellen.

2.2 Organisation und Komplexität

Luhmann faßt Systeme als auf Zeit invariant strukturierte Einheiten auf, die sich in einer komplexen und veränderlichen Umwelt durch Stabilisierung einer Innen-

/Außendifferenz erhalten.[74] Die Erhaltung des Systems stellt demzufolge eine Ordnungsleistung dar, die das System im Verhältnis zu seiner Umwelt vollbringt.[75] Deshalb kann das Verhältnis zwischen System und Umwelt auch durch den Begriff der Komplexität formuliert werden.[76] Komplexität bedeutet die Gesamtheit möglicher Ereignisse bzw. der möglichen Zustände. Ein System ist dadurch gekennzeichnet, dass es mehr Zustände ausschließt, als die Umgebung des Systems annehmen kann. Ein System weist also stets eine geringere Komplexität auf als seine Umwelt. Systembildung "besteht mithin in der Stabilisierung relativ invarianter und auf die Umwelt bezogener Sinnstrukturen, die Komplexität reduzieren oder doch die Reduktion von Komplexität durch konkretes Verhalten erleichtern können."[77] Seine Identität gewinnt ein System durch die besondere Weise seiner Reduktion von Komplexität.[78]

Damit ein System sich in einer komplexen Umwelt erhalten kann, muss es selbst hinreichend viele Zustände annehmen können, um sich an die Ereignisvariationen dieser Umwelt anpassen zu können. Seine Eigenkomplexität muss also ausreichen, um auf Umweltveränderungen mit geeigneten systemerhaltenden Verhaltensänderungen reagieren zu können. Diese Bedingung kann durch Ashbys Gesetz der erforderlichen Varietät formuliert werden: "Only variety can destroy variety."[79] Die zentrale Aufgabe eines Systems kann demzufolge als die Ausarbeitung von Strategien zur Bewältigung von Komplexität im Sinne eines Varietätsengineering verstanden werden. Bei zunehmender Umweltkomplexität kann eine solche Aufgabe nicht mehr mit unveränderbaren Strukturen der Informationsverarbeitung und der Entscheidungsbildung gelöst werden.[80] Das gleiche gilt für die zunehmende Binnenkomplexität, der

---

[74] Vgl. zu folgendem Kiss, G., Grundzüge und Entwicklung der Luhmannschen Systemtheorie, Stuttgart 1990; sowie Greshoff, R., Die theoretischen Konzeptionen des Sozialen von Max Weber und Niklas Luhmann im Vergleich, Opladen 1999, S. 69-137.

[75] Vgl. Luhmann, N., Zweckbegriff und Systemrationalität, Tübingen 1973, S. 117 ff.

[76] "Komplexität ist dann nicht einfach nur die Menge der strukturell ermöglichten Relationen, sondern deren Selektivität; auch nicht nur ein (empirisch gesicherter) Erkenntniszusammenhang zwischen den Variablen Größe und Strukturiertheit, sondern die Relation zwischen positiver Bestimmung der Größe und negativer Bestimmung des Ausscheidungseffekts der Struktur. Die Komplexität hat ihre Einheit also in der Form einer *Relation*: in der Relation wechselseitiger Ermöglichung von Elementmengen und reduktiven Ordnungen." (Luhmann, N., Komplexität, in: ders., Soziologische Aufklärung 2, Opladen 1975, S. 204 - 220, S. 207).

[77] Luhmann, N., Zweckbegriff und Systemrationalität, Tübingen 1973, S. 178.

[78] Vgl. Luhmann, N., Wirtschaft als soziales System, in: ders., Soziologische Aufklärung 1, Köln/ Opladen 1970, S. 204 - 231, S. 205.

[79] Ashby, R., An Introduction to Cybernetics, London 1961, S. 207.

[80] Der Rationalitätsstil der modernen, hochkomplexen Gesellschaft verlangt die Fähigkeit, hohe Beliebigkeit und hohe Spezifikation kombinieren zu können (vgl. Luhmann, N., Systemtheorie, Evolutions-

sich Organisationen heute gegenübergestellt sehen.[81] Allgemein gilt in einer solchen Situation der Zusammenhang, dass ein System zunehmende Eigenkomplexität nur um den Preis einer zunehmenden Abstraktheit und Allgemeinheit seiner Strukturen und Regeln erreichen kann.[82] Je abstrakter die Strukturen sind, "desto größer ist die normativ gesicherte Aktionsfreiheit der Teilsysteme und desto umfangreicher sind ihre Chancen, Spontaneität zu entfalten, da ihr Möglichkeitsbereich weiter ist und sie erwarten können, vor Eingriffen aus der natürlichen und sozialen Umwelt in ihrem Freiraum geschützt zu sein."[83]

Für das Handeln einer Organisation gilt demnach, dass dessen Komplexität mindestens genau so groß sein muss wie die Varietät der Störfaktoren, die auf das Steuerungssystem einwirken. Die Anforderungen an ein Steuerungssystem ergeben sich damit aus dem Abstraktionsgrad der systemimmanenten Möglichkeiten.[84] Darüber hinaus ist der Freiheitsgrad eines Systems bezüglich seiner Verhaltensmöglichkeiten jedoch umso größer, je abstrakter die Einschränkungen der Variabilität der Systemstrukturen ist. Daraus ergibt sich, dass die Anforderungen an die Kompetenz und die Kapazität der systeminternen Steuerung umso größer werden, je abstrakter diese Variabilitätseinschränkungen sind. Insbesondere kommt es dabei darauf an, eine reduzierte Varietät nicht unwiederbringlich zu vernichten, sondern die Fähigkeit zu behalten, die reduzierte Varietät wieder generieren zu können.[85]

Hier bietet sich zunächst die Reformulierung der Thesen Luhmanns über Sinn als Mittel von Komplexitätsreduktion im Hinblick auf Sinn als Ressource von Organisationen an. Sinn ist nach Luhmann eine bestimmte Form, selektive Erlebnisverarbeitung zu regulieren. Mit Hilfe von sinnhafter Komplexitätsreduktion wird Komplexität nicht vernichtet, sondern nur ‚ausgeklammert': das Besondere sinnhafter Erlebnisverarbeitung liegt darin, "Reduktion *und* Erhaltung von Komplexität zugleich zu er-

---

theorie und Kommunikationstheorie, in: ders., Soziologische Aufklärung 2, Opladen 1975, S. 193-203, S. 200 f.).

[81] Mit der Erhöhung der Binnenkomplexität schafft eine Organisation sich selektionsschärfere Strukturen. Genau damit aber nimmt die Abhängigkeit von der eigenen Geschichte zu und das System kann sich in seiner eigenen Geschichte «festwachsen» (vgl. Luhmann, N., Komplexität, in: ders., Soziologische Aufklärung 2, Opladen 1975, S. 204 - 220, S. 207).

[82] Vgl. Röpke, J., Die Strategie der Innovation, Tübingen 1977, S. 53 ff.; sowie Hayek, F.A., Die Theorie komplexer Phänomene, (Walter Eucken Institut, Vorträge und Aufsätze Bd. 36), Tübingen 1972.

[83] Röpke, J., Die Strategie der Innovation, Tübingen 1977, S. 59.

[84] Vgl. Röpke, J., Die Strategie der Innovation, Tübingen 1977, S. 61.

[85] Vgl. Beer, S., Decision and Control, London/New York 1966, S. 313 ff.

möglichen, nämlich eine Form von Selektion zu gewährleisten, die verhindert, dass die Welt im Akt der Determination des Erlebens auf nur einen Bewußtseinsinhalt zusammenschrumpft und darin verschwindet."[86]

Sinnerleben kann eine solche Reduktion bei gleichzeitiger Erhaltung von Komplexität deshalb leisten, weil Sinn jedes unmittelbare und evidente Erleben mit Verweisungen auf andere Möglichkeiten und mit reflexiven und generalisierenden Negationspotentialen durchsetzt. Auf diese Weise ist Sinnerleben für riskante Selektivität ausgerüstet.[87] Sinn gewährt also die Möglichkeit zu einem "Überziehen der Potentialitäten des aktuellen Erlebens durch ein Erfassen und Präsentieren von Nichtmiterlebtem."[88] Auf diese Weise werden abweichende Informationen nicht ausgeschaltet, sondern bleiben als Möglichkeiten bekannt, obwohl sie in der gegebenen Situation nicht verwendet werden können. Auf diese Weise kann eine raschere und problemlosere Reaktion auf Veränderungen der inneren und äußeren Umwelt erreicht werden. Die soziale und ökonomische Variabilität und Komplexitätsverarbeitungskapazität von Organisationen als informationsverarbeitender Systeme wird damit erhöht und nötige Innovationen können mit weniger Friktionen im System durchgesetzt werden.

Daraus ergibt sich eine nähere Bestimmung der notwendigen Offenheit von Systemen, die in einer komplexen und sich rasch verändernden Umwelt überleben wollen. Sie müssen nicht nur eine eigene hohe Komplexität, sondern auch eine komplexe Form der Interaktion mit der Umwelt und eine hohe Interaktivität in den Subsystemen aufweisen.[89] Dieser Offenheit widerspricht die Konstruktion starrer Strukturen und hierarchisch geordneter Befehlswege nach innen und nach außen. Dazu ist zu berücksichtigen, dass mit der Bildung spontaner Ordnungen weit komplexere Systeme erreichbar sind, als durch bewußte Planung möglich ist.[90] Je komplexer die anzustrebende Ordnung also ist, desto mehr wird sie auf spontane Kräfte vertrauen müssen. Lebensfähige Systeme entstehen deshalb nur dann, wenn sie nur einige wenige

---

[86] Luhmann, N., Sinn als Grundbegriff der Soziologie, in: Habermas, J.; Luhmann, N., Theorie der Gesellschaft oder Sozialtechnologie - Was leistet die Systemforschung?, S. 25-100, S. 34.
[87] Vgl. Luhmann, N., Sinn als Grundbegriff der Soziologie, in: Habermas, J.; Luhmann, N., Theorie der Gesellschaft oder Sozialtechnologie - Was leistet die Systemforschung?, S. 25-100, S. 37.
[88] Luhmann, N., Sinn als Grundbegriff der Soziologie, in: Habermas, J.; Luhmann, N., Theorie der Gesellschaft oder Sozialtechnologie - Was leistet die Systemforschung?, S. 25 - 100, S. 40.
[89] Vgl. Beer, S., Decision and Control, London/New York 1966, S. 257.
[90] Vgl. Hayek, F.A., Arten der Ordnung, in: ders., Freiburger Studien, Gesammelte Aufsätze, Tübingen 1969, S. 32 ff., S. 42 ff.

Schlüsseldeterminanten und Lenkungsanweisungen gespeichert haben, die dem System zwar die Richtung angeben, aber gleichzeitig eine hohe Unbestimmtheit in der Gestaltung des Entscheidungsverhalten aufweisen. Ein lebensfähiges System ist also nie durch einen einmaligen Akt gestaltet, sondern seine jeweilige Gestalt entsteht immer selbsttätig aus dem Systemzusammenhang in Auseinandersetzung mit den jeweils gegebenen Herausforderungen durch die innere und externe Komplexität.[91]

Nach Luhmann definiert sich der Begriff der Komplexität in Beziehung auf das Aktualisierungspotential von Systemen: "Er bezeichnet die Zahl der Möglichkeiten, die durch Systembildung Wirklichkeit werden können", und impliziert, "dass die Welt mehr Möglichkeiten zuläßt, als Wirklichkeit werden können, und in diesem Sinne ‚offen' strukturiert ist."[92] In der funktionalistischen Systemtheorie, die Strukturen nur nach ihrer Funktionalität für gegebene Superstrukturen untersuchte, erschien dieses Verhältnis nur als Bedrohung des Systems durch Überforderung. Die kybernetische Systemtheorie ist dagegen dadurch gekennzeichnet, dass sie das Verhältnis von Umwelt und System als den Aufbau einer Ordnung von geringerer Komplexität durch Selektion versteht. Für den Menschen stellt sich das Problem der Verarbeitung von Komplexität jedoch auch in dieser Konzeption anders als für reale Systeme der physischen oder biologischen Welt: Dem Menschen wird seine Umwelt vorwiegend durch andere Menschen vermittelt, d.h. er erlebt, dass andere Menschen aktuell erleben, was für ihn selbst nur Möglichkeit ist. Die Komplexität seiner Umwelt wird also durch die Sozialdimension seines Lebens im Verhältnis zur nichtmenschlichen Welt entscheidend erweitert. Damit eröffnet sich ihm ein prinzipiell unendliches Feld an Wahrnehmungs-, Erfahrungs-, Entscheidungs- und Handlungsmöglichkeiten. Folglich muss er neue Mechanismen entwickeln, die ihm seine Existenz als ein eigenständiges Wesen erlauben, indem sie seine Welt durch Selektion zu einem System von geringerer Komplexität konstituieren.

---

[91] Vgl. dazu Vester, F., Unsere Welt - ein vernetztes System, Stuttgart 1978, S. 159 ff.; sowie ders., Neuland des Denkens. Vom technokratischen zum kybernetischen Zeitalter, München 1991, S. 29 ff.
[92] Luhmann, N., Vertrauen. Ein Mechnismus der Reduktion sozialer Komplexität, Stuttgart 1968, S. 3.

3. Die systemtheoretische Politik-Konzeption und ihre Probleme

3.1 Die Funktion von Politik

Am Anfang eines Modells von Politik, das die Institution der Mediation als effektive Konfliktbeilegungsinstitution verständlich machen kann, muss offensichtlich ein Begriff von Politik stehen, der eine solche Selbstregelung von Rechtssubjekten in ihren Konflikten in seinen Voraussetzungen und nach seinen Möglichkeiten erklären kann. Hier kann wiederum Luhmanns Konzeption weiterhelfen, der immer wieder darauf hinweist, dass weder Ethik und Naturrecht, noch die Konzepte der Macht, des Staates oder der Regierung selbstevidente Ausgangspunkte der Formulierung eines Begriffes der Politik darstellen können.[93] Um dieses theoretische Vakuum zu beheben, schlug Luhmann vor, das Konzeptualisierungs- und Forschungspotential der allgemeinen Systemtheorie für die Untersuchung politischer Vorgänge zu nutzen und den Begriff des ‚politischen Systems' als zentrales Konzept der Wissenschaft von der Politik auszuzeichnen.[94] Damit werden drei Themenbereiche eines Begriffs der Politik umrissen:[95]

(1) das politische System muss als gesellschaftliche Ausdifferenzierung bestimmter Handlungsbereiche verstanden werden;

(2) aufgrund des funktionalistischen Ansatzes der Systemtheorie muss die Abgrenzung des politischen Systems von anderen Systemen und vom System Gesellschaft selbst durch eine funktionale Spezifizierung dargestellt werden können;

---

[93] Vgl. dazu Hellmann, K.-U./Fischer, K., Niklas Luhmanns politische Theorie in der politikwissenschaftlichen Diskussion, in: Hellmann, K.-U./Fischer, K./Bluhm, H., Hg., Das System der Politik. Niklas Luhmanns politische Theorie, Wiesbaden 2003, S. 9-16; sowie Beyme, K. v., Der Staat des politischen Systems im Werk Niklas Luhmanns, in: Hellmann, K.-U./Schmalz-Bruns, R., Theorie der Politik. Niklas Luhmanns politische Soziologie, Frankfurt/Main 2002, S. 131-148.

[94] Vgl. zur systemtheoretischen Konzeptualisierung von Politik Easton, D., A Systems Analysis of Political Life, New York 1965; sowie Senghaas, D., Systembegriff und Systemanalyse. Analytische Schwerpunkte und Anwendungsbereiche in der Politikwissenschaft, in: Zeitschrift für Politik 15/1968, S. 50-64.

[95] Vgl. zum Folgenden Holz, K., Politik und Staat. Differenzierungstheoretische Probleme in Niklas Luhmanns Theorie des politischen Systems, in: Hellmann, K.-U./Fischer, K./Bluhm, H., Hg., Das System der Politik. Niklas Luhmanns politische Theorie, Wiesbaden 2003, S. 34-48, S. 35 ff.; sowie Czerwick, E., Politik als System. Zum Politikverständnis in Systemtheorien, in: Lietzmann, Hg., Moderne Politik. Politikverständnisse im 20. Jahrhundert, Opladen 2001, S. 287-310.

(3) Ausdifferenzierung und Abgrenzung führen zur Konzeptualisierung spezifischer Problembereiche, wie sie z.B. aus der Eigenkomplexität und Selektivität eines politischen Systems, seinen Kommunikationsleistungen, seiner internen funktionalen Differenzierung und der Übernahme gesellschaftlicher Probleme entstehen.[96]

Auch wenn Luhmann die strukturell-funktionale Theorie[97] durch eine funktional-strukturelle Systemtheorie ersetzen will, die auch noch nach der Funktion von Systemstrukturen fragen kann, ohne eine umfassende Struktur sozialer Systeme voraussetzen zu müssen[98], so setzt doch auch seine funktionale Analyse einen Bezugspunkt voraus, auf den hin eine Funktion erfüllt wird. Ein soziales System wird unter diesem Gesichtspunkt verstanden als ein Steuerungssystem, das die Funktion der Erfassung und Reduktion von Komplexität durch die Herstellung sinnhafter Beziehungen zwischen Handlungen verschiedener Menschen erfüllt.[99] Reduktion von Komplexität bedeutet dabei die Eröffnung und Bereithaltung von Erlebnis- und Handlungsmöglichkeiten bei gleichzeitiger Eliminierung durch selektive Prozesse der Selbststeuerung.[100]

Die Leistung sozialer Prozesse zur Reduktion von Komplexität kann nun durch verschiedene Formen der Selektivitätsverstärkung erhöht werden. Dazu gehört z. B. die Sicherstellung der Übertragbarkeit von Selektionsleistungen: "Kein Mensch kann aber für sich allein Sinn konstituieren und weltbezogen erleben, er allein könnte die damit angezeigte Komplexität nicht reduzieren. Jeder muss sich im eigenen Erleben und Handeln auf Selektionsleistungen anderer stützen. Das aber heißt: Selektionsleistungen müssen intersubjektiv übertragbar sein, müssen reduzierte Komplexität übertragen können, ohne dass die Reduktion selbst jeweils neu vollzogen werden

---

[96] Vgl. Schimank, U., Funktionale Differenzierung und Systemintegration der modernen Gesellschaft, in: Friedrichs, J./Jagodzinski, Hg., Soziale Integration (Sonderheft 39 der Kölner Zeitschrift für Soziologie und Sozialpsychologie), Opladen 1999, S. 47-65.

[97] Vgl. dazu Göbel, A., Politikwissenschaft und Gesellschaftstheorie. Zu Rezeption und versäumter Rezeption der Luhmann'schen Systemtheorie, in: Berg, H. de/Schmidt, J., Hg., Rezeption und Reflexion. Zur Resonanz der Systemtheorie Niklas Luhmanns außerhalb der Soziologie, Frankfurt/Main 2000, S. 134-174; sowie Münch, R., Talcott Parsons, in: Kaesler, D., Hg., Klassiker der Soziologie, Bd. II, München 2002, S. 24-50.

[98] Vgl. Luhmann, N., Soziologie als Theorie sozialer Systeme, in: ders., Soziologische Aufklärung (1), Köln/Opladen 1970, S.113-136; vgl. als Überblick über Luhmanns Theorie Stichweh, R., Niklas Luhmann, in: Kaesler, D., Klassiker der Soziologie, Band II, München 2002, S. 206-229.

[99] Vgl. Luhmann, N., Soziologie als Theorie sozialer Systeme, a.a.O., S. 115 f.

[100] Vgl. Luhmann, N., Vorbemerkungen zu einer Theorie sozialer Systeme, in: ders., Soziologische Aufklärung (3), Opladen 1981, S. 11-24.

müßte."[101] In der Entwicklung der neuzeitlichen Gesellschaften identifiziert Luhmann nun neben Wahrheit, Liebe und Geld auch Macht als ein Übertragungsmedium reduzierter Komplexität und erreicht damit eine Konzeption von Politik, die sie zwar durch den Machtbegriff auszeichnet, sie aber darüber hinaus als eine besondere gesellschaftliche Funktion bestimmt, die eine ausdifferenzierte Leistung zu erbringen hat.[102]

Macht bestimmt zunächst ein intersubjektives Verhältnis, in dem die Selektionsweise des einen Partners zugleich als Motivationsweise des anderen Partners dient.[103] Spezieller liegt die Bedeutung der Macht darin, dass sie diejenigen Selektionsleistungen zu übertragen erlaubt, die in der Form individueller Entscheidungen vorliegen: "Dabei bleibt sowohl die Selektivität als auch die Reduktionsweise ‚Entscheidung' bewußt, und trotzdem wird aus den besonderen Gründen, die Macht konstituieren, die Selektion von anderen als Prämisse eigenen Verhaltens übernommen."[104] Macht ist gekennzeichnet als ein Kommunikationsmedium, das Handlungsketten steuert, also durch Handlungen eines Subjekts die Handlungen anderer Subjekte präformiert.[105]

Die Übertragungsmedien von reduzierter Komplexität sind nun im Laufe der Evolution der Komplexitätsverarbeitungsformen ausdifferenzierten Teilsystemen der Gesellschaft zugewiesen worden. Für Luhmann folgt daraus: "Die Gesellschaft kann nun nicht mehr als societas civilis politisch konstituiert, sondern das politische System muss als Teilsystem der Gesellschaft institutionalisiert, also als gesellschaftlich konstituiert begriffen werden."[106] Die Ausbildung eines politischen Systems wird da-

---

[101] Luhmann, N., Soziologie als Theorie sozialer Systeme, a.a.O., S. 126.

[102] Vgl. Brosziewski, A., Die Beobachtung der Macht. Zum Verhältnis von Macht, Wahrheit und Intelligenz, in: Hellmann, K.-U./Fischer, K./Bluhm, H., Hg., Das System der Politik. Niklas Luhmanns politische Theorie, Wiesbaden 2003, S. 49-61.

[103] Vgl. Luhmann, N., Macht, Stuttgart 1975, S. 7 ff.

[104] Luhmann, N., Soziologie als Theorie sozialer Systeme, a.a.O., S. 127.

[105] Wahrheit, Geld und Liebe sind nach diesem Schema als Selektionsübertragungen im Status bloßen Erlebens (Wahrheit), im Status der Selektion des Handelns der einen Person durch das Erleben einer anderen Person (Liebe), bzw. im Status der Selektion des Erlebens der einen Person durch das Handeln einer anderen Person (Geld) zu verstehen (vgl. Luhmann, N., Einführende Bemerkungen zu einer Theorie symbolisch generalisierter Kommunikationsmedien, in: ders., Soziologische Aufklärung (2), Opladen 1975, S. 170-192, S. 175); vgl. dazu Brodocz, A., Mächtige Kommunikation in Niklas Luhmanns Theorie sozialer Systeme, in: Imbusch, P., Hg., Macht und Herrschaft. Sozialwissenschaftliche Konzeptionen und Theorien, Opladen 1998, S. 183-197.

[106] Luhmann, N., Soziologie als Theorie sozialer Systeme, a.a.O., S. 127. Damit kann das politische System allerdings nicht als Funktion bezüglich des Systems Gesellschaft aufgefaßt werden. Dies verbietet bereits der Luhmann'sche Begriff von Gesellschaft als soziales System. System ist definiert

mit als eine mit Hilfe spezifischer Medien der Komplexitätsreduktion durchgeführte Wiederholung der Systembildung innerhalb eines Systems verstanden, wodurch der Selektionsvorteil der Systembildung multipliziert wird. Das politische System ist also dasjenige System, dessen funktionale Spezifizierung die Herstellung bindender Entscheidungen und die Erzeugung gesellschaftlicher Macht ermöglicht.[107] Diese funktionale Spezifizierung setzt nun die gesellschaftliche Ausdifferenzierung und eine hohe gesellschaftliche Autonomie der entsprechenden Handlungsbereiche voraus. Ausdifferenzierung geschieht primär auf der Ebene der Rollen. Dieser Vorgang ist dabei nicht einfach als ,Rollentrennung' zu verstehen, sondern als ein Wechsel in der Art der Rollenverbindung, die die soziale Struktur trägt: "Die Rollenausführung in ausdifferenzierten Systemen muss ... auf das Verhalten unter Rollenpartnern einreguliert und davon unabhängig gemacht werden, welche anderen Rollen die Partner sonst noch wahrnehmen."[108] Die Gesellschaft kann also nur dann zum Objekt der Politik werden, d.h. den Status einer Komplexitätsreduzierung durch Übertragung von Selektivität mit Hilfe von Macht erreichen, wenn das politische System gegen gesellschaftliche Rollenverflechtungen indifferent ist.[109]

Die Autonomie des politischen Systems ist unmittelbar von einer gelingenden Ausdifferenzierung auf Rollenebene abhängig. Nur dann können die Rollen innerhalb bestimmter Grenzen unter sich agieren und eigene regulative Standards entwickeln.[110] Autonomie bezeichnet demnach "den Grad der Freiheit, mit dem die Bezie-

---

durch ein Komplexitätsgefälle, das durch spezifische Reduktionsleistungen erzeugt wird. Gesellschaft ist demnach "dasjenige Sozialsystem, das im Voraussetzungslosen einer durch physische und organische Systembildungen strukturierten Umwelt soziale Komplexität regelt - das heißt den Horizont des Möglichen und Erwartbaren definiert und letzte grundlegende Reduktionen einrichtet." Andere Sozialsysteme - wie das politische System - sind deshalb von Gesellschaft abhängig. Dies aber *nicht* in dem Sinne, "dass sie den Zwecken der Gesellschaft dienten, an ihrem Wesen teilhätten oder als Teile dem Ganzen ähnelten, sondern deshalb, weil ihre Selektivität eine gesellschaftlich schon vorstrukturierte Umwelt voraussetzt." Folglich dient auch das politische System nur der Fortsetzung gesamtgesellschaftlicher Selektivität, "nämlich der Selektivitätsverstärkung durch Wiederholung der Systembildung in bezug auf die 'innere Umwelt' des Gesellschaftssystems." (Luhmann, N., Gesellschaft, in: Soziologische Aufklärung (1), Köln/Opladen 1970, S. 137 -153, S. 144 f.).

[107] Vgl. Luhmann, N., Soziologie des politischen Systems, a.a.O., S. 154; vgl. dazu Greven, M.Th., Luhmanns ,Politik' im Banne des Systemszwangs der Theorie, in: Demirovic, A., Hg., Komplexität und Emanzipation. Kritische Gesellschaftstheorie und die Herausforderung der Systemtheorie Niklas Luhmanns, Münster 2001, S. 197-216.

[108] Luhmann, N., Soziologie des politischen Systems, a.a.O., S. 155.

[109] Damit ist nicht ausgeschlossen, dass das politische System Rollenverflechtungen als sich zufällig ergebende Chancen ausnutzen kann. Ausdifferenzierung erfordert jedoch, dass die Erwartungssicherheit bezüglich des politischen Systems nicht mehr auf personalen Rollenkombinationen beruht.

[110] Vgl. Luhmann, N. Soziologie des politischen Systems, a.a.O., S. 156.

hungen zwischen System und Umwelt durch die selektiven Kriterien des Systems selbst geregelt werden können."[111] Autonomie setzt damit die Erfüllung von Voraussetzungen in drei Dimensionen voraus:

(1) Das System muss über ein Mindestmaß zeitlicher Autonomie verfügen. Es muss also die Zeit haben, systemeigene Prozesse zwischen dem Input aus seiner Umwelt und seinen eigenen Umweltwirkungen in Gang zu setzen.[112]

(2) Das System muss auf zwei verschiedenen Ebenen der Generalisierung mit seiner Umwelt in Kontakt stehen. Zum einen muss es generell anerkannt sein, es muss ‚politischen Kredit' genießen, der nicht vom Gehalt einzelner Entscheidungen abhängig ist. Zum anderen müssen seine Umweltbeziehungen jedoch auf der Ebene der konkreten Interaktionen eine Stabilität gewinnen. Entscheidend sind dabei die Beziehungen zwischen den beiden Ebenen. Die generelle Anerkennung steuert und limitiert die Möglichkeiten, konkrete Entscheidungsleistungen zu erbringen. Sie ist jedoch darauf angewiesen, dass Schwellen vorhanden sind, die verhindern, dass Probleme auf der Ebene der konkreten Interaktion die generelle Legitimation gefährden.

(3) Das politische System muss in der Sozialdimension von mehreren relevanten Umwelten abhängig sein. Eine solche Umweltdifferenzierung - die nicht mit der internen Differenzierung des politischen Systems übereinstimmen darf - ermöglicht es, Leistungen der Teilsysteme nur sektoral für bestimmte Bedürfnisse in Anspruch zu nehmen: "Das politische System kann dann allen Einzelsystemen gegenüber mit Rückendeckung von anderen Umweltbereichen verhandeln und kann die Art der Kombination dieser verschiedenen Beiträge ausbalancieren."[113]

Mit der Ausdifferenzierung und der Autonomisierung des politischen Systems wächst seine Eigenkomplexität und Selektivität, wodurch die Fähigkeit zur Erbringung seiner spezifischen Leistung der Übertragung von Komplexitätsreduktion mit Hilfe von Macht erhöht wird. Erhöhte Eigenkomplexität ist einerseits zur Systemstabilisierung nötig. Andererseits wird das System durch diese Leistung für Dysfunktionali-

---

[111] Luhmann, N., Soziologie des politischen Systems, a.a.O., S. 157.
[112] Vgl. dazu Luhmann, N., Organisation und Entscheidung, in: ders., Soziologische Aufklärung (3), Opladen 1981, S. 335-389, S. 340 ff.; sowie für die Problematik des Verwaltungshandelns als Teil der Politik ders., Die Knappheit der Zeit und die Vordringlichkeit des Befristeten, in: Politische Planung. Aufsätze zur Soziologie von Politik und Verwaltung, Opladen 1971, S. 143-164.
[113] Luhmann, N., Soziologie des politischen Systems, a.a.O., S. 158.

täten anfällig: "Hohe Eigenkomplexität bedeutet demnach Zulassung von Alternativen, Variationsmöglichkeiten, Dissens und Konflikten im System. Dazu muss die Systemstruktur in gewissen Grenzen unbestimmt, widerspruchsreich und änderbar institutionalisiert sein."[114]

Im Zusammenhang der Steuerungsproblematik ist hier insbesondere die Behandlung gesellschaftlicher Konflikte durch das politische System von Interesse. Das Konfliktpotential eines politischen Systems hängt von mehreren Variablen ab:[115]

- vom Grad der Politisierung von Konflikten in der Gesellschaft;
- vom Grad der Ausdifferenzierung des politischen Systems;
- vom Abstraktionsgrad und der Spannweite der Systemstruktur; hier kommt es darauf an, Konflikte aus der Umwelt des politischen Systems so zu übernehmen, dass sie aufgrund einer veränderten Motivlage besser gelöst werden können, dies wiederum ist eine Funktion der Selektivität des politischen Systems.[116]

Die Steigerung der Eigenkomplexität des politischen Systems ist darüber hinaus in Abhängigkeit von seiner internen funktionalen Differenzierung zu sehen. Luhmann unterscheidet hier grob Rollen für bürokratische Verwaltung, für parteimäßige Politik und für das ‚Publikum'.[117] Die Administration spezialisiert sich auf "Ausarbeitung und Erlaß bindender Entscheidungen nach politisch vorgegebenen Kriterien der Richtigkeit unter Wahrung gewisser Anforderungen an die Konsistenz der Entscheidungen untereinander".[118] Die Parteipolitik befaßt sich mit der Formierung politischer Unterstützung für die Administration. Als drittes Element wird eine Pluralität von Publikumsrollen in das politische System integriert, die nach dessen Erfordernissen aus-

---

[114] Luhmann, N., Soziologie des politischen Systems, a.a.O., S. 160. In dieser gesellschaftlich geforderten, hohen und relativ unbestimmten Komplexität des politischen Systems sieht Luhmann im übrigen die Gründe, die zur Demokratisierung der Politik geführt haben (vgl. Luhmann, N., Komplexität und Demokratie, in: ders., Politische Planung, Opladen 1971, S. 35-45, S. 40).

[115] Vgl. Bußhoff, H., Demokratietheorie als Steuerungstheorie, in: ders., Hg., Politische Steuerung, Steuerbarkeit und Steuerungsfähigkeit, Baden-Baden 1992, S. 241-283; sowie Wilke, H., Die Steuerungsfunktion des Staates aus systemtheoretischer Sicht, in: Grimm, D., Hg., Staatsaufgaben, Frankfurt/Main 1996, S. 685-711.

[116] Vgl. Luhmann, N., Soziologie des politischen Systems, a.a.O., S. 161.

[117] Vgl. Luhmann, N., Soziologie des politischen Systems, a.a.O., S. 163 ff.; dazu Beetz, M., Organisation und Öffentlichkeit als Mechanismen politischer Kommunikation, in: in: Hellmann, K.-U./Fischer, K./Bluhm, H., Hg., Das System der Politik. Niklas Luhmanns politische Theorie, Wiesbaden 2003, S. 108-120, S. 112 ff.

[118] Luhmann, N. Soziologie des politischen Systems, a.a.O., S. 164.

differenziert sind, indem spezifische Kommunikationsbahnen und -themen eröffnet werden.[119]

Für ein System mit hoher Eigenkomplexität stellt sich nun auch das Problem seiner Stabilität auf neue Weise. Aufgrund seiner Ausdifferenzierung, Autonomie und Komplexität kann es seine Stabilität nur durch Variabilität erhalten.[120] Zunächst kann die Positivierung des Rechts in diesem Sinne verstanden werden.[121] Damit werden Verfahren institutionalisiert, worunter kurzfristige Teilsysteme zu verstehen sind, die Komplexität abarbeiten und Entscheidungen legitimieren: "Das Besondere dieser Institution besteht darin, dass sie Offenheit und Konfliktgeladenheit von Entscheidungssituationen als eine nur zeitweilige Ungewißheit immer wieder neu schafft und mit dieser Ungewißheit Motive setzt für eine (...) Beteiligung an der Absorption von Ungewißheit."[122]

Eine zweite Möglichkeit zur Sicherung der Variabilität des politischen Systems liegt in der Orientierung an Interessen statt an Wahrheiten. Dadurch werden Werte bewertet und sie können auf Erfolg hin instrumentalisiert werden. Die Variabilität ergibt sich dann daraus, dass sie ihre Geltung aus dem Vergleich verschiedener Werte von Situation zu Situation neu gewinnen.[123] Außerdem muss der Wechsel von Präferenzen gewährleistet sein, die jeweils in hinreichender Zahl im System zur Sprache kommen können. Schließlich kann Variabilität auch durch die Ersetzung von Tradition durch Planung stabilisiert werden. Planung ist dadurch charakterisiert, dass Tradition nur hilfsweise als Form von reduzierter Komplexität hinzugezogen wird. Planung

---

[119] Görke, A., Das System der Massenmedien, öffentliche Meinung und Öffentlichkeit, in: in: Hellmann, K.-U./Fischer, K./Bluhm, H., Hg., Das System der Politik. Niklas Luhmanns politische Theorie, Wiesbaden 2003, S.121-135, S. 123 ff.

[120] Luhmann formuliert diesen Zusammenhang paradox: Sicherheit kann jenseits einer gewissen Schwelle nur noch auf dem Umweg über Erhaltung von Unsicherheit gewonnen werden, d. h. das System muss über Änderungsmöglichkeiten verfügen, die selbst nicht zur Verfügung stehen (vgl. Luhmann, N., Soziologie des politischen Systems, a.a.O., S. 167).

[121] Vgl. Bolsinger, E., Autonomie des Rechts? Niklas Luhmanns soziologischer Rechtspositivismus, in: Politische Vierteljahresschrift 42/2001, S. 3-30.

[122] Luhmann, N., Soziologie des politischen Systems, a.a.O., S. 167; vgl. ders., Positives Recht und Ideologie, a.a.O., S. 178 - 203; sowie ders., Funktionen der Rechtsprechung im politischen System, in: ders., Politische Planung, Opladen 1971, S. 46 - 52.

[123] Auf dieser Grundlage kann Luhmann auch die Veränderung der Staatsfunktion vom Ordnungsstaat hin zum Leistungsstaat als Ausdifferenzierung der Funktion der Erzeugung bindender Entscheidungen formulieren. Das kollektiv bindende Entscheiden stützt sich im ‚Wohlfahrtsstaat' nicht allein auf Macht, sondern auch auf Geld als Kommunikationsmedium zur Übertragung der Bindungswirkung von Entscheidungen (vgl. Luhmann, N., Politische Theorie im Wohlfahrtsstaat, München 1981, S. 94 ff.; sowie ders., Der Wohlfahrtsstaat zwischen Evolution und Rationalität, in: Soziologische Aufklärung (4), Opladen 1987, S. 104 - 116).

knüpft zwar an gegebene Zustände an, darf diese aber ändern, wenn sie das Vorhandene durch funktionale Äquivalente substituieren kann.[124]

Das politische System kann seine spezifische Aufgabe demzufolge dann am besten erfüllen, wenn seine Eigenkomplexität der Komplexität des umgebenden Gesellschaftssystems entspricht.[125] Dazu muss es seine spezifischen Leistungen, nämlich die Erzeugung von Entscheidungen mit bindender Wirkung, auf bestimmte Weise erfüllen können. Zunächst erfordert es seine Variabilität, dass die Erzeugung bindender Entscheidungen weder in Bezug auf die Inhalte dieser Entscheidungen noch in Bezug auf die Motive zur Annahme solcher Entscheidungen präformiert wird. Das politische System muss selbst Entscheidungsthemen variieren können, um seinen Entscheidungsausstoß auf fluktuierende gesellschaftliche Problemlagen einzustellen; und es muss Gehorsamsmotive verschiedenster Art kombinieren können: "Nur durch strukturelle Abstraktion, die in diesen beiden Hinsichten Offenheit gewährleistet und das System gleichwohl stabil hält, kann das politische System auf die Funktion der Herstellung bindender Entscheidungen zugeschnitten werden."[126] Luhmann formuliert die Vereinigung dieser beiden Anforderungen im Begriff der ‚Legitimität der Legalität', womit die Sicherstellung der Annahme noch unbestimmter, beliebiger Entscheidungen bezeichnet wird.

Damit wurde für das Modell der Möglichkeitsbedingungen von Mediation als einer Institution zur Konfliktregelung eine Dimension des Politischen gewonnen, in der eine solche Institution als Versuch aufgefaßt werden kann, diejenigen Steuerungsleistungen einer Gesellschaft zu flexibilisieren, in der die Gesellschaft durch ein spezielles Medium der Kommunikation für sich selbst eine Leistung erzeugt, die ihr eine Selbststabilisierung durch Reduktion von Komplexität und damit durch eine Abgrenzung von ihrer Umwelt ermöglicht. Die Funktion der Mediation gehört damit in den durch Macht geregelten Bereich der Erzeugung bindender Entscheidungen, also in jenen Bereich, in dem die Gesellschaft eine für ihre Selbsterhaltung notwendige Leistung erzeugt. Eine solche Leistung kann nur gelingen, wenn von Seiten der Gesellschaft dem System zur Erstellung bindender Entscheidungen die entsprechenden Ressour-

---

[124] Vgl. dazu Luhmann, N., Politische Planung, in: ders., Politische Planung, Opladen 1971, S. 66 - 89.
[125] Vgl. zum folgenden Görlitz, A./Adam, S., ‚Strukturelle Kopplung' als Steuerungstheorie: Rekonstruktion und Kritik, in: in: Hellmann, K.-U./Fischer, K./Bluhm, H., Hg., Das System der Politik. Niklas Luhmanns politische Theorie, Wiesbaden 2003, S.271-289, S. 271 ff.
[126] Luhmann, N., Soziologie des politischen Systems, a.a.O., S. 159.

cen zur Verfügung gestellt werden. Zu diesen Ressourcen können Informationen, Willensbestimmungen und andere Determinanten gezielt werden. Luhmanns Konzeption ist gerade deshalb als Modellelement zum Verständnis von Mediation von Seiten der politischen Dimension geeignet, weil es den Begriff des Politischen nicht durch inhaltliche Elemente bestimmt, sondern ihn durch eine bestimmte Entscheidungsart für im Grunde beliebige Leistungen öffnet.

3.2 Die Steuerungsproblematik der Politik

Allerdings ist die Auffassung von Politik als Funktion gesellschaftlicher Steuerungserfordernisse nicht so problemlos, wie dies auf den ersten Blick und in der Konzentration auf Luhmanns Sicht erscheinen könnte. Daraus ergeben sich auch einige Schwierigkeiten bei der Heranziehung dieser Konzeption für die Modellbildung zum Verständnis von Mediation als einer rechtlichen Institution. Gerade diese Schwierigkeiten können jedoch dazu beitragen, das Modell zu verfeinern und im Sinne seiner eigenen Funktionalität zu verbessern. Auch eine Institution wie die Mediation muss fundamentale Gesetzlichkeiten der politischen Sphäre in einer demokratischen Gesellschaft berücksichtigen, deren Politik gerade wegen ihrer demokratischen Qualität nicht restlos unter funktionalistischen Gesichtspunkten verstanden werden kann. Vor allem ist zu berücksichtigen, dass Politik auch in der Luhmannschen Konzeption nicht in der alleinigen Konzentration auf den funktionalistischen Aspekt des Politischen verstanden werden kann. Dies soll zunächst anhand der Problematik der Politiksteuerung dargestellt werden, bei der bereits Grenzen eines funktionalistischen Politikverständnisses deutlich werden.

Schon aus der von Luhmann vorgeschlagenen Konzeptualisierung des Gegenstandes der Wissenschaft von der Politik als ausdifferenziertes soziales System mit der Funktion, für andere soziale Systeme die Leistung der Erzeugung bindender Entscheidungen als besondere Form der Übertragung von Komplexitätsreduktion zu erbringen, ergeben sich einige theoretische Aspekte, unter denen Steuerungsprobleme im politischen System identifiziert werden können.[127] Solche Aspekte lassen sich z. B. aus den Bedingungen der Autonomie des politischen Systems entnehmen, wie sie oben beschrieben wurden. Die Verfügung über die Ressource Zeit, die Kontakte zwischen System und Umwelt auf zwei durch Schwellen voneinander getrennten generalisierten Ebenen, sowie das Erfordernis einer Pluralisierung der relevanten Umwelt stellen offenbar genug Problembereiche dar, aus denen Gefährdungen für die Leistungsfähigkeit des politischen Systems resultieren können. Die interne Funktionsdifferenzierung und damit Komplexitätserhöhung des politischen Systems macht den Prozeß der Entscheidungsbildung störanfälliger. Die Übernahme gesellschaftlicher Probleme unter Umstrukturierung unter dem Gesichtspunkt einer leichteren Bearbeitung erhöht die Verarbeitungsfähigkeit von Komplexität, gefährdet die Funktionsfähigkeit jedoch auch durch Überlastung der Entscheidungskapazität und durch das Diffuswerden von Systemgrenzen.

Damit stellt Luhmanns Konzeptualisierung des Gegenstandes der Wissenschaft von der Politik auch eine Grundlage für die Problematik der Politiksteuerung dar, die im Zusammenhang mit der Regierbarkeitsdiskussion in den letzten Jahrzehnten mehr und mehr Aufmerksamkeit gefunden hat.[128] In gewisser Weise setzt diese Problematik jene Konzeptualisierung voraus, obwohl sie auch unter den gedanklichen Prämissen einer Theorie der Staatsaufgaben stattfindet, die unabhängig von der systemtheoretischen Perspektive vorgeht.[129] Ausgehend von den Staatsaufgaben können verschiedene Aspekte unterschieden werden, unter denen ein Versagen des Staates diskutiert worden ist.[130] Unter dem Aspekt der Ordnungsfunktion des Staates wurde unter dem Stichwort Regierbarkeitsdiskussion die drohende Unregier-

---

[127] Vgl. Kneer, G., Von Kommandohöhen zu Maulwurfshügeln. Ein Beitrag zur Diskusion politischer Steuerung aus systemtheoretischer Sicht, in: Sociologica Internationalis 36/1998, S. 61-85; zum Begriff der Steuerung grundlegend und umfassend Sandforth, Chr., Prozeduraler Steuerungsmodus und moderne Staatlichkeit, Baden-Baden 2002, S. 31 ff.

[128] Vgl. Scharpf, F.W., Die Handlungsfähigkeit des Staates am Ende des zwanzigsten Jahrhunderts, in: Politische Vierteljahresschrift 32/1991, S. 621-653; Burth, H.-P., Eine metatheoretische Analyse politikwissenschaftlicher Steuerungstheorie, in: Druwe, U./Kühnel, S.-M/Kunz, V., Kontext, Akteur und strategische Interaktion, Opladen 2000, S. 163-185; Brozus, L./Take, I./Wolf, K.D., Vergesellschaftung des Regierens? Der Wandel nationaler und internationaler Steuerung unter dem Leitbild der nachhaltigen Entwicklung, Opladen 2003, S. 27 ff.

[129] Vgl. Eichenberger, K., Der geforderte Staat: Zur Problematik der Staatsaufgaben, in: Hennis, W., Kielmansegg, P., Matz, U., (Hrsg.), Regierbarkeit. Studien zu ihrer Problematisierung, Bd. I, Stuttgart 1977, S. 103 - 117.

[130] Vgl. zum Folgenden Mayntz, R., Politische Steuerung und gesellschaftliche Steuerungsprobleme - Anmerkungen zu einem theoretischen Paradigma, in: Jahrbuch zur Staats- und Verwaltungswissenschaft 1/1987, S. 89 - 110.

barkeit komplexer Demokratien beschworen. Wenn die Funktion der Wohlfahrtssicherung in den Mittelpunkt des Interesses gestellt wird, so kann die entsprechende Krisendiskussion unter den Titel ‚Krise des Wohlfahrtsstaates' gestellt werden. Die Gestaltungsfunktion des Staates führte schließlich zu einer Diskussion über Ausmaß und Ursachen eines staatlichen Steuerungsversagens.[131]

Die Problembereiche der Regierbarkeit und der Steuerung[132] sind dabei nur schwer zu unterscheiden. Es scheint sich mehr um eine unterschiedliche Blickrichtung auf vergleichbare Phänomene zu handeln. Unter dem Begriff der Regierbarkeit werden aus dem Blickwinkel der Souveränität des Staates vor allem Probleme bei der Durchsetzung politischer Herrschaft aufgrund geringer werdender Folgebereitschaft diskutiert.[133] Unter dem Begriff der Steuerung geht es dagegen um Probleme bei der Leistungserbringung des Staates: "Im Kern geht es dabei um die Behauptung, dass der Staat aufgrund inhärenter Schranken seines traditionellen Interventionsinstrumentariums nicht (mehr) in der Lage ist, die von ihm identifizierten ökonomischen und sozialen Probleme zu lösen und die gesellschaftliche Entwicklung in die gewünschte Richtung zu steuern".[134]

Regierbarkeitskrise und Steuerungskrise werden jedoch auch als synonyme Begriffe aufgefaßt, wenn die erstere gerade als sich öffnende Kluft zwischen zunehmenden Steuerungserfordernissen und abnehmenden Steuerungsressourcen gedeutet wird. Unter Regierbarkeitskrise wird dann ein Syndrom verschiedener Funktionsstörungen der demokratischen Herrschaftsordnungen verstanden, das etwa durch folgende Elemente gekennzeichnet ist:

- die Integrationsmechanismen der politischen Willensbildung versagen zunehmend;
- die staatliche Fähigkeit, Handlungsoptionen in bindende Entscheidungen umzusetzen, ist bedenklich eingeschränkt;

---

[131] Vgl. Braun, D., Artikel ‚Steuerungstheorien', in: Nohlen, D./Schultze, R.-O., Lexikon der Politik, Bd. 1, München 1995, S. 611-618; sowie Sandvorth, Chr., Prozeduraler Steuerungsmodus und moderne Staatlichkeit, Baden-Baden 2002, S. 81 ff.

[132] Zur Karriere des Begriffs der Steuerung in den Sozialwissenschaften vgl. Mayntz, R., Politische Steuerung und gesellschaftliche Steuerungsprobleme - Anmerkungen zu einem theoretischen Paradigma, a.a.O., S. 91 ff. Der Steuerungsbegriff ist danach sowohl in der allgemeinen Systemtheorie als auch in eher handlungstheoretisch orientierten politikwissenschaftlichen Ansätzen verwurzelt.

[133] Vgl. dazu bereits Noack, P., Ist die Demokratie noch regierbar?, München 1980, bes. S. 28 ff.

[134] Mayntz, R., Politische Steuerung und gesellschaftliche Steuerungsprobleme - Anmerkungen zu einem theoretischen Paradigma, a.a.O., S. 90.

- die Entscheidungen erfordern steigende Kosten in Form eines zunehmenden Verwaltungs- und Programmbildungsaufwandes;
- die Akzeptanz der Entscheidungen seitens der Bürger ist mehr und mehr eingeschränkt.[135]

Die Determinanten der Steuerungslücken beziehen sich auf die drei Elemente Input (Steuerungsressourcen) und Output (Steuerungserfordernisse) des politischen Systems sowie auf die Kapazität des politischen Systems selbst. Der notwendige Output an Steuerungserfordernissen wird zunächst durch steigende Ansprüche und Erwartungen bestimmt. Das politische ‚Anforderungssyndrom' ist in sich ein sehr differenziertes Phänomen. Der grundsätzliche Zusammenhang in der Konzeption einer Regierungsüberlastung durch die Eskalation von Erwartungen lässt sich als positive Rückkopplung zwischen eskalierenden Erwartungen und steigender Aufgabenbreite von Politik verstehen: eskalierende Erwartungen führen zu einer Ausweitung des Aufgabenspektrums der Politik, was ein Bewußtsein vergrößerter Handlungsmöglichkeiten der Politik fördert, wodurch erneut höhere Erwartungen gestellt werden, die wiederum zu einer Zunahme der politischen Funktionen führt usw.[136]

Dass steigende Systemkomplexität zu erhöhten Steuerungserfordernissen führt, lässt sich aus der Problematik der Planung erklären.[137] Das politische System kann die zunehmende Umweltkomplexität nur durch eine Steigerung seiner Eigenkomplexität auffangen. Dazu muss es punktuelle Eingriffe durch geplantes Vorgehen ersetzen. Planung bedeutet, Entscheidungsprämissen für künftige Entscheidungen festzulegen.[138] Ein erhöhter Steuerungsbedarf für die Politikfunktion resuliert dabei aus folgenden Schwierigkeiten: "die dysfunktionalen Folgen von Planungen im voraus zu überblicken; die Fülle der erreichenswerten Zwecke eines Systems in ein Präferenz-

---

[135] Vgl. dazu Wewer, G., Steuerungspotentiale und die politische Praxis, in: Burmeister, K./Canzler, W./Kalinowski, M., Hg., Zukunftsfähige Gesellschaft. Demokratische Entscheidungen für eine dauerhafte tragfähige Gesellschaft, Bonn 1996, S. 74-84; Brozus, L./Take, I./Wolf, K.D., Vergesellschaftung des Regierens? Der Wandel nationaler und internationaler Steuerung unter dem Leitbild der nachhaltigen Entwicklung, Opladen 2003, S. 27 ff.

[136] Vgl. bereits Lehner, F., Grenzen des Regierens. Eine Studie zur Regierungsproblematik hochindustrialisierter Demokratien, Königstein 1979, S. 32; sowie spezieller und aktuell Rose, N., Tod des Sozialen? Eine Neubestimmung der Grenzen des Regierens, in: Bröckling, U./Krasmann, S./Lemke, Th., Hg., Gouvernementalität der Gegenwart. Studien zur Ökonomisierung des Sozialen, Frankfurt/Main 2001, S. 71-109.

[137] Zu deren Funktionen vgl. näher Dyk, I., Gesellschaftspolitische Aspekte der Planung, Berlin 1981, S. 126 ff.

[138] Vgl. Luhmann, N., Politische Planung, in: ders., Politische Planung, Opladen 1971, S. 66-89, S. 67.

system zu ordnen; zu verhindern, dass sich nicht ein spezifischer Zweck durch die Planung unversehens verdinglicht und alle anderen Erwägungen und Datenkenntnisse verdrängt; die Bedürfnisstruktur des Menschen verläßlich zu erkennen; die latenten Funktionen ebenso eindeutig auszumachen wie die manifesten, und schließlich die Fülle der planenden Instanzen so zu koordinieren, dass wirklich ein allgemeiner Nutzenzuwachs zu verzeichnen ist."[139] Auf diese Weise führt die steigende Systemkomplexität gleichzeitig zu erhöhten Anforderungen an die Steuerungskapazität.

Auf der Seite der abnehmenden Steuerungsressourcen ist zunächst der Faktor abnehmende Folgebereitschaft zu nennen. Wenn bindende Entscheidungen den Output des politischen Systems darstellen, so kann deren Akzeptanz nicht allein durch physischen Zwang sichergestellt werden. Macht muss vielmehr als "gleichgerichtete Erwartung deutlich voraussehbarer Sanktionen, also einer wesentlichen Verschiebung in der Zuteilung von wichtigen Werten" verstanden werden.[140] Folgebereitschaft wird zunächst also als genügend gefestigte Erwartungshaltung definiert werden.[141] Abnehmende Folgebereitschaft ist demnach als eine verminderte Erwartung von Sanktionen bei Verstoß gegen die politisch gesetzten Entscheidungen aufzufassen. Dies kann aus einem Zurückbleiben der Sanktionsmöglichkeiten hinter den Steuerungserfordernissen interpretiert werden.[142]

Darüber hinaus ist Folgebereitschaft jedoch auch von dem Bewußtsein der Rechtmäßigkeit der politisch gesetzten Entscheidungen abhängig. Abnehmende Folgebereitschaft kann deshalb auch aus dem Bewußtsein unzureichender Legitimität des politischen Systems erklärt werden. Diese Erklärungsstrategie wurde vor allem von Habermas in seiner Darstellung soziokultureller Krisentendenzen im Spätkapitalismus verwendet.[143] Des näheren unterscheidet Habermas zwischen Legitimations- und Motivationskrise. Es handelt sich dabei um eine Differenzierung, die sich auf den Ausgangspunkt von abnehmender Folgebereitschaft bezieht. Im Falle einer Legitima-

---

[139] Beyme, K. v., Die politischen Theorien der Gegenwart, Opladen 1992, S. 188.

[140] Deutsch, K. W., Politische Kybernetik. Modelle und Perspektiven, Freiburg 1969, S. 183.

[141] In diesem Zusammenhang ist ein Vergleich mit den Begriffen Prestige und Zwang aufschlußreich: "Prestige verhält sich dabei zur Macht wie Kredit zum Bargeld. Und physische Gewalt, also Zwang im engeren Sinne, verhält sich zur Macht wie Gold zum Papiergeld, Spar- oder Scheckbuch." (Deutsch, K., Politische Kybernetik, a.a.O., S. 183).

[142] Vgl. Brozus, L./Take, I./Wolf, K.D., Vergesellschaftung des Regierens? Der Wandel nationaler und internationaler Steuerung unter dem Leitbild der nachhaltigen Entwicklung, Opladen 2003, S. 35 ff.

[143] Vgl. dazu Jäger, W./Baltes-Schmitt, M., Jürgen Habermas. Einführung in die Theorie der Gesellschaft, Wiesbaden 2003, S. 135 ff.

tionskrise entsteht durch Veränderungen im politischen System ein Legitimationsbedarf, der durch die gegebenen Möglichkeiten der Legitimationsbeschaffung nicht erfüllbar ist. Im Falle einer Motivationskrise dagegen wird die Folgebereitschaft durch autonome Entwicklungen im soziokulturellen System vermindert.[144]

In Bezug auf die Steuerungsproblematik unter dem Gesichtspunkt der Möglichkeit von Mediation als Institution ist in diesem Zusammenhang Habermas' These von Bedeutung, derzufolge das politische System Legitimität und Motivation nicht administrativ erzeugen kann, da diese Ressourcen auf kulturellen Überlieferungen beruhen, die ihre autonomen Reproduktionsbedingungen besitzen: "Eine systematische Grenze für Versuche, Legitimationsdefizite durch gezielte Manipulation auszugleichen, besteht also in der strukturellen Unähnlichkeit zwischen Bereichen administrativen Handelns und kultureller Überlieferung."[145] Bezüglich der Motivation lautet die These von Habermas, dass der moderne Staat traditionelle Motivationsmuster notwendig zerstört, von denen er zugleich abhängig ist, und die er nicht aus sich selbst reproduzieren kann.[146]

Die abnehmende Kanalisierbarkeit von Ansprüchen an das politische System wird vor allem in Zusammenhang mit dem Funktionsverlust von Parteien und Verbänden gebracht.[147] Wenn Parteien und Verbände ihre Funktionen der Artikulation, Aggregation und Kanalisierung von Interessen nicht mehr so erfüllen können, dass daraus ein vom politischen System verarbeitbarer Input von Anforderungen entsteht, so kann auch von dieser Seite eine Abnahme der Steuerungsressourcen die Folge sein. Die ‚Strategiefähigkeit' von Interessengruppierungen steht einer unter dem Druck von Wahlterminen reduzierten Verhandlungsmacht des politischen Systems

---

[144] Vgl. Habermas, J., Legitimationsprobleme im Spätkapitalismus, Frankfurt/Main 1973, S. 71.

[145] Habermas, J., Legitimationsprobleme im Spätkapitalismus, a.a.O., S. 100. Anzumerken ist, dass Habermas eine überproportionale Steigerung des Legitimationsbedarfs als Nebenfolge der Expansion der Staatstätigkeit sieht, weil sich in diesem Prozeß die Grenze des politischen Systems gegenüber dem kulturellen verschiebt; vgl. Vgl. dazu Jäger, W./Baltes-Schmitt, M., Jürgen Habermas. Einführung in die Theorie der Gesellschaft, Wiesbaden 2003, S. 137 ff.

[146] Abgebaut werden Habermas zufolge hauptsächlich die folgenden Elemente: der vorbürgerliche Traditionsbestand, in den der staatsbürgerliche und der familial-berufliche Privatismus eingebettet sind; Kernbestandteile der bürgerlichen Ideologie wie Besitzindividualismus und Leistungsorientierung (vgl. Habermas, J., Legitimationsprobleme im Spätkapitalismus, a.a.O., S. 111 ff.).

[147] Vgl. z. B. Greven, Th., Parteiensystem, Wertwandel und neue Marginalität, in: Matthes, J., Hg., Sozialer Wandel in Europa. Verhandlungen des 19. Deutschen Soziologentages 1979, Frankfurt/Main 1979, S. 574-590; Beyme, K. v., Der Neo-Korporatismus und die Politik des begrenzten Pluralismus in der Bundesrepublik, in: Habermas, J., Hg., Stichworte zur 'Geistigen Situation der Zeit', Bd. 1, Frankfurt/Main 1979, S. 229-262.

gegenüber.[148] Nach Luhmanns Theorie können die Steuerungsressourcen in diesem Fall abnehmen, wenn die besonderen Kriterien der Rationalität, die den ausdifferenzierten Politikbereich bestimmen, der sich mit der Formierung politischer Unterstützung beschäftigt, nicht mehr genügend Akzeptanz finden (wie z.B. die Kriterien des Wahlgewinnes, der Stimmenmaximierung oder der Postenmaximierung).[149] Darüber hinaus kann die Struktur des Parteiensystems selbst die Ausbildung von Erwartungs- bzw. Anforderungsprofilen mitbestimmen.

Darüber hinaus können Probleme durch die zunehmende Interdependenz der verschiedenen Politikbereiche und einzelner politischer Entscheidungen entstehen. Steuerungsprobleme entstehen demnach bereits durch die Unüberschaubarkeit der Folgen politischen Handelns im Rahmen des politischen Systems selbst.[150] Die wachsende Staatstätigkeit erfordert auch eine Zunahme der organisatorischen Differenzierung des Staatsapparates, was zu Friktionsverlusten zwischen verselbständigten Subsystemen führen kann.[151] Steuerungsversagen kann darüber hinaus auch die Form einer Überkomplizierung, Übersteuerung und Überstabilisierung annehmen. Dies wird insbesondere in Verrechtlichungsprozessen deutlich.[152]

In der politischen Gestaltung des gesellschaftlichen Lebens kann also bei unzureichenden Ressourcen eine Situation entstehen, die als ‚Steuerungsfalle' bezeichnet werden könnte. Damit ist eine Situation gemeint, in der Ressourcen für Steuerungsfunktionen eingesetzt werden, die aus sich selbst heraus zu Akzeptanzproblemen ebenso wie zu Durchsetzungsproblemen in der Umwelt des politischen Systems führen, also vor allem im gesellschaftlichen Bereich. Hier ist zu beachten, dass in modernen Gesellschaften Politik nicht in erster Linie über das Medium Macht pro-

---

[148] Vgl. dazu Grande, E., Regieren in verflochtenen Verhandlungssystemen, in: Mayntz, R./Scharpf, F.W., Hg., Gesellschaftliche Selbstregulierung und politische Steuerung, Frankfurt/Main 1995, S. 327-368; sowie Brozus, L./Take, I./Wolf, K.D., Vergesellschaftung des Regierens? Der Wandel nationaler und internationaler Steuerung unter dem Leitbild der nachhaltigen Entwicklung, Opladen 2003, S. 42 ff.

[149] Vgl. Luhmann, N., Soziologie des politischen Systems, a.a.O., S. 164; vgl. dazu Neves, M., Zwischen Themis und Leviathan. Eine schwierige Beziehung, Baden-Baden 2000, S. 113.

[150] Vgl. dazu Willke, H., Entzauberung des Staates. Überlegungen zu einer sozietalen Steuerungstheorie, Königstein 1983, S. 117 ff.

[151] Vgl. Lütz, S., Politische Steuerung und die Selbstregulierung korporativer Akteure, in: Mayntz, R./Scharpf, F.W., Gesellschaftliche Selbstregulierung und politische Steuerung, Frankfurt/Main 1995, S. 169-196.

[152] Vgl. Voigt, R., Recht als Instrument der Politik, Opladen 1986, S. 23 f; sowie DiFabio, U., Verwaltung und Verwaltungsrecht zwischen gesellschaftlicher Selbstregulierung und staatlicher Steuerung, in: Veröffentlichungen der Vereinigung der Deutschen Staatsrechtslehrer 56/1997, S. 235 ff.

zessiert, sondern seine Leistungsfähigkeit von Kommunikationsleistungen abhängt, die in der Anpassung an die gesellschaftlichen Anforderungen erbracht werden müssen. Gelingt eine solche Kommunikation von Steuerungsleistungen nicht, so werden in der Regel erhebliche Ressourcen in die Steuerungsfähigkeit investiert, die trotz oder gerade wegen dieser Investitionen abnimmt, weil sie auf interne Hemmfaktoren stößt, die durch eine betonte Investitionstätigkeit gerade noch verstärkt werden. Die Dysfunktionalitäten, die eine hohe Regelungsdichte hervorruft, werden in diesem Fall etwa durch noch mehr Regelungen zu beheben versucht, was die Dysfunktionalitäten noch verstärkt.

Die Probleme aus der begrenzten Steuerungsleistung der Politik wurden bisher vor allem negativ bezeichnet. Ein differenzierteres Bild lässt sich gewinnen, wenn solche Faktoren aus den Grenzen der Steuerungsfähigkeit der Politik berücksichtigt werden, die zwar dem politischen Bereich und damit der Regelung gesellschaftlicher Angelegenheiten zugehören, die aber nicht nur und nicht vorwiegend im begrenzten Bereich des politischen Systems angelegt sind und von solchen Determinanten bestimmt sind, die nicht durch eine eng auf das politische System gerichtete Einflußnahme gesteuert werden können. Hier bietet das Konzept der Lebenswelt einen Ansatz, wo Bedingungen zum Thema werden, die in die Voraussetzungen des politischen Entscheidungshandelns hineinwirken. Hier geht es um Begrenzungen der Steuerungsfähigkeit des Politischen, die das Konzept des Politischen als System zur Erzeugung funktionaler Leistungen übersteigen und bereits in der Lebenswelt der Gesellschaft angelegt sind.

3.3 Politik zwischen System und Lebenswelt

Grundsätzlich ist die systemtheoretische Perspektive darauf eingeschränkt, Politiksteuerung als ein Verhältnis zwischen ausdifferenzierten Rollensystemen aufzufassen. Die im thematischen Zusammenhang eines spezifischen Steuerungsproblems in modernen hochindustrialisierten Gesellschaften identifizierten Faktoren stammen demgemäß hauptsächlich aus Rollenkomplexen, die die interne und externe Umwelt des politischen Systems bilden. Damit wird jedoch eine andere Auffassung von Politiksteuerung und den daraus resultierenden Problemen verbaut, die sich nicht auf die Bedeutung von Rollenkomplexen für das Entstehen von Steuerungslücken einschränkt. Da die systemtheoretische Perspektive eingangs mit Hilfe der Luhmann'schen Theorie expliziert wurde, ist es sachlich naheliegend, eine mögliche andere Auffassung betreffend diese Thematik zunächst mit Hilfe von Habermas' Einwänden gegen Luhmanns Systemtheorie einzuführen.[153]

Habermas zufolge reicht das begriffliche Paradigma ‚System' nicht für ein Verstehen der Entwicklung und der Funktionen von Gesellschaft aus. Die Problematik der Systemintegration bezieht sich auf die Steuerungsleistungen eines selbstgeregelten Systems. Damit werden Gesellschaftssysteme nur unter einer bestimmten Perspektive thematisiert, die vor allem die Fähigkeit in den Blick nimmt, den Bestand und die Grenzen durch Komplexitätsbewältigung zu erhalten. Dagegen stellt Habermas den Aspekt der Sozialintegration in den Mittelpunkt seiner Überlegungen, der Gesellschaften zum Thema macht "im Hinblick auf Institutionensysteme, in denen sprechende und handelnde Subjekte vergesellschaftet sind; Gesellschaftssysteme erscheinen hier unter dem Aspekt einer Lebenswelt, die symbolisch strukturiert ist."[154]

Lebenswelt und System erscheinen danach als zwei Paradigmata, die gleichermaßen notwendig sind, um das Phänomen Gesellschaft analysieren zu können.[155] Habermas versucht den phänomenologischen Versuch einer Klärung der allgemeinen Strukturen der Lebenswelt nun in sprachtheoretischer Form wiederaufzunehmen, indem er die allgemeinen Strukturen der kommunikativen Lebensform in der Universalpragmatik von Sprachspielen auffinden und rekonstruieren will.[156] Die So-

---

[153] Vgl. dazu Jäger, W./Baltes-Schmitt, M., Jürgen Habermas. Einführung in die Theorie der Gesellschaft, Wiesbaden 2003, S. 24 ff.

[154] Habermas, J., Legitimationsprobleme im Spätkapitalismus, Frankfurt/Main 1973, S. 14; vgl. dazu Neves, M., Zwischen Themis und Leviathan. Eine schwierige Beziehung, Baden-Baden 2000, S. 61 ff.

[155] Habermas entwickelt das Konzept der Lebenswelt in Anlehnung an Husserl, demzufolge die vorwissenschaftliche Alltagserfahrung das Sinnesfundament der wissenschaftlich objektivierten Wirklichkeit darstellt (vgl. Habermas, J., Vorlesungen zu einer sprachtheoretischen Grundlegung der Soziologie, in: ders., Vorstudien und Ergänzungen zur Theorie des kommunikativen Handelns, Frankfurt/Main 1984, S. 11-126, bes. S. 35 ff.). Darüber hinaus kann die systemtheoretische von der lebensweltlichen Perspektive so unterschieden werden: als Lebenswelt einer sozialen Gruppe wird die Gesellschaft aus der Teilnehmerperspektive handelnder Subjekte aufgefaßt; als System von Handlungen kann die Gesellschaft dagegen aus der Beobachterperspektive eines Unbeteiligten begriffen werden (vgl. Habermas, J., Theorie des kommunikativen Handelns, Bd. 2, Frankfurt/Main 1981, S. 179).

[156] Vgl. Habermas, J., Vorlesungen zu einer sprachtheoretischen Grundlegung der Soziologie, a.a.O., S. 83 ff.

ziologie muss deshalb auch einen verstehenden Zugang zu ihrem Gegenstand suchen, weil sie in ihm Verständigungsprozesse vorfindet, in denen er sich vorgängig schon konstituiert hat.[157] Die Sozialintegration ist demnach auf sprachliche Verständigungsprozesse angewiesen, so dass Gesellschaft nicht allein mit Hilfe einer systemtheoretischen Begrifflichkeit konzeptualisiert werden kann.

Diese Verständigungsprozesse implizieren nun normative Strukturen und können deshalb nicht mit systemtheoretischen Mitteln rekonstruiert werden, sondern nur unter Berücksichtigung von Geltungsansprüchen, die Bedingung jeder Verständigung sind. Als solche bezeichnet Habermas Wahrheit und Richtigkeit.[158] Eingelöst werden können solche Geltungsansprüche nur durch den Übergang vom kommunikativen Handeln in den Diskurs, in dem wiederum eine ideale Sprechsituation unterstellt werden muss, die als operativ wirksame Antizipation das normative Fundament sprachlicher Verständigung darstellt.[159] Unter dem Aspekt der Sozialintegration kann der Prozeß der Vergesellschaftung also nicht von rechtfertigungsbedürftigen Normen abgekoppelt werden.[160]

Für die Problematik der Politiksteuerung erbringt die Habermas'sche Kritik an einer ausschließlich systemtheoretischen Konzeptualisierung von Gesellschaft und damit auch von Politik als funktionalem Subsystem die Vermutung, dass jene Problematik unzureichend verstanden sein könnte, wenn sie ausschließlich innerhalb des Systembegriffs abgehandelt wird. Spezieller weist Habermas darauf hin, dass eine Orientierung an Rollensystemen nicht ausreicht, um Gesellschaft verstehen zu können. Ein solches Verständnis ist nur möglich, wenn auch auf sprach- und verständigungsfähige Subjekte Bezug genommen wird, die sich auf die Welt und auf die mit ihnen vergesellschafteten Subjekte über wahrheitsorientierte und normative Geltungsansprüche beziehen.[161]

---

[157] Vgl. Habermas, J., Ein Fragment (1977): Objektivismus in den Sozialwissenschaften, in: ders., Zur Logik der Sozialwissenschaften (5. Auflage), Frankfurt/Main 1982, S. 541-607, bes. S. 545 ff.

[158] Vgl. Habermas, J., Wahrheitstheorien (1972), in: ders., Vorstudien und Ergänzungen zur Theorie des kommunikativen Handelns, Frankfurt/Main 1984, S. 127–183; vgl. dazu Jäger, W./Baltes-Schmitt, M., Jürgen Habermas. Einführung in die Theorie der Gesellschaft, Wiesbaden 2003, S. 71 ff.

[159] Vgl. Habermas, J., Wahrheitstheorien (1972), a.a.O., S. 181.

[160] Vgl. Habermas, J., Legitimationsprobleme im Spätkapitalismus, a.a.O., S. 131 ff.

[161] Vgl. Vgl. dazu Jäger, W./Baltes-Schmitt, M., Jürgen Habermas. Einführung in die Theorie der Gesellschaft, Wiesbaden 2003, S. 135 ff.; sowie Forst, R., Die Rechtfertigung der Gerechtigkeit. Rawls' Politischer Liberalismus und Habermas' Diskurstheorie in der Diskussion, in: Brunkhorst, H./Niesen, P., Hg., Das Recht der Republik, Frankfurt/Main 1999, S. 105-168.

Damit wird Politiksteuerung aber zu einem Problem, das sich nicht ausschließlich durch den Rekurs auf Rollen im Kontext von Rollensystemen konzeptualisieren lässt. Eine sachangemessene Diskussion scheint von da her nur möglich, wenn eine ganz andere Konzeptualisierung des Gegenstandes der Wissenschaft von der Politik in die Überlegungen miteinbezogen wird. Auch wenn die Steuerungsproblematik nicht auf den Begriff des politischen Systems verzichten kann, so muss die Thematik der Politiksteuerung doch auch eine ganz anders zu konzeptualisierende innere und äußere Umwelt des politischen Systems berücksichtigen. Habermas spricht in diesem Zusammenhang von sprach- und verständigungsfähigen Subjekten, deren Selbstverständnis nicht unter systemtheoretischen Begriffen, sondern nur mit Hilfe des Begriffes der Lebenswelt als Umwelt des politischen Systems verstanden werden kann. In einem weiteren Sinne kann damit auf die Bedeutung von Konzepten wie ‚Person', ‚Individuum', ‚Subjekt' oder auch ‚Mensch' für ein angemessenes Verständnis der Problematik der Politiksteuerung hingewiesen werden. Wenn statt von Rollen von Subjekten, Personen oder einfach Menschen die Rede ist, die die problemerzeugende innere und äußere Umwelt des politischen Systems bilden, so wird das Problem folglich auf eine Ebene gestellt, die zwei kategorial verschiedene Begriffssysteme vereinigt, nämlich Rolle und Person bzw. Mensch.[162]

Die Legitimation einer solchen Problemumdefinition muss offenbar in dem Nachweis liegen, dass für die systemischen Steuerungsprobleme gerade die nicht systemtheoretisch zu verstehenden Entitäten von besonderer Bedeutung sind. Dafür hat Habermas bereits einige Hinweise geliefert, wenn er die kommunikative, verständigungsorientierte Vergesellschaftung gegen das Monopol der rollenorientierten Systemintegration geltend macht. Unabhängig von Habermas' Theorie kann jedoch auch auf einige der genannten Faktoren der Entstehung von Steuerungslücken hingewiesen werden. Steigende Ansprüche und Erwartungen entstehen auf personaler Ebene und aufgrund eigenständiger Entwicklungen, die von Imperativen der Systemintegration wenigstens zum Teil unabhängig sind. Das gleiche gilt für das Syndrom einer abnehmenden Folgebereitschaft, das möglicherweise besser konzeptualisiert werden kann, wenn ein anthropologisches Wissen um die dem Menschen wesentlichen sozi-

[162] Vgl. Vgl. dazu Jäger, W./Baltes-Schmitt, M., Jürgen Habermas. Einführung in die Theorie der Gesellschaft, Wiesbaden 2003, S. 141 ff.; sowie Neves, M., Zwischen Themis und Leviathan. Eine schwierige Beziehung, Baden-Baden 2000, S. 29 ff.

alen Ansprüche und Beziehungen hinzugezogen wird. Ähnlich kann die Kanalisierungsfähigkeit von Bedürfnissen und Erwartungen durch Parteien und Verbände auf solche Hemmungen stoßen, die nicht auf systemtheoretischer Ebene diskutiert werden können, sondern leichter unter Bezugnahme auf solche Phänomene zu untersuchen sind, die untrennbar mit dem Wesen des gemeinschaftlichen Lebens der Menschen verbunden sind.[163]

Auf solche Schranken kann das politische System jedoch auch in seiner internen Umwelt stoßen. Steigende Systemkomplexität sowie Ineffizienz und Eigendynamik der Bürokratie lassen sich möglicherweise angemessener untersuchen, wenn als hemmende Faktoren nicht politische Rollen als Systemelemente, sondern die in administrativen Organisationen vergemeinschafteten Subjekte oder Personen mit ihren spezifisch menschlichen Sperren gegen ein Aufgehen in Systemfunktionen berücksichtigt werden.[164] Dem politischen System und der Ausrichtung seiner Steuerungsnotwendigkeiten auf soziale Rollensysteme tritt damit eine nicht systemtheoretisch formulierbare Schranke gegenüber, die nur unter Zuhilfenahme von Begriffen aus der Sphäre der Person und des Subjekts politikwissenschaftlich verstanden werden kann. In einer ersten Annäherung wird diese Schranke als die Freiheit und Individualität der Person diskutiert werden können, die mit Hilfe von Begriffen aus der Sphäre des Rollenhandelns nicht zugänglich sind.[165]

Daraus ergibt sich jedoch auch die Möglichkeit, das Problem der Politiksteuerung auf einer neuen Ebene zur Diskussion zu stellen. Die abnehmende Funktionsfähigkeit und die verminderte Legitimität der politischen Einflußnahme könnten als Reaktionen auf der Systemebene auf Imperative der verständigungsorientierten Sozialin-

[163] Vgl. Benz, A., Kooperativer Staat? Gesellschaftliche Einflußnahme auf staatliche Steuerung, in: Klein, A./Schmalz-Bruns, R., Hg., Politische Beteiligung und Bürgerengagement in Deutschland, Bonn 1997, S. 88-113.

[164] Vgl. F. Scharpf: "auch wenn in der Theorie Kommunikation nur an Kommunikationen derselben Sprache anschließen kann, sind es in der Realität doch (individuelle oder ‚korporative') Akteure mit ihren (durch Institutionen geprägten und veränderbaren) Interessen und Motiven, die miteinander kommunizieren." (Scharpf, F., Verhandlungssysteme, Verteilungskonflikte und Pathologien der politischen Steuerung, Max-Planck-Institut für Gesellschaftsforschung, Discussion Paper 88/1, Köln 1988, S. 10 f.); vgl. Neves, M., Zwischen Themis und Leviathan. Eine schwierige Beziehung, Baden-Baden 2000, S. 88 ff.

[165] Vgl. dazu die Orientierungen des Grundgesetzes der Bundesrepublik:
- oberster Wert der Verfassungsordnung ist die sich frei entfaltende Persönlichkeit (BVerfGE 7, 405);
- dem selbstverantwortlich handelnden Individuum muss eine weitgehende Entfaltung seiner Persönlichkeit gesichert werden (BVerfGE 7, 205; 5, 204);
- ein letzter unantastbarer Bereich menschlicher Freiheit ist der Einwirkung öffentlicher Gewalt entzogen (BVerfGE 6, 41).

tegration bzw. der Ansprüche und Erwartungen der personalen und subjektiven Umwelt des politischen Systems gedeutet werden. Unter dieser Perspektive wäre das Problem der Politiksteuerung im Grunde nicht die Abnahme der Steuerungsfähigkeit durch das politische System, sondern die Überforderung der sozialintegrierten bzw. personalen Umwelt des politischen Systems mit Steuerungszumutungen, die die unantastbare Freiheit und Individualität der Person so tangieren, dass Personen - und nicht Rollen - mit Rückzug und Verweigerung reagieren, was aus der Perspektive des politischen Systems dann als Steuerungswiderstand erscheinen kann. Die Überforderung der Steuerungskapazitäten könnte auf dieser Grundlage als Reaktion auf Steuerungszumutungen gedeutet werden, die die Verselbständigung und Autonomisierung des politischen Systems aufgrund der Eigeninteressen seiner Akteure hervorgebracht hat.[166]

Insofern die Institution der Mediation unter systemtheoretischen Gesichtspunkten gerade unter dem Gesichtspunkt einer spezifischen Effektivität und Flexibilität begründet werden kann als Veränderung des Rechts, das unter den gleichen Gesichtspunkten als eine zu starre Regelung von Konflikten angesehen werden kann, ist die Frage der Effektivität als legitimierende Variable für die politische Begründung und Durchsetzung von Mediationsverfahren als Bestandteil des Rechts auch für die Statusbestimmung solcher Verfahren unter systemtheoretischer Perspektive von Bedeutung. Man könnte zunächst vermuten, dass sich die Steuerungsfähigkeiten des politischen Systems erhöhen, wenn Kapazitäten und Ressourcen vom Rechtssystem in seinem traditionellen Sinne abgezogen werden können, die im Falle der Mediation effektiver eingesetzt werden können, so dass die Steuerung, die über das Medium des Rechts geschieht, effektiver und flexibler vonstatten gehen kann.

Dies muss allerdings nicht nur den Ressourceneinsatz und die Flexibilität der Steuerung betreffen. Ein besserer Beitrag des politischen Systems und speziell des Rechtssystems als eines Teilsystems zur Komplexitätsbewältigung und damit zur Sicherung des Komplexitätsgefälles, das systemtheoretisch die Existenz von Systemen selbst garantiert, kann auch über die genuinen Fähigkeiten eines auf Mediationsprozessen aufbauenden Rechtssystems generiert werden. Dies ist insbesondere dann

[166] Vgl. Vgl. dazu Jäger, W./Baltes-Schmitt, M., Jürgen Habermas. Einführung in die Theorie der Gesellschaft, Wiesbaden 2003, S. 135 ff.

der Fall, wenn in der Mediation eine bessere Akzeptanz für rechtliche bzw. quasirechtliche Regelungen erreicht werden kann, als dies bei den traditionellen Konfliktbeilegungsverfahren innerhalb des Rechtssystems der Fall ist. Dafür könnte sprechen, dass die Mediation gerade nach ihrem Prinzip auf dem Konsens der Konfliktparteien beruht, während das traditionelle Verfahren in erster Linie auf Entscheidungen einer dritten Instanz beruhen, die in der Regel nicht von beiden Beteiligten als optimal akzeptiert werden und die im schlechtesten Fall von beiden Fällen als suboptimal betrachtet werden. Insofern scheint gerade die Institution der Mediation geeignet, einen Beitrag zur Akzeptanz von Konfliktregelungsergebnissen zu bringen, der von beiden Parteien als ‚richtig' angesehen wird, und der schließlich zu einer Fortsetzung der Interaktionen zwischen den beteiligten Parteien führt, weil er von beiden Parteien aufgrund ihrer Kriterien für Begründungen als legitimiert aufgefaßt wird.

Allerdings ist unter Gesichtspunkten der Politiksteuerung auch der andere Gesichtspunkt zu berücksichtigen, dass Mediation ein Verfahren der Konfliktregelung darstellt, das weniger der politischen Einflußnahme zugänglich ist als dies im Falle der traditionellen Verfahren der Fall ist, die das politisch gesetzte Recht zur Verfügung stellt. Pointiert könnte man sogar sagen, dass Mediation ein Verfahren ohne politisch vorgegebene Lösungsrichtlinien für Konflikte darstellt. Im Verfahren selbst sollen die Parteien selbst zu einer Lösung kommen, das sie schließlich als eine von ihnen selbst gefundene Regelung akzeptieren können. Die Bedeutung des Mediators ist insofern grundsätzlich eine andere als die des entscheidungsbefugten Richters, als sich seine Funktion darin erschöpft, die Parteien auf reflexivem Wege zur Konfliktlösungsbereitschaft anzuhalten, ohne dass ihm jedoch Sanktionen zur Verfügung stehen würden, wenn seine Interventionen nicht frei angenommen werden. Damit kann der Mediator aber auch nicht als Vermittler des politischen Willens aufgefaßt werden, der politische Steuerungsleistungen in die Dimension von Konfliktregelungen transferiert.

Unter dem Gesichtspunkt der Effektivität der Steuerungsleistungen der Politik muss es also gerade das Verfahren selbst sein, das eine höhere Steuerungskapazität erlaubt, da die Möglichkeit einer Transferierung von politischen Steuerungsleistungen über die Position des entscheidungsbefugten Richters nicht mehr zur Verfügung steht. In gewisser Weise handelt es sich also um eine Steuerungsleistung durch den Verzicht auf Steuerung und durch die Übertragung von Steuerung als Selbststeuerung auf den gesellschaftlichen Bereich selbst, in dem Konflikte entstehen, die nun in diesem Bereich selbst geregelt werden sollen, ohne dass das politische System dabei weiter eingreifen soll als durch die Zurverfügungstellung der Institution der Mediation. Diese Institution kann deshalb als eine Form der Erzeugung von Selbststeuerung im gesellschaftlichen System und damit als ein Rückzug von politischen Steuerungsleistungen aus dem gesellschaftlichen Raum verstanden werden.

Ein solche Zunahme von Selbststeuerung innerhalb des gesellschaftlichen Raumes besitzt jedoch eine gewisse Ambivalenz, die auch unter dem Gesichtspunkt der Effektivitätssteigerung durch Freisetzung von Ressourcen im System der politischen Steuerung nicht außer Acht gelassen werden sollte. Höhere Selbststeuerungsleistungen entlasten generell die höheren Ebenen der Systemsteuerung und können deshalb zu einer höheren Steuerungsleistung insgesamt beitragen. Sie können deshalb auch einen Beitrag zu der effektiven Erfüllung der Leistung erbringen, die nach Luhmanns Systemtheorie entscheidend für die Aufrechterhaltung der Systemgrenzen ist, nämlich die Generierung einer Komplexitätsdifferenz.

Andererseits aber birgt ein höheres Maß an Selbststeuerungsleistungen in Subsystemen stets die Gefahr einer Destabilisierung der Systemleistung insgesamt. Die Verselbständigung von Systemen durch Selbststeuerung birgt die Gefahr von Friktionen im System, die nur durch höhere Steuerungsleistungen auf höherer Ebene aufgefangen werden können, was höhere Steuerungskosten verursacht und die Steuerungseffektivität herabsetzen kann. Solange die Institution der Mediation nur in Randbereichen des Rechtssystem eine nennenswerte Bedeutung besitzt, können diese Probleme vernachlässigt werden. Soll diese Institution aber als eine vollwertige Ergänzung der bestehenden Entscheidungsprozesse im Rechtssystem ausgebaut werden, so werden sich solche Fragen mit Notwendigkeit im Zusammenhang der Steuerungsproblematik durch das politische System mit zunehmender Bedeutung stellen.

4. Sinn und Recht

4.1 Vertrauen und Recht

Zu den wichtigsten Mechanismen, die in einem sozialen System zur Reduktion von Komplexität befähigen, gehört der elementare Tatbestand des Vertrauens: "Wo es Vertrauen gibt, gibt es mehr Möglichkeiten des Erlebens und Handelns, steigt die Komplexität des sozialen Systems, also die Zahl der Möglichkeiten, die es mit seiner Struktur vereinbaren kann, weil im Vertrauen eine wirksamere Form der Reduktion von Komplexität zur Verfügung steht."[167] Hier ist insbesondere das Problem von Bedeutung, dass jede Zukunft mehr Möglichkeiten enthält, als gegenwärtig aktualisiert werden können. Da wir niemals genau wissen, was geschehen wird, können wir in der Gegenwart nur dann entscheiden und handeln, wenn wir unter den prinzipiell unendlichen Möglichkeiten, die die Zukunft bietet, solche auswählen, die uns in der Gegenwart erlauben, ein noch beherrschbares Niveau von Komplexität - also von Möglichkeiten - zu erreichen, so dass wir trotz der ungewissen Zukunft zu Entscheidungen kommen können. Luhmann spricht hier vom "Vergegenwärtigungspotential" des Menschen.[168]

Durch Vertrauen wird die Bedrohlichkeit einer prinzipiell unendlich komplexen Zukunft also verarbeitet, indem wir uns in der Gegenwart auf die ‚richtigen' Zukunftsentscheidungen von Menschen verlassen, die für unsere eigene Komplexitätsproblematik von Bedeutung sind. Damit müssen wir uns in der Gegenwart nicht mehr mit der Überforderung durch die möglichen Veränderungen in der Zukunft beschäftigen, sondern nur noch mit der Verläßlichkeit von Menschen, auf deren komplexitätsreduzierende Entscheidungen wir vertrauen können, und die wir somit nicht selbst planen, vorbereiten und fällen müssen. Vertrauen kann somit auch als ein Mechanismus der Übernahme bereits geleisteter Komplexitätsreduktionen verstanden werden.[169]

---

[167] Luhmann, N., Vertrauen. Ein Mechanismus der Reduktion sozialer Komplexität, Stuttgart 1968, S. 6.

[168] Vgl. Luhmann, N., Vertrauen. Ein Mechanismus der Reduktion sozialer Komplexität, Stuttgart 1968, S. 10 ff.

[169] Luhmann spricht hier von «Kommunikationsmedien», die eine Übertragung der Reduktion von Komplexität motivieren. Die Selektionsweise fungiert hier zugleich als Motivationsstruktur. Vgl. dazu Luhmann, N., Systemtheoretische Argumentationen. Eine Entgegnung auf Jürgen Habermas, in: Ha-

Mit dem sozialen Tatbestand des Vertrauens verlassen wir uns darauf, dass die zukünftigen Leistungen der Reduktion von Komplexität, die andere Menschen erbringen, für die Selbsterhaltung des für uns relevanten sozialen Systems funktional sein werden. Solche Leistungen brauchen wir deshalb nicht mehr selbst zu erbringen.

Vertrauen erscheint damit bis zu einem gewissen Grade als funktional äquivalent zu dem technisch-instrumentellen Versuch einer Beherrschung der Zukunft durch Planung. Allerdings ist die Notwendigkeit von Vertrauen auch umgekehrt als Folge der Möglichkeit zeitlich weit vorausgreifender Planung aufzufassen: "Mit der weit vorgreifenden, über lange und kompliziert verflichtende Ketten von Ursachen und Wirkungen projektierten, viele Parameter und viele Handlungen verschiedener Menschen einbeziehenden Planung nehmen die Möglichkeiten der Zukunft nämlich nicht ab, sondern zu."[170] Je mehr geplant wird, desto größer wird auch die Gefahr, dass die Verwirklichung der Planung durch unvorhersehbare Einflußgrößen unmöglich wird.

Dieser Zusammenhang erhält eine verstärkte Bedeutung, wenn die Planung detailliert werden muss und damit noch mehr Wirkungszusammenhänge für ihre Realisierbarkeit Gewicht erhalten. Dann können bereits kleine Abweichungen von Planzustand an einer verhältnismäßig unbedeutenden Stelle des Planungssystems zu Wirkungen führen, die letztlich die Planung überhaupt scheitern lassen. In diesem Sinne kann Planung Komplexität im Sinne von Zukunftsmöglichkeiten noch erhöhen, statt zu einer Reduzierung beizutragen. Die Aufrechterhaltung von Planungen verlangt dann eine Erhöhung der Kapazitäten zur Komplexitätsreduktion, um die geplante Zukunft mit der wirklichen Zukunft soweit in Einklang bringen zu können, dass die Planung selbst nicht kontraproduktiv für das Überleben des Systems wird.

Bei ungewissen Zukunftsentwicklungen verhindert Planung darüber hinaus die gewissermaßen naturwüchsig ablaufende Reduktion von Komplexität durch die Verwirklichung von Ereignissen im Zeitablau f. Planung als vorweggenommene Entscheidung wird dann dysfunktional, wenn die Kapazität zur Komplexitätsreduktion in der Zukunft durch Gegenwartsentscheidungen verringert wird, indem diese Ent-

---

bermas, J.; Luhmann, N., Theorie der Gesellschaft oder Sozialtechnologie - Was leistet die Systemforschung?, Frankfurt/Main 1971, S. 291-405, S. 344 f. Solche Kommunikationsmedien sieht Luhmann auch in den Funktionen von Wahrheit, Liebe, Geld und Macht.

170 Luhmann, N., Vertrauen. Ein Mechanismus der Reduktion sozialer Komplexität, Stuttgart 1968, S. 13.

scheidungen durch ihre Gegenwartsorientierung naturgemäß nicht die »requisite variety« für das Aufrechterhalten der Komplexitätsverarbeitungskapazität und damit die Systemerhaltung bei veränderter Zukunftssituation aufbringen können. Der soziale Mechanismus Vertrauen besitzt hier einen besonderen Vorteil. Auf der Grundlage von Vertrauen werden Entscheidungen nicht vorweggenommen und damit möglicherweise Verarbeitungsweisen von Komplexität vorgeschrieben, die in einer ganz anderen Ereignissituation kontraproduktiv werden können. Vertrauen gibt vielmehr die Sicherheit, dass Entscheidungen getroffen werden, die den Intentionen des jeweiligen sich erhaltenden sozialen Systems entsprechen.

Da offenbleiben kann, wie diese Entscheidungen unter den entstehenden Bedingungen aussehen werden, erlaubt dieser Mechanismus die Akzeptanz eines hohen Maßes an Unbestimmtheit bezüglich der künftigen Verarbeitungsformen von Komplexität für ein bestimmtes soziales System. Luhmann kommt deshalb zu dem Ergebnis: es "ist nicht zu erwarten, dass das Fortschreiten der technisch-wissenschaftlichen Zivilisation die Ereignisse unter Kontrolle bringen und Vertrauen als sozialen Mechanismus durch Sachbeherrschung ersetzen und so erübrigen werde. Eher wird man damit rechnen müssen, dass Vertrauen mehr und mehr in Anspruch genommen werden muss, damit technisch erzeugte Komplexität der Zukunft ertragen werden kann."[171]

Die Notwendigkeit für ein erhöhtes Maß an Vertrauen in sozialen Systemen ergibt sich darüber hinaus aus dem Spannungsverhältnis von Vertrauen und Vertrautheit und dem Abnehmen der Bedeutung von letzterer bei zurückgehender Bindungswirkung von Traditionen. Dies wiederum hängt mit der zunehmenden Altungsgeschwindigkeit von Wissen und Kenntnissen über die Welt zusammen. Außerdem verschwindet die Bedeutung von Vertrautheit mit der zunehmenden Komplexität und Variabilität von Sozialordnungen. Diese Entwicklung führt jedoch auf der anderen Seite zu einem erhöhten Bedarf an Koordination indirekter Art zwischen den Angehörigen sozialer Organisationen.

Der Unterschied zwischen Vertrautheit und Vertrauen ist im Grunde der zwischen Vergangenheits- und Zukunftsorientierung. Solange der Mensch sich in einer vertrau-

[171] Luhmann, N., Vertrauen. Ein Mechanismus der Reduktion sozialer Komplexität, Stuttgart 1968, S. 14.

ten Umgebung bewegt, dominiert seine Geschichte mit dieser Umgebung seine Möglichkeiten zur Reduzierung von Umweltkomplexität. Damit dominiert die Vergangenheit über Gegenwart und Zukunft.[172] Man orientiert sich daran, dass die Welt so bleiben wird, wie sie ist, und alle neuen Entwicklungen sich bruchlos an die zur Gewohnheit gewordenen Erlebnismöglichkeiten anschließen lassen werden. Damit ist dieser Mechanismus zur Reduktion von Komplexität allerdings anfällig gegen Störungen durch das Auftreten von gänzlich unerwartetem Handeln und von Anforderungen, die sich mit der Hilfe von Auffassungsweisen aus der Vergangenheit nicht bewältigen lassen. Die Orientierung an der Geschichte und den mit ihr gegebenen Traditionen wird insbesondere dann kontraproduktiv, wenn durch die Zunahme der Veränderungsgeschwindigkeit eine Überlastung mit Komplexität eintritt, die den Bestand des sozialen Systems selbst gefährden kann. Das Sichverlassen auf die vertrauten Mechanismen des Umgangs mit den Möglichkeiten der Umwelt führt dann dazu, dass die Eigenkomplexität des Systems nicht mehr ausreicht, um die gestiegene Umweltkomplexität verarbeiten zu können.

Im Gegensatz dazu ist Vertrauen in die Zukunft gerichtet: "Vertrauen ist keine Folgerung aus der Vergangenheit, sondern es überzieht die Informationen, die es aus der Vergangenheit besitzt, und riskiert eine Bestimmung der Zukunft. Im Akt des Vertrauens wird die Komplexität der zukünftigen Welt reduziert. Der vertrauensvoll Handelnde engagiert sich so, als ob es in der Zukunft nur bestimmte Möglichkeiten gebe."[173] Daraus resultiert jedoch auch die Gefahr einer Komplexitätsreduktion durch Vertrauen. Vertrauen ist eine riskante Vorleistung. Wir verlassen uns dabei darauf, dass andere Menschen in der Zukunft so handeln werden, dass bestimmte Ziele und Strategien erreicht werden können. Gleichzeitig beruht der komplexitätsreduzierende Vorteil des sozialen Mechanismus Vertrauen jedoch darauf, dass andere Menschen in nicht vorherbestimmbaren Situationen sehr verschiedene Handlungen frei wählen können und damit auch in Situationen systemerhaltend reagieren können, deren kon-

---

[172] Vgl. Luhmann, N., Vertrauen. Ein Mechanismus der Reduktion sozialer Komplexität, Stuttgart 1968, S. 17 ff.

[173] Luhmann, N., Vertrauen. Ein Mechanismus der Reduktion sozialer Komplexität, Stuttgart 1968, S. 18. Nichtsdestoweniger ist Vertrauen auf Vertrautheit angewiesen, da Vertrauen üblicherweise nicht gegeben wird, ohne dass Vorerfahrungen vorliegen, die Vertrauen rechtfertigen. Luhmann vermutet jedoch, dass dieses Bedingungsverhältnis Akzentverschiebungen zuläßt und der Bedarf einer sozialen Organisation für Vertrauen und Vertrautheit sich mit der Komplexität der sozialen Systeme verändert.

trollierbare Planung entweder unmöglich ist oder nur bei unverhältnismäßig hohen Kosten durchführbar wäre. Das Risiko liegt jedoch darin, dass der Schaden beim Vertrauensbruch größer sein kann, als der mögliche Vorteil, der durch eine zukünftige Komplexitätsreduktion durch Vertrauen zu erwarten ist.

Die klassische Entscheidungstheorie würde versuchen, die Wahrscheinlichkeit dieses Unsicherheitsfaktors größenmäßig abzuschätzen und durch Diskontierung der Erwartungssicherheit zu verrechnen. Damit wird jedoch die spezifische Leistungsfähigkeit des sozialen Mechanismus Vertrauen mißverstanden. Bei der Gewährung von Vertrauen steht ein Wissen über Sicherheit oder Unsicherheit im Entscheidungszeitpunkt gerade nicht zur Verfügung.[174] Vertrauen stellt keine Extrapolation aus der Vergangenheit dar, sondern ist letztlich unbegründbar und basiert auf einem Überziehen der vorhandenen Informationen. Dies ist darin begründet, dass die Erfahrungen der Vergangenheit nie ausreichen, um sicherzustellen, dass auch in den veränderten Situationen der Zukunft im Sinne der gewählten Strategien richtig gehandelt werden wird.[175]

Daraus ergibt sich aber auch, dass der Einsatz des sozialen Mechanismus Vertrauen zur Bewältigung hoher Umweltkomplexität aus der Zukunft zu Folgeproblemen im sozialen System selbst führen kann. Vertrauen führt im System zu einer Form von ‚innerer' Sicherheit; man könnte von einer Selbstentlastung durch innere Gewißheit sprechen.[176] Diese Folgeprobleme können grundsätzlich auf zwei verschiedene Weisen gelöst werden. Zum einen kann Vertrauen auch gegen Erfahrungen, die eigentlich zu einem Vertrauensabbau führen müßten, durchgehalten werden, wenn dem betreffenden sozialen System die Kapazitäten oder Alternativen fehlen, um seine Aufgabe der Komplexitätsreduktion auch ohne das gewährte Vertrauen erfüllen zu können. Im Unternehmen kann dies offensichtlich in Kürze zu erheblichen Bestandsproblemen führen. Daran zeigt sich erneut, dass die Bewältigung hoher Komplexität solche Mechanismen erfordert, die selbst ein beträchtliches Risiko in sich tragen. Eine Reduzierung des Risikos würde jedoch unweigerlich zu einer geringeren Kapazität der Komplexitätsverarbeitung und damit zu einer geringeren Überle-

---

[174] Vgl. Luhmann, N., Vertrauen. Ein Mechanismus der Reduktion sozialer Komplexität, Stuttgart 1968, S. 22 f.
[175] Vgl. Grünärml, F., Vertrauen und Glaubwürdigkeit - aus der Sicht des Ökonomen, in: List Forum für Wirtschafts- und Finanzpolitik, 24/1998, S. 279-290.
[176] Vgl. Claessens, D., Familie und Wertsystem, Berlin 1962, S. 91 ff.

benswahrscheinlich führen. Bis zu einem gewissen Grade kann das Risiko jedoch durch die zweite Möglichkeit des Umgangs mit den Folgeproblemen von Vertrauen vermindert werden. Bei starker innerer Differenzierung des Systems können die Kosten eines ‚mißbrauchten' Vertrauens so eingegrenzt werden, dass sie für das System selbst nicht bestandsgefährdend werden und der Mechanismus Vertrauen wenigstens an einigen Stellen relativ leicht durch funktionale Äquivalente ersetzt werden kann.[177]

Das bedeutet jedoch nicht, dass der Spielraum durch Vertrauen völlig unbestimmt wäre. Vertrauen ist kein blindes Sichverlassen auf andere ohne Rücksicht auf deren Kompetenz und Situationsabhängigkeit. Auch Vertrauen ist nicht ohne Kontrolle, die jedoch in diesem Fall eine bestimmte Form annimmt, die für den sozialen Mechanismus Vertrauen charakteristisch ist. Wem wir vertrauen, den kontrollieren wir durch Schwellen, die nicht überschritten werden dürfen, ohne dass das Vertrauen entweder vermindert oder ganz entzogen wird. Jedoch unterscheidet sich eine Kontrolle durch Schwellen "in Stil, Technik und Elastizität wesentlich von der Kontrolle durch bestimmte Zwecke, Normen oder Werte. Sie kann mit einfacheren Mitteln höhere Komplexität tolerieren, setzt aber voraus, dass die Schwellen, also die vertrauenskritischen Verhaltensweisen, hinreichend klar definiert und bekannt sind."[178]

Bei einer Kontrolle durch Schwellen stellt sich jedoch erneut das Problem der Sicherheit von Verhaltenserwartungen. Diese Sicherheit wird nur in persönlich geprägten Verhältnissen durch die Vertrautheit der betroffenen Personen vermittelt. In komplexeren Sozialsystemen kann Sicherheit bis zu einem gewissen Grade durch Motivation erreicht werden. Wenn die Bewertung von Erfolg und Mißerfolg des Handelns durch die Person, der vertraut wird, ausreichend bekannt ist, so kann darauf gerechnet werden, dass diese Person das in sie gesetzte Vertrauen rechtfertigen wird, solange der Mißbrauch ihr höhere Kosten als Erträge verursacht.[179] Hier ist jedoch ein

---

[177] Vgl. Luhmann, N., Vertrauen. Ein Mechanismus der Reduktion sozialer Komplexität, Stuttgart 1968, S. 27.

[178] Luhmann, N., Vertrauen. Ein Mechanismus der Reduktion sozialer Komplexität, Stuttgart 1968, S. 28.

[179] Bis zu einem gewissen Grade wird hier Information durch Struktur ersetzt. Das ändert jedoch nichts an der besonderen Charakteristik des sozialen Mechanismus Vertrauen: "Das Informationsproblem, das dem Bedarf für Vertrauen zugrundeliegt, kann in direktem Zugriff nicht gelöst werden. Man kann sich über künftiges Verhalten anderer nicht vollständig und nicht zuverlässig informieren. Aber man kann diese Problematik in einen anderen Bereich verlagern, in dem sie besser bewältigt werden kann. Man unterrrichtet sich stattdessen über gewisse strukturelle Eigenarten des sozialen Systems, in dem

Mechanismus zu berücksichtigen, der wesentlich in die Funktionsweise von Vertrauen als Mittel zur Reduktion von Komplexität unter Bedingungen hoher Komplexitätsbelastung gehört. Vertrauen liegt gerade dann nicht vor, wenn bei einem nicht erwarteten Verhalten negative Sanktionen eingesetzt werden können und das erwartete Verhalten positiv belohnt wird. Damit würde gerade die Vorausberechenbarkeit und Kontrollierbarkeit hergestellt, deren geringe Kapazität zur Komplexitätsbewältigung durch den sozialen Mechanismus Vertrauen überboten werden soll. Von Vertrauen kann also im Grunde nur dann gesprochen werden, wenn das Wissen und die Kontrollmöglichkeiten nicht ausreichen, um dem System unter Bedingungen extrem hoher Komplexität das Überleben zu sichern. Vertrauen geht demnach von folgender Lage aus: "Eigentlich ist nicht so viel Information gegeben, wie man braucht, um erfolgssicher handeln zu können. Über die fehlende Information setzt der Handelnde sich willentlich hinweg."[180]

4.2 Vertrauen und Persönlichkeit

Vertrauen wird zuerst und vor allem dem anderen Menschen geschenkt, "indem man ihn als Persönlichkeit nimmt, als ordnendes und nicht willkürliches Zentrum eines Systems von Handlungen, mit dem man sich verständigen kann. Vertrauen ist dann die generalisierte Erwartung, dass der andere seine Freiheit, das unheimliche Potential seiner Handlungsmöglichkeiten, im Sinne seiner Persönlichkeit handhaben wird."[181] Die Persönlichkeit wird dann zur zentralen Größe einer Funktionserfüllung, wenn eine Organisation über längere Zeit mit einem solchen Übermaß an Komplexität konfrontiert wird, dass jedes vorausgeplante Reaktionsrepertoire aufgrund seiner mangelnden Flexibilität nicht ausreichen würde, um das System gegenüber seiner Umwelt zu erhalten.

---

man mit anderen zusammenlebt, und gewinnt dadurch die notwendigen Anhaltspunkte für eine Vertrauensbildunng, mit der man den Informationsmangel überbrückt." (Luhmann, N., Vertrauen. Ein Mechanismus der Reduktion sozialer Komplexität, Stuttgart 1968, S. 36).

[180] Luhmann, N., Vertrauen. Ein Mechanismus der Reduktion sozialer Komplexität, Stuttgart 1968, S. 30. Die Anhaltspunkte für Vertrauensbildung dürfen deshalb nicht als vollständige Information über das künftige Verhalten verstanden werden. Sie dienen nur als ‚Sprungbasis' für den Absprung in eine begrenzte Ungewißheit.

[181] Luhmann, N., Vertrauen. Ein Mechanismus der Reduktion sozialer Komplexität, Stuttgart 1968, S. 37.

Hier ist auch ein einfacher psychologischer Mechanismus von Bedeutung. Wer nicht in der Lage ist, den in seiner sozialen Umwelt relevanten Personen wenigstens in einem Mindestmaß Vertrauen entgegenzubringen, der wird aufgrund der Befürchtung, in seinen Handlungen und Äußerungen fehlgedeutet zu werden, seinen Aktionsradius beträchtlich einschränken.[182] Jede Handlung wird in diesem Fall als potentielle Fehlinterpretation der eigenen Persönlichkeit erlebt. Dies verringert im übrigen auch die Fähigkeit, Vertrauen von anderen Personen zu erwerben. Das eigene Handlungspotential nimmt dagegen in dem Maße zu, wie das Vertrauen in die richtige Auffassung der eigenen Selbstdarstellung zunimmt. Dabei kommt es zumindest kurz- bis mittelfristig nicht auf die Übereinstimmung der Wahrnehmung der anderen Personen mit der Selbstwahrnehmung an. Entscheidend ist vielmehr, dass das zunächst vorgeschossene Vertrauen zu erweiterten Handlungsmöglichkeiten führt. Diese Fähigkeit zum Entgegenbringen von Vertrauen - bzw. die gewisse Unabhängigkeit von der Sicherheit, dass die anderen auch die richtige Interpretation der Äußerungen und Handlungen finden werden - ist eine Funktion der Persönlichkeit. Die Grundlage von Vertrauen ist daher "die Darstellung des eigenen Selbst als einer sozialen, sich in Interaktionen aufbauenden, mit der Umwelt korrespondierenden Identität. ... Wer sich Vertrauen erwerben will, muss am sozialen Leben teilnehmen und in der Lage sein, fremde Erwartungen in die eigene Selbstdarstellung einzubauen."[183] Die Bildung der Persönlichkeit unabhängig von unmittelbaren Ausbildungszielen führt in diesem Sinne zu einer stärkeren Fähigkeit, auch in komplexen Handlungssituationen zu Entscheidungen kommen zu können.

Vertrauen als Mechanismus zur Reduktion von Komplexität kann jedoch nur dann funktionieren, wenn bestimmte systeminterne Voraussetzungen der Vertrauensbildung gegeben sind. Solche Voraussetzungen können offensichtlich nicht in einem gesicherten Wissen über die in bestimmten Situationen zu erwartenden Entscheidungen von Systemmitgliedern bestehen. Auf diese Weise würde Sicherheit an die Stelle von Vertrauen eingesetzt und die Bedeutung der Persönlichkeit wäre wieder-

---

[182] Vgl. Furger, F., Management by Achtung und Vertrauen, in: Erwachsenenbildung. Vierteljahresschrift für Theorie und Praxis, 39/1993, S. 108-110; sowie Güth, W., Menschliche Kooperation basierend auf Vorleistungen und Vertrauen, in: Jahrbuch für neue politische Ökonomie, 12/1993, S. 253-277.

[183] Luhmann, N., Vertrauen. Ein Mechanismus der Reduktion sozialer Komplexität, Stuttgart 1968, S. 59.

um auf die eines Vollziehers grundsätzlich bereits getroffener Entscheidungen reduziert. Nichtsdestoweniger bleibt mit dem sozialen Phänomens des Vertrauens immer die Möglichkeit der Enttäuschung von Vertrauen verbunden. Hier liegt gerade eine wichtige Differenz zu sicheren Erwartungen. Die Möglichkeit der Enttäuschung von Vertrauen ist hier strukturell vorausgesehen und kann damit intern verarbeitet werden. Wenn Vertrauen in sozialen Systemen zur Reduktion von Komplexität eingesetzt wird, so gehört zu diesem Mechanismus gerade ein komplementärer Mechanismus, der bei Versagen dieser Form von Komplexitätsreduktion die Folgen zumindest soweit auffängt, dass das System nicht aufgrund von Komplexitätsüberlastung in eine Bestandsgefährdung gerät: Vertrauenserweise werden dadurch ermöglicht, "dass das vertrauende System über strukturell nicht gebundene innere Ressourcen verfügt, die im Falle einer Enttäuschung des Vertrauens eingesetzt und die Last der Komplexitätsreduktion und Problemlösung übernehmen können."[184]

Für diese Aufgabe stehen insbesondere zwei systeminterne Generalisierungen des Problemlösungspotentials zur Verfügung.[185] Beide haben eine große, aber bisher oft vernachlässigte Bedeutung für die Stabilisierung der Reduktionsfunktion der Komplexität in sozialen Systemen. Vertrauen kann gesichert werden durch die Stabilisierung einer Gefühlsbeziehung zu bestimmten Objekten oder Menschen. Gefühle reduzieren Komplexität intern und extern: "Sie reduzieren die Möglichkeiten der Umwelt durch Präferenz für einen Gegenstand und legen damit zugleich die internen Möglichkeiten der Erlebnisverarbeitung im selben Sinne fest."[186] Sie erzeugen damit eine Art von Gewißheit, die die Grundlage für die Vertrauensbereitschaft darstellt, und die Vertrauen bis zu einem gewissen Ausmaß auch bei Enttäuschungen aufrechterhält. Darüber hinaus wird Vertrauenssicherheit in komplizierteren Sozialsystemen, bei denen nicht mehr persönliche Beziehungen im Vordergrund stehen, durch Vertrauen in Systeme abgelöst. Gefühle werden hier durch einen funktional äquivalenten Problemlösungsmechanismus ersetzt, der als Sicherheit der sozialen Selbst-

---

[184] Luhmann, N., Vertrauen. Ein Mechanismus der Reduktion sozialer Komplexität, Stuttgart 1968, S. 79.
[185] Vgl. zum Folgenden Luhmann, N., Vertrauen. Ein Mechanismus der Reduktion sozialer Komplexität, Stuttgart 1968, S. 79 ff.
[186] Luhmann, N., Vertrauen. Ein Mechanismus der Reduktion sozialer Komplexität, Stuttgart 1968, S. 80.

darstellung bezeichnet werden kann.[187] Hier wird Vertrauen durch die Identität des dargestellten Selbst stabilisiert: "Die innere Sicherheit, in allen Situationen den Selbstdarstellungsanforderungen gewachsen zu sein und auch in verfahrenen Lagen immer noch einen gangbaren Ausweg zu wissen, ist eine jener inneren Ressourcen, die als Grundlage für Vertrauensbereitschaft dienen."[188]

Beide Mechanismen führen dazu, dass die Sicherheit eines Systems, in dem Komplexitätsreduktion auch durch Vertrauen und Persönlichkeit stattfindet, strukturell gewährleistet bleibt. Damit kann dieses System mit geringeren Sicherheitsvorkehrungen auskommen bzw. den Grad des eingesetzten Vertrauens erhöhen. Es ist offensichtlich, dass der Komplexitätsreduktionsmechanismus Vertrauen und die komplementäre Stellung von Persönlichkeitsfaktoren im Gegensatz zu einem Entscheidungsverhalten steht, das sich auf technisch-rationale Sachzwänge stützt und sich insofern als notwendig und nicht in einem Rahmen von Alternativen stehend darstellen will.[189] Gerade solche einfachen Entscheidungssituationen werden aber unter Bedingungen hoher Komplexität immer seltener. Das bedeutet natürlich nicht, dass sachlogisch begründete Entscheidungen ausgeschlossen werden.[190] Der vorherrschende Entscheidungstypus in einer komplexer werdenden Umwelt wird jedoch

---

[187] Vgl. dazu auch: "Die Anforderung, überhaupt zu akzeptieren, dass man als jemand behandelt wird, der anhand von Kriterien zwischen Alternativen wählt, greift sehr viel tiefer. Sie betrifft die Intensität der Mitgliedschaft; oder vielleicht sollte man auch sagen: die Voraussetzung der Intensivierung einer Mitgliedschaft." (Luhmann, N., Organisation und Entscheidung, in: ders., Soziologische Aufklärung 3, Opladen 1981, S. 335-389, S. 370).

[188] Luhmann, N., Vertrauen. Ein Mechanismus der Reduktion sozialer Komplexität, Stuttgart 1968, S. 82.

[189] Wahrheit faßt Luhmann als eine der Möglichkeiten auf, Selektionsleistungen intersubjektiv zu übertragen: "Mit wahrem Sinn konfrontiert, muss jedermann anerkennen und die Reduktionsleistung übernehmen - oder er verliert seine Rolle als mitkonstituierendes menschliches Subjekt, als Mitträger der Welt und damit seine soziale Identität. Wahrheit ist das tragende Medium intersubjektiver Komplexitätsreduktion." (Luhmann, N., Vertrauen. Ein Mechanismus der Reduktion sozialer Komplexität, Stuttgart 1968, S. 48). Daraus lässt sich auch bereits ersehen, dass der postmoderne Zweifel an der Verläßlichkeit unseres Wissens auch diese Form der Reduktion von Komplexität nicht unbeeinträchtigt lässt. Wenn das Bewußtsein von der Vorläufigkeit und Unsicherheit alles vermeintlichen Wissens über die Welt zum Bestandteil des allgemeinen Bewußtseins wird, so kann die intersubjektive Übertragung von reduzierter Komplexität mit Hilfe des Mediums der Wahrheit offensichtlich nicht mehr auf die gleiche Akzeptanz hoffen wie in den Zeiten eines unbezweifelten Glaubens an die Verläßlichkeit des wissenschaftlich erzeugten Wissens. Auch von dieser Seite her wird ein Substitut für die Reduktion von Komplexität und deren Übertragung funktional notwendig.

[190] Dabei ist jedoch zu berücksichtigen, dass jede Bemühung um Rationalisierung auf eine Vermehrung der Zahl von Entscheidungen hinausläuft und damit die Größe und Komplexität des Systems steigert (vgl. Luhmann, N., Organisation und Entscheidung, in: ders., Soziologische Aufklärung 3, Opladen 1981, S. 335-389, S. 345). Entscheidungsmengen können jedoch nicht beliebig vermehrt werden und Organisationen können nicht grenzenlos wachsen. Schon damit sind der Rationalisierung Grenzen gesetzt.

durch eine Situation von Alternativen geprägt, aus denen eine Auswahl getroffen werden muss, die auf einer weit komplexeren Grundlage beruht, als dies durch technische Imperative gegeben wäre.

In gewisser Weise verlangt die immer komplexer werdende innere und äußere Umwelt von Organisationen eine Rückkehr zu Entscheidungsformen, die im Zuge der Rationalisierung aller Lebensformen ihre Bedeutung zu verlieren schienen. Die Moderne war geradezu durch das Bemühen geprägt, in allen Lebensbereichen nicht auf das Vertrauen in Persönlichkeiten zu bauen, sondern alle Entscheidungen vor einem Forum zu rechtfertigen, das als eine einheitliche und alle Menschen verpflichtende Vernunft verstanden wurde. Das ausschließliche Vertrauen auf die Herstellung rationaler Zusammenhänge und die Entwicklung entsprechender Lösungsformen von Entscheidungsproblemen, die jeweils nur eine Entscheidung als rational und damit als sachangemessen auszeichnen, erscheint von da her als eine Weise des Umgangs mit Komplexität, die ihre Funktion nur auf einem bestimmten Niveau der das System bedrohenden Komplexität ausüben kann.[191] Bei fortschreitendem Zweifel an der Verläßlichkeit des Wissens kann der einzelne sich nicht mehr in gleicher Weise auf die fremde Informationsverarbeitung verlassen. Bei weiter steigender Komplexität kann diese Form allein nicht mehr ausreichen, sondern es müssen neue Mechanismen gefunden werden, die es erlauben, Systeme auch bei extrem hohen Komplexitätszumutungen funktionsfähig zu erhalten.[192]

Allgemein wird bei zunehmender Komplexität, die eine hohe Eigenkomplexität des sich in der Umwelt erhaltenden Systems erfordert, die Bedeutung der Mecha-

---

[191] Vgl. dazu Luhmann, N., Systemtheoretische Argumentationen, in: Habermas, J.; Luhmann, N., Theorie der Gesellschaft oder Sozialtechnologie - Was leistet die Systemforschung?, Frankfurt/Main 1971, S. 291-404, S. 344 ff. Vertrauen kann jedoch insofern als rational aufgefaßt werden, als es die Funktion besitzt, das Potential von Systemen für Komplexität zu steigern: "Ohne Vertrauen sind nur sehr einfache, auf der Stelle abzuwickelnde Formen menschlicher Kooperation möglich, und selbst individuelles Handeln ist viel zu störbar, als dass es ohne Vertrauen über den sicheren Augenblick hinaus geplant werden könnte. Vertrauen ist unentbehrlich, um das Handlungspotential eines sozialen Systems über diese elementaren Formen hinaus zu steigern." (Luhmann, N., Vertrauen. Ein Mechanismus der Reduktion sozialer Komplexität, Stuttgart 1968, S. 89).

[192] Das bedeutet natürlich nicht, dass wieder zu einfachen Sozialordnungen zurückgekehrt werden muss, die immer schon eine reduzierte Komplexität voraussetzen. Einer der Hauptunterschiede der heute notwendigen hohen Unbestimmtheit von Systemstrukturen zur Bewältigung hoher Komplexität im Vergleich zu früheren, äußerlich ähnlichen Mechanismen besteht gerade darin, dass Mechanismen wie Vertrauen und Persönlichkeitsbildung aktive Leistungen der Komplexitätsreduktion erbringen müssen, während in heute anachronistisch wirkenden Sozialordnungen die Komplexität immer schon als reduziert erscheint und andere Möglichkeiten des Erlebens und Handelns nicht mehr präsent bleiben.

nismen zur Übertragung bereits geleisteter Komplexitätsreduktion abnehmen. Dies betrifft sowohl die Verläßlichkeit von Wahrheit bzw. Wissen als auch von Macht. Das Problem mit diesen Übertragungsmechanismen ist gerade, dass damit eine zu hohe Bindungswirkung erzielt wird. Diese Bindungswirkung ist zunächst gerade die Leistung dieser Mechanismen. Durch vorgegebene Komplexitätsreduktion wird der einzelne, der in der Handlungssituation steht, von eigenen Leistungen entlastet und kann seine Kapazitäten auf seine spezielle Aufgabe konzentrieren. Gleichzeitig wird sichergestellt, dass die übergeordneten Systemziele und -strategien für den einzelnen als handlungsleitende Rahmenbedingungen wirken und so die Identität der betreffenden Organisation sichern. Übersteigt die zu bewältigende Komplexität jedoch ein gewisses Niveau, so wird gerade die Bindungswirkung von übertragener Komplexitätsreduktion zu einem Faktor, der die Leistung der Komplexitätsreduktion des Gesamtsystems gerade verringert. Damit kommt die Überlegung wieder zu den Themen Vertrauen und Persönlichkeitsbildung zurück. Vertrauen erlaubt die Verarbeitung extrem hoher Komplexität bei hoher Unsicherheit über die näheren Anforderungen an die Formen der Reduktion. Dieser Mechanismus fördert also dann die Kapazität des Gesamtsystems zur Reduktion von Komplexität, wenn generelle Mechanismen wie Wissen und Wahrheit nicht mehr ausreichend sind, um die auf das einzelne Organisationsmitglied zukommenden Mengen von Handlungs- und Reaktionsmöglichkeiten sachangemessen zu determinieren.

III. Kritische Fragen an eine systemtheoretische Rechtsphilosophie

1. Der Begriff der Strukturierung als Grundlage für die systemtheoretische Rekursivität rechtlicher Institutionen

1.1 Einleitung: Systemtheorie des Rechts und die Ambivalenz von Struktur und Strukturierung

Auf der Grundlage von Luhmanns Theorie könnte das Recht ebenso wie die zu untersuchende Konfliktbeilegungsform der Mediation als ein eigengesetzlich und nur aufgrund von systemischen Funktionsanforderungen ablaufendes Geschehen angesehen werden. In diesem Fall gäbe es weder für das Recht noch für eine Institution wie die Mediation innerhalb des Rechtssystems eine Begründung und Ausweisung. Dann würden verschiedene Formen des Rechts und verschiedene Gestalten der Gesetzgebung nur noch insofern voneinander unterscheidbar sein, als sie in verschiedenem Maße geeignet und fähig sind, die systemischen Anforderungen zu erfüllen, die ihnen durch die Aufgabe der Reduktion von Komplexität auferlegt ist, d.h. letztlich wären sie nur dadurch voneinander unterscheidbar, dass sie auf verschiedene Weise in der Lage sind, Systeme und systemische Abgrenzungen zu erhalten und damit die Systeme selbst in Funktion zu erhalten. Jede außersystemische Begründung des Rechts und einzelner seiner Funktionsweisen wäre damit undenkbar. Es wäre damit auch nicht mehr im Rahmen einer solchen Rechtsphilosophie ausweisbar, ob und warum die Institution der Mediation eine im Rahmen des Rechts begründbare Konfliktbearbeitungsinstitution ist oder ob sie sich aus Gründen der Wesenseigenschaften des Rechts notwendig außerhalb der Grenzen des Rechts bewegen muss und deshalb zu einer derjenigen Streitbeilegungsmöglichkeiten gehören muss, die nicht mehr innerhalb der Grenzen des Rechts stattfinden.

Dagegen ist zunächst einzuwenden, dass das Recht nicht ein von selbst ablaufendes Geschehen ist, sondern von Menschen innerhalb bestimmter Institutionen realisiert werden muss, damit es wirklich ist. In dieser Realisierung wird auch bestimmt, wie weit es reicht und wo seine Grenzen zu ziehen sind. Es ist also zur Bestimmung des Status der Mediation zunächst zu berücksichtigen, dass das Recht selbst und seine Institutionen von ihrer Realisierung abhängen und keine Wirklichkeiten in einem platonischen Ideenhimmel sind, die ihren eigenen Gesetzen folgen und durch die Wirklichkeit in der empirischen Welt nur an ihrem Wesen verlieren können. Das Recht ist, was es ist, in seiner Wirklichkeit in der empirischen Welt, in der empirische Menschen in empirisch zu beschreibende Interessenkonflikte in der Welt geraten. Damit muss nicht gesagt sein, dass es dabei um empirische Güter und deren Verteilung gehen muss. Gerade in der Mediation geht es oft um intangibile Güter wie Ehre und Selbstachtung.

Aber auch in diesen Fällen wird das Recht realisiert von Menschen, die in konkreten Handlungssituationen seine Wirklichkeit darstellen und damit zum Ausdruck bringen, was es ist. Diese Doppelstruktur des Rechts wird in der quasi automatisch ablaufenden Konstruktion des Rechts bei der systemtheoretischen Auffassung des Rechts zu wenig berücksichtigt. Dort ist das Recht nur eine Wirklichkeit, die sich selbst realisiert, weil es die Systeme so verlangen. Es realisiert sich, weil es eine Systemfunktion darstellt, und Systeme eine inhärente Funktion besitzen, die ihre Selbsterhaltung verlangt, wozu Funktionen wie das Recht entwickelt werden. Die ‚andere Seite' des Rechts, nämlich seine Realisierung in der Wirklichkeit der im gesellschaftlichen Zusammenhang handelnden Menschen, wird in dieser Theorie nicht berücksichtigt. Dies kann sie dadurch rechtfertigen, dass sie die Selbsterhaltung der Systeme mit den zu ihnen gehörenden Funktionen als ein autopoietisches System ansieht, dessen inhärente Ratio die Selbsterhaltung ist. Systeme werden in der Luhmannschen Systemtheorie und damit auch in seiner systemtheoretischen Konzeption des Rechts zu quasi-Subjekten, die autonom handeln und sich realisieren.

Für eine erste Kritik an der Beschränktheit dieser Auffassung, die durch die Einseitigkeit einer Sicht bedingt ist, die nur auf die systemische Funktion des Rechts fokussiert ist und die Realisierung des Rechts nicht beachtet, kann Giddens' Theorie der Rekursivität von Strukturierung herangezogen werden. Der Vorteil dieser Theorie für ein Verständnis des Rechts und speziell der Spezialform der Mediation innerhalb des Rechtssystems liegt vor allem darin, dass die Wirklichkeit des Rechts darin von Bedeutung für das erscheint, was das Recht ist. Das Recht setzt nicht mehr seine eigene Wirklichkeit, sondern seine Wirklichkeit wird in seiner Verwirklichung geschaffen. Dies ist – auf einen Nenner gebracht – der Kern Giddens' Theorie der Strukturierung. Die Struktur wird damit nicht mehr geschaffen durch eine an sich bestimmte und durch Systemfunktionen näher ausgezeichnete ‚Struktur an sich', sondern es wird die Realisierung der Struktur in den Begriff der Struktur eingearbeitet. Was für eine Struktur eine Institution wie das Recht ist, wird damit nicht mehr ein für allemal bestimmt und so vorausgesetzt, sondern dieses ‚was' wird erst in der Realisierung bestimmt und festgesetzt.

Damit ist ein dynamisches Element in das Verständnis des Rechts als System eingearbeitet und das Recht kann aus dem Verhältnis seines Doppelcharakters verstanden werden, d.h. zum einen als Systemfunktion, die bestimmte Leistungen für die Erhaltung eines Systems zu erbringen hat, ohne die das System seine Grenzen nicht bestimmen und aufrechterhalten könnte, zum anderen aber auch als eine Wirklichkeit, die sich in ihrer Verwirklichung erst bestimmt und aus dieser Verwirklichung heraus darauf zurückwirkt, wie das Recht als Systemfunktion seine Leistungen unter funktionalen Gesichtspunkten erbringen kann. Damit ist im Grunde allerdings auch die Systemtheorie und die systemtheoretische Begründung des Rechts überschritten. Mit der Theorie der Strukturierung, wie sie von Giddens ausgearbeitet wurde, ist das Recht nicht mehr ein System, das seine eigene Wirklichkeit für sich hat und diese Wirklichkeit durchsetzt, sondern es ist eine ambivalente und dynamische Struktur, die nicht ein für allemal feststeht, sondern sich erst im Prozeß der Verwirklichung bestimmt.

Wichtig ist nun vor allem in diesem Zusammenhang, dass damit nicht einzelne Bestimmungen des Rechts betroffen sind, sondern der Status des Rechts als einer systemischen Institution als solcher. Es geht also nicht darum, dass die näheren Verhältnisse und Strukturen einzelner Ausprägungen des Rechts und seiner Durchsetzungsformen sich in der Wirklichkeit verformen und sich an verschiedene Wirklichkeiten anpassen müssen, so dass das ‚Wesen' des Rechts sich nur in verschiedenen Formen aktualisieren müßte. Der Ansatz von Giddens' Theorie ist viel grundsätzlicher. Nach der Theorie der Strukturierung gibt es ein für sich bestehendes ‚Wesen' des Rechts auch in seiner system-funktionalistischen Reformulierung überhaupt nicht mehr. An die Stelle eines solchen ‚Wesens' tritt ein wesentlich komplizierteres Verhältnis von Struktur und Strukturierung, wobei die Struktur nicht ohne die auf sie zurückwirkende Strukturierung zu denken ist, und die Strukturierung nicht ein eigenständig ablaufender Prozeß ohne Struktur ist.

Hier sollte nur ein erster Zugang zur Bedeutung der Theorie der Strukturierung für die Auffassung des Rechts vor dem Hintergrund seines systemtheoretischen Verständnisses geschaffen werden. Es erscheint aber schon vorgreifend möglich, dies auf die Institution der Mediation anzuwenden. Dann ist eine Institution wie die Mediation nicht ausreichend zu verstehen, wenn man nur die eine Seite ihrer Wirklichkeit betrachtet, die in ihrer Systemfunktionalität zu sehen ist. Die Wirklichkeit einer solchen Institution wirkt vielmehr auf die Bestimmung ihrer Funktionalität im Zusammenhang des Systems zurück. Ein angemessenes Verständnis ist damit nur aus der dynamischen Interaktion von Systemfunktionalität und Realisierung der Funktionalität in der Handlungswirklichkeit im gesellschaftlichen Zusammenhang zu erreichen. Eine Bestimmung einer solchen Institution bloß aus ihrer Funktion für das System und dessen Erhaltung in der Erhaltung seiner Grenzen durch ein Komplexitätsgefälle kann dann nicht ausreichen. Was ihre Funktion ist, kann – pointiert formuliert – nicht systemtheoretisch allein formuliert werden, sondern wird durch die Strukturierung und damit durch die Realisierung ihrer Funktion bestimmt. Es gibt gewissermaßen keine Funktion alleine, sondern nur die Funktion zusammen mit ihrer Realisierung bzw. Strukturierung, die nicht als Verwirklichung einer vorgegebenen Struktur zu verstehen ist, sondern in der erst die Struktur bzw. die Funktion selbst nach ihrer eigenen Wirklichkeit entsteht.

1.2 Grundlinien von Giddens´ Theorie der Strukturierung

Giddens sieht seine Theorie als Teil von Bemühungen, in der Sozialtheorie nach dem Verlust des orthodoxen Konsenses und angesichts der dadurch entstandenen „hoffnungslosen Verwirrung“[193] wieder zu gemeinsamen Themen und Ansätzen zu gelangen. Er identifiziert hier insbesondere drei Bereiche, die zentrale Problemfelder darstellen, mit denen - und deren Verbindungen - sich seine Theorie der Strukturierung befaßt. Zunächst weist er darauf hin, dass mit wichtigen Ausnahmen die meisten Theorie-

[193] Giddens, A., Die Konstitution der Gesellschaft. Grundzüge einer Theorie der Strukturierung, Frankfurt/New York 1988, S. 29.

ansätze den aktiven und reflexiven Charakter menschlichen Verhaltens betonen und damit die Tendenz zurückweisen, "das menschliche Verhalten als ein Ergebnis von Kräften zu betrachten, welche die Handelnden weder kontrollieren noch verstehen."[194] Zum zweiten besteht diese Einigkeit darüber, dass der Sprache und den kognitiven Fähigkeiten bei der Erklärung des gesellschaftlichen Lebens eine fundamentale Bedeutung zukommt. Schließlich identifiziert er in der schwindenden Bedeutung empiristischer Positionen die Erkenntnis einer größeren Distanz zwischen Natur- und Sozialwissenschaften, als dies bisher zugegeben wurde. Dazu gehört jedoch andererseits auch, "dass eine Wissenschaftstheorie der Naturwissenschaften gerade solche Phänomene in Rechnung stellen muss, für die sich die neuen Richtungen der Sozialtheorie interessieren - insbesondere die Sprache und das Sinnverstehen."[195]

Giddens unterscheidet seine Theorie als Sozialtheorie von dem Begriff der Soziologie. Damit könnte er sich wohl in Übereinstimmung mit Luhmanns Theorie befinden, der seine Theorie ja ihrer Konzeption nach als eine übergeordnete Verständnisweise ansieht, mit deren Hilfe es möglich sein soll, Phänomen aus den unterschiedlichsten Gegenstandsbereichen zu verstehen. In das Gebiet einer Sozialtheorie fallen für Giddens jedoch Problemfelder, die das Anliegen aller Sozialwissenschaften darstellen: "Bei diesen Problemen geht es um das Wesen menschlichen Handelns und der handelnden Person; um die Frage der Konzeptualisierung von Interaktion und ihrer Beziehung zu Institutionen; und schließlich um die praktische Bedeutung sozialwissenschaftlicher Analysen."[196] Soziologie soll dagegen nur die Untersuchung heißen, die sich spezifisch auf die fortgeschrittenen oder modernen Gesellschaften konzentriert. Die Aufgabe der Sozialtheorie ist es also, "Konzepte des Wesens menschlichen sozialen Handelns und des menschlichen Akteurs zu erarbeiten, die für die empirische Forschung fruchtbar gemacht werden können."[197]

Gegen die Konzentration auf erkenntnistheoretische Fragestellungen wendet Giddens ein, dass dadurch ein Defizit bezüglich der eher ontologischen Fragestellungen der Sozialtheorie entstehe. Die Unterschiede zwischen den verschiedenen Sichtweisen der Sozialwissenschaften sind also nicht nur als bloß erkenntnistheoretische zu begrei-

---

[194] Giddens, A., a.a.O., S. 29.
[195] Giddens, A., a.a.O., S. 29.
[196] Giddens, A., a.a.O., S. 30.
[197] Giddens, A., a.a.O., S. 31.

fen, sondern sie sind in Wirklichkeit auch ontologische[198]. Hier würde Luhmann sicher nicht zustimmen wollen. Die Theorie der Strukturierung stellt demgemäß eher die ontologischen Fragestellungen in das Zentrum ihres Interesses. Es sollte aber beachtet werden, dass Giddens damit nicht in einem traditionellen Verständnis Fragen nach dem Wesen des Seins versteht, sondern eher die konzeptionelle Ebene der Soziologie, die für die Ausbildung jener Begriffe zuständig ist, mit denen die soziale Wirklichkeit dann in der empirisch orientierten Forschung (vor-)verstanden werden kann. Giddens schlägt in diesem Sinne vor, die Sozialtheorie sollte sich zuerst "der Neufassung der Vorstellungen vom menschlichen Sein und menschlichen Handeln, von der gesellschaftlichen Reproduktion und der gesellschaftlichen Veränderung zuwenden."[199]

Als Grundlage dieser Problemfelder sieht Giddens den Dualismus von Subjektivismus und Objektivismus. Die interpretativen Soziologien gründen sich demnach vorwiegend auf einen ‚Imperialismus des Subjekts' und die Theorien des Funktionalismus und der Strukturalismus haben einen ‚Imperalismus des gesellschaftlichen Objekts' zur Grundlage[200]. Hier sieht Giddens vor allem in Bezug auf Luhmanns Theorie ein richtiges Moment; dies wurde bereits oben erwähnt, als das „System" als ein „Quasi-Subjekt" mit autonomen Handlungsbestrebungen bezeichnet wurde. In diesem Zusammenhang erkennt Giddens die Forderung nach einer Dezentrierung des Subjekts an und hält sie für einen Ausgangspunkt für eine Grundlage der Theorie der Strukturierung. Er setzt allerdings dagegen: "Allerdings akzeptiere ich nicht, dass dies die Auflösung von Subjektivität in ein leeres Universum von Zeichen bedeutet. Vielmehr liegen meines Erachtens soziale Praktiken, die in Raum und Zeit hineingreifen, sowohl der Konstitution des Subjekts als auch der des sozialen Objekts zugrunde."[201] Seine eigene Theorie lässt sich allgemein gerade von diesem Dualismus her charakterisieren: "Die Theorie der Strukturierung basiert auf der Prämisse, dass dieser Dualismus begrifflich neu als eine Dualität gefaßt werden muss - die Dualität von Struktur."[202] Das Ziel ist also dies: "Mit der Formulierung der Theorie der Strukturierung möchte ich den Dualismus von Objektivismus und Subjektivismus überwinden."[203] Es soll also nicht mehr

[198] Giddens, A., a.a.O., S. 52,
[199] Giddens, A., a.a.O., S. 34.
[200] Giddens, A., a.a.O., S. 52.
[201] Giddens, A., a.a.O., S. 35.
[202] Giddens, A., a.a.O., S. 34.
[203] Giddens, A., a.a.O., S. 41.

darum gehen, im Verständnis von Recht und anderen Phänomenen im sozialen Zusammenleben entweder von einem Subjektivismus oder von einem Objektivismus zu sprechen, d.h. es sollen Phänomene wie das Recht nicht mehr verstanden werden als *entweder* von einer ,Superstruktur' erzeugt und damit als eine eigene Wirklichkeit im objektiven Sinne existierend *oder* als eine Wirklichkeit, die von den Handlungen empirischer Subjekte abhängt. Die Realität und die Realisierung des Rechts als eines sozialen Phänomens sollen also zusammengedacht werden.

1.3 Die wichtigsten Themen der Theorie der Strukturierung

Der Begriff der Struktur bezeichnet grundsätzlich die dauerhafteren Aspekte sozialer Systeme. Nach Giddens ist die Aufgabe der Sozialforschung: "zu erklären, wie die Grenzen individueller Präsenz durch die Ausdehnung sozialer Beziehungen über Raum und Zeit hinweg überwunden werden."[204] Er erhebt den Anspruch, die Konstruktion des gesellschaftlichen Lebens als Produktion durch aktive Subjekte konzeptualisieren zu können, indem er den Begriff der Strukturierung als übergreifenden Erklärungsansatz struktureller Analyse einführt, wobei die Struktur allerdings nicht als eine autonome Erzeugung von Subjekten kraft eigener Entscheidung verstanden werden soll. Natürlich ist das Recht eine Struktur, die den Subjekten auferlegt ist und ihr Handeln bestimmen soll. Dennoch ist das Recht nicht eine Wirklichkeit, die unabhängig von den Handlungen der Subjekte existieren würde. Darin liegt der ,subjektivistische' Charakter der Theorie, der allerdings nicht ihre anderen Aspekte unterschlagen sollte. Die Untersuchung von Strukturierung konzentriert sich demnach nicht auf die Analyse von Strukturen, sondern es wird damit der Versuch bezeichnet, die Bedingungen zu bestimmen, die die Kontinuität und die Auflösung von Strukturen oder Strukturtypen beherrschen: "Den Prozeß der Reproduktion zu untersuchen bedeutet, die Verbindungen zwischen ,Strukturierung' und ,Struktur' zu bestimmen."[205]

---

[204] Giddens, A., a.a.O., S. 88: Giddens kann deshalb auch von dem Problem der durée des täglichen Lebens sprechen. Unter diesem Aspekt kann die soziale Reproduktion mit Hilfe des repetitiven Charakters des Alltagslebens beschrieben werden, in dem Zeit nur als Phänomen des Sich-Wiederholens konstituiert wird. Im Gegensatz zum individuellen Leben ist die Zeit der Institutionen deshalb reversibel. Genau diese reversible Zeit "ist sowohl die Bedingung als auch das Ergebnis der Praktiken, die in der Kontinuität des täglichen Lebens organisiert sind - die wesentliche substantielle Form der Dualität von Struktur." (S. 89).

[205] Giddens, A., Interpretative Soziologie. Eine kritische Einführung, Frankfurt/New York 1984; S. 147.

Mit dem Begriff der Struktur verweist Giddens nun auf Systeme von generativen Regeln und Ressourcen. Das bedeutet, dass sich der Begriff der Struktur nicht nur auf Regeln bezieht, die in die Produktion und Reproduktion sozialer Systeme eingehen, sondern auch auf Ressourcen, also etwa nicht nur auf die abstrakten Regeln des Rechts, sondern auch auf alle Institutionen und Ressourcen, die die Instanzen zur Rechtsdurchsetzung benötigen. Entscheidend aber ist die Einsicht, dass Strukturen nur als das produzierte Verhalten situativ Handelnder existieren. Strukturen erscheinen in der Theorie der Strukturierung sowohl als Bedingung als auch als Folgen der Produktion von Interaktion. Obwohl alle Organisationen aus Interaktionssystemen bestehen und als Strukturen analysiert werden können, so hängt die Existenz ihrer Strukturen gerade von der Art und Weise der Strukturierung ab, durch die sie produziert werden: "Strukturen können im Prinzip immer im Sinne ihrer Strukturierung untersucht werden. Die Untersuchung der Strukturierung sozialen Handelns bedeutet den Versuch einer Erklärung, wie Strukturen durch Handeln konstituiert werden, und umgekehrt, wie Handeln strukturell konstituiert wird."[206] Die Strukturmomente sozialer Systeme werden von Giddens also aufgefaßt als institutionalisierte Charakteristika, die die kontinuierliche Existenz von Systemen über Raum- und Zeitspannen hinweg sicherstellen: "Ich gebrauche das Konzept der ‚Strukturen', um die Transformations- und Vermittlungsbeziehungen erfassen zu können, welche die ‚Schaltkreise' sind, die den beobachteten Bedingungen der Systemreproduktion zugrundeliegen."[207] Strukturierungsprozesse verbinden damit die strukturelle Integration bzw. Umwandlung von Organisationen als System mit der sozialen Integration bzw. Umwandlung der Interaktionen auf der Ebene der Lebenswelt[208]. Strukturen verschaffen der sozialen Welt also eine Identität, aufgrund derer sie über die Zeit hinweg als die gleiche betrachtet werden kann, und aufgrund derer sie bei Wechsel der Strukturen als eine solche aufgefaßt werden kann, die sich von einer vorangegangenen und von einer folgenden unterscheidet.

Sozialintegration bedeutet nun zunächst Systemhaftigkeit unter der Bedingung von Kopräsenz[209], worunter nicht mehr zu verstehen ist, als dass die Akteure, die dabei integriert werden, in der sozialen Wirklichkeit sich als Menschen gegenüberstehen und

---

[206] Giddens, A., Interpretative Soziologie, S. 198.
[207] Giddens, A., Die Konstitution der Gesellschaft, S. 76.
[208] Giddens, A., Interpretative Soziologie, S. 151.
[209] Giddens, A., Die Konstitution der Gesellschaft, S. 125.

als Menschen aufeinander einwirken. Als Sozialintegration ist also eine Systemhaftigkeit auf der Ebene von face-to-face-Interaktionen zu verstehen. Der Begriff der Systemintegration dagegen bezieht sich auf die Verbindung zu denjenigen, die physisch in Raum und Zeit abwesend sind und die sozusagen virtuell integriert werden, ohne dass sie tatsächlich an den Interaktionen beteiligt sind, die das System ausmachen, obwohl sie vom System dennoch tangiert werden, sobald sie in dessen Handlungszusammenhang eintreten[210]. Diese wichtige Unterscheidung ähnelt derjenigen von Habermas zwischen System und Lebenswelt.

Die Regeln des gesellschaftlichen Lebens können demnach als Techniken oder verallgemeinerbare Verfahren betrachtet werden, die in der Ausführung und damit Reproduktion sozialer Praktiken angewendet werden. Solche Regeln können mit Hilfe verschiedener Unterscheidungen beschrieben werden, wie etwa nach ihrem Sanktionsgrad nach ‚schwach sanktioniert' und im Unterschied dazu ‚stark sanktioniert' – eine Unterscheidung, die offenbar gerade für das Recht von großer Bedeutung ist. Die größte Relevanz für die Sozialwissenschaften kommt solchen Regeln zu, die in die Reproduktion institutionalisierter Praktiken eingelassen sind, also solcher Praktiken, die am weitesten in Raum und Zeit ausgreifen und damit die Identität von sozialen Zusammenhängen über längere Zeiträume bestimmen – also etwa so weit, dass der soziale Zusammenhang eines demokratischen Rechtsstaats von dem sozialen Zusammenhang eines Feudalregimes unterschieden werden kann.

Die Strukturmomente sozialer Systeme ermöglichen also die Konstitution von Identität über Raum und Zeit für soziale Systeme. Dadurch können soziale Praktiken über längere Zeit- und Raumspannen hinweg als identische reproduziert werden und erhalten damit systemische Form. Giddens bezieht den Strukturbegriff aber nicht auf starre Regeln, sondern auf solche Regeln, die die Matrix zulässiger Transformationen innerhalb einer Menge beherrschen, es kommt also auf die Veränderungsregeln an, nicht in erster Linie auf die Strukturen, die zu einem bestimmten Zeitpunkt bestehen. Soziale Systeme sind aber auch als produzierte Strukturen stets soziale Praktiken. Deshalb haben sie nicht einfach Strukturen im statischen Sinne, sondern weisen Strukturmomente auf, die ihre eigenen Veränderungsmomente bestimmen. Struktur existiert also nur insofern, als sie sich in solchen Praktiken realisiert. Strukturen können so auch als ‚Erin-

---

[210] Giddens, A., Die Konstitution der Gesellschaft, S. 80 f.

nerungsspuren' bezeichnet werden, die das Verhalten bewußt handelnder Subjekte orientieren[211]. Als Strukturprinzipien bezeichnet Giddens die am weitesten in Raum und Zeit ausgreifenden Strukturmomente, die in die Reproduktion gesellschaftlicher Totalitäten einbegriffen sind. Institutionen dagegen sind erst solche Praktiken, die in diesen Totalitäten die größte Ausdehnung in Raum und Zeit besitzen. Dazu könnte man sicherlich auch die Institution des Rechts zählen.

Struktur ist also eine Eigenschaft sozialer Systeme, die sich in produzierten Praktiken vollzieht. Da Struktur nicht ohne Strukturierung ist, kann auch gesagt werden, dass es menschliche Gesellschaften oder soziale Systeme ohne menschliches Handeln überhaupt nicht gibt. Deshalb kann jedoch nicht von einem Erschaffen sozialer Systeme durch die Handelnden gesprochen werden: "sie reproduzieren und verändern sie, indem sie immer wieder neu schaffen, was in der Kontinuität von Praxis bereits existiert."[212] Je größer allerdings die Raum-Zeit-Ausdehnung sozialer Systeme ist, desto größer ist ihre Widerstandskraft gegen die Einwirkung oder Veränderung seitens individueller Akteure. Auch hier aber sieht Giddens eine Dualität: "So wie die Raum-Zeit-Ausdehnung einige Möglichkeiten für das menschliche Erleben verschließt, so öffnet sie gleichzeitig andere."[213] Auch ‚in the long run' ist die Struktur also von einem Prozeß der Strukturierung in der Lebenswelt handelnder Subjekte abhängig, auch wenn dies in einer kurzfristigen Betrachtung nicht so deutlich wird. So ist das Rechtssystem etwa in kurzfristiger Betrachtung für die dem Recht unterworfenen Rechtssubjekte ein Datum, an das sie sich halten müssen, unter einem längeren Betrachtungshorizont jedoch ist das Rechtssystem in seiner Wirklichkeit abhängig davon, wie die Rechtssubjekte das Recht strukturieren und damit im eigentlichen Sinne zu Subjekten des Rechts werden, das sie in dieser Strukturierung schaffen.

Der Begriff der Struktur wird damit in Giddens' Theorie zu einem Oberbegriff, der in verschiedenen Strukturkonzepten zum Tragen kommt, nämlich (1) in Strukturprinzipien als den Prinzipien der Organisation gesellschaftlicher Totalitäten; (2) in Strukturen im engeren Sinne als den Regeln-Ressourcen-Komplexen, die an der institutionellen Vernetzung sozialer Systeme beteiligt sind; (3) in Strukturmomenten als den institutionalisierten Aspekten sozialer Systeme, die sich über Raum und Zeit hinweg erstrecken.

---

[211] Giddens, A., Die Konstitution der Gesellschaft, S. 69.
[212] Giddens, A., Die Konstitution der Gesellschaft, S. 224.
[213] Giddens, A., Die Konstitution der Gesellschaft, S. 224.

Der Begriff der Struktur wird in der Theorie der Strukturierung also gefaßt als "Regeln und Ressourcen, die an der sozialen Reproduktion rekursiv mitwirken; institutionalisierte Aspekte sozialer Systeme besitzen Strukturmomente in dem Sinne, dass Beziehungen über Zeit und Raum hinweg stabilisiert werden. ... Von den Ressourcen gibt es ebenfalls zwei Typen: autoritative Ressourcen, die der Koordination des Handelns von Menschen entspringen, und allokative Ressourcen, die der Kontrolle über materielle Produkte oder bestimmte Aspekte der materiellen Welt entstammen."[214]

Organisationen und soziale Bewegungen sind nun als Kollektive aufzufassen, in denen die reflexive Steuerung der Bedingungen der Systemreproduktion in der Kontinuität des Alltagshandelns von großer Bedeutung ist[215]. Es sind also Entscheidungen treffende Einheiten, "die sich innerhalb diskursiv mobilisierter Formen von Informationsflüssen bestimmter typischer Formen von Ressourcen (autoritativen und allokativen) bedienen."[216] Gesellschaften sind auf dieser Grundlage zu verstehen als soziale Systeme, die sich aufgrund ganz bestimmter Strukturprinzipien vor dem Hintergrund anderer systemischer Beziehungen reliefartig herausheben. Dies geschieht, indem sie mit Hilfe dieser Strukturprinzipien raum- und zeitübergreifend ein umfassendes Gefüge von Institutionen konstituieren. Zusätzlich zu diesem Institutionengefüge muss eine Gesellschaft auch noch durch die folgenden Identifikationsmerkmale bestimmt werden[217]:

- eine Verbindung zwischen dem sozialen System und einem bestimmten Ort oder Territorium;
- die Existenz normativer Muster, die einen Anspruch auf die legitime Besetzung des Ortes geltend machen;
- zwischen den Gesellschaftsmitgliedern müssen Gefühle bestehen, die eine auf irgendeine Art ausgedrückte Identität betreffen.

Gegen rein und abstrakt ‚strukturelle' Erklärungen wie sie im Prinzip auch von Luhmann eingesetzt werden, wendet Giddens also grundsätzlich ein, dass es in den Sozialwissenschaften nicht so etwas wie einen eigenständigen Typus struktureller Erklärung geben könne: "Erklärungen setzen unbedingt einen zumindest impliziten Bezug auf das zweckgerichtete, vernünftige Verhalten von Akteuren sowie auf dessen Verknüpfung

---

214 Giddens, A., Die Konstitution der Gesellschaft, S. 45 f.
215 Giddens, A., Die Konstitution der Gesellschaft, S. 256.
216 Giddens, A., Die Konstitution der Gesellschaft, S. 259.
217 Giddens, A., Die Konstitution der Gesellschaft, S. 218.

mit den ermöglichenden und einschränkenden Aspekten der sozialen und materiellen Kontexte, in denen dieses Verhalten stattfindet, voraus."[218] Eine Struktur existiert also nicht wie ein materielles Objekt mit eindeutig fixierbaren Grenzen, das auch unabhängig von Subjekten und handelnden Akteuren so ist, wie es ist. Eine Struktur ist überhaupt nichts, das jenseits der sozialen Wirklichkeit und des Handlungszusammenhangs von sozialen Akteuren vorhanden ist, sie ist vielmehr die Identität, die sich in ihren Interaktionen einerseits verwirklicht und andererseits darin erzeugt wird. Sie ist sozusagen die Einheit von Freiheit und Zwang. Sie wird von den Akteuren erzeugt und ist insofern Freiheit, aber die Akteure verfügen dennoch nicht einfach über sie, sondern sind in ihren Aktionen von ihr abhängig, insofern ist sie auch eine Art Zwang.

1.4 Die Dualität von Struktur

Es ist bereits deutlich geworden, dass Giddens beanspruchen kann, die Theorie der Strukturierung "rekonzeptualisiert einige für andere sozialtheoretische Schulen grundlegenden Dualismen oder Gegensätze als Dualitäten. Insbesondere ersetzt sie den Dualismus von ‚Individuum' und ‚Gesellschaft' durch die Dualität von Handlung und Struktur."[219] Die Dualität von Struktur erscheint dabei als der wesentliche Grundzug des gesellschaftlichen Reproduktionsprozesses. Dieser Prozess lässt sich nicht durch eine rein strukturtheoretische und ebenso nicht durch eine rein systemtheoretische Begrifflichkeit beschreiben. Er muss vielmehr als ein dynamischer Prozeß der Strukturierung betrachtet werden. Mit dem Begriff der Strukturierung wird jedoch nicht nur diese Dynamik bezeichnet. Er soll auch ausdrücken, dass die Produktion von Gesellschaft immer und überall eine auf Fertigkeiten ihrer Mitglieder beruhende Leistung ist[220]. Das bedeutet jedoch nicht, dass die Erzeugung von Gesellschaft unter Bedingungen stattfindet, die Menschen wählen könnten. Giddens weist deshalb darauf hin, dass es grundlegend sei, "die Idee der Produktion des gesellschaftlichen Lebens mit der der gesellschaftlichen Reproduktion von Strukturen zu vervollständigen."[221]

[218] Giddens, A., Die Konstitution der Gesellschaft, S. 233.
[219] Giddens, A., Die Konstitution der Gesellschaft, S. 215.
[220] Giddens, A., Interpretative Soziologie, S. 154.
[221] Giddens, A., Interpretative Soziologie, S. 154.

Der Theorie der Strukturierung zufolge besteht das zentrale Forschungsfeld der Sozialwissenschaften also "weder in der Erfahrung des individuellen Akteurs noch in der Existenz irgendeiner gesellschaftlichen Totalität, sondern in den über Zeit und Raum geregelten gesellschaftlichen Praktiken." Dies geht von der Überlegung aus, dass menschliche soziale Handlungen rekursiv sind. Das bedeutet, "dass sie nicht durch die sozialen Akteure hervorgebracht werden, sondern von ihnen mit Hilfe eben jener Mittel fortwährend reproduziert werden, durch die sie sich als Akteure ausdrücken. In und durch ihre Handlungen reproduzieren die Handelnden die Bedingungen, die ihr Handeln ermöglichen."[222] Eine der Hauptaussagen der Theorie der Strukturierung ist es folglich, "dass die Regeln und Ressourcen, die in die Produktion und Reproduktion sozialen Handelns einbezogen sind, gleichzeitig die Mittel der Systemreproduktion darstellen (der Strukturdualität)."[223] Giddens erkennt also das Wesen und die Bedeutung des strukturellen Zwangs an, er will jedoch die einseitige Sicht der strukturtheoretischen und systemtheoretischen Soziologie vermeiden. Andererseits will er auch verdeutlichen, dass damit kein Standpunkt akzeptiert ist, der dem methodologischen Individualismus nahesteht[224]. Der Begriff der Strukturierung bezieht sich also auf dynamische Prozesse, durch die Strukturen erzeugt und Handlungsweisen reproduziert werden. Unter dem Begriff einer Dualität von Struktur ist zu verstehen, "dass gesellschaftliche Strukturen sowohl durch das menschliche Handeln konstituiert werden, als auch zur gleichen Zeit das Medium dieser Konstitution sind."[225] Deshalb kann gesellschaftliche Reproduktion nur im unmittelbaren Prozeß des Konstituierens von Interaktion untersucht werden.

So wird etwa das Rechtssystem als institutionelle Ordnung dadurch reproduziert, dass sich Interaktionsteilnehmer auf eben diese Ordnung berufen. Gerade und nur darin aber besteht die Chance für die Interaktionsteilnehmer, verständlich und kohärent zu handeln. Indem sie so die institutionelle Ordnung reproduzieren, reproduzieren sie jedoch auch ihre eigene rechtliche Faktizität als eine Quelle strukturellen Zwanges: "Sie behandeln das Rechtssystem als eine ‚reale' Ordnung von Beziehungen, in der ihre eigene Interaktion situiert ist und durch die sie zum Ausdruck gebracht wird. Sie ist eine

---

[222] Giddens, A., Die Konstitution der Gesellschaft, S. 52.
[223] Giddens, A., Die Konstitution der Gesellschaft, S. 70.
[224] Giddens, A., Die Konstitution der Gesellschaft, S. 41.
[225] Giddens, A., Interpretative Soziologie, S. 148.

reale (d.h. strukturell stabile) Ordnung von Beziehungen genau deshalb, weil sie, und andere in verwandten und ähnlichen Kontexten ebenso, diese als solche anerkennen - und zwar nicht notwendig in ihrem diskursiven Bewußtsein, sondern vielmehr im praktischen Bewußtsein, das in ihr Handeln eingelassen ist."[226] Das Rechtssystem und seine Institutionen existiert also nicht ‚irgendwo', sondern nur dadurch, dass sich Menschen in einer Gesellschaft auf das Recht berufen.

Damit aber bleiben sie nicht die gleichen, die sie in einem rechtlosen Zustand waren, sondern sind nun Rechtssubjekte, die solche nur sein und bleiben können, wenn sie das Recht für sich gelten lassen. Sie haben in einem einzigen Zusammenhang das Recht und sich selbst als Rechtssubjekte konstituiert. Das eine kann nicht ohne das andere geschehen – bliebe das Recht nur eine Superstruktur mit systemischer Begründung, so könnte es sich nicht durchsetzen, außer es würde vom Recht in einen Zustand umfassender Gewalt übergehen, der genau dem Wesen des Rechts widersprechen würde. Das Recht kann also nur Recht bleiben, wenn es nicht nur systemisch generiert wird, sondern sich in freien Handlungen von sozialen Akteuren konstituiert, die aber insofern nicht nur als Subjekte angesehen werden können, weil sie es nicht ‚aus sich selbst heraus' produzieren, indem sie etwas, was in ihrem Inneren wäre, in die außer ihnen selbst liegende Wirklichkeit überführen würden. Vielmehr werden sie durch diese ‚Produktion' selbst zu anderen Wesen als sie es vorher waren, d.h. sie haben sich durch die Aktualisierung des Rechtszustandes selbst verändert und damit bis zu einem gewissen Grad selbst konstituiert – nämlich als Rechtssubjekte, die nun dem Recht unterworfen sind, solange sie solche bleiben wollen.

Für die Analyse der Dualität von Struktur verwendet Giddens einige zentrale Konzepte. Als Eigenschaften von Interaktion können Kommunikation, Macht und Moral bezeichnet werden. Struktur dagegen lässt sich durch die Konzepte Bedeutung, Herrschaft und Legitimation beschreiben. Zur Beschreibung der Vermittlung von Interaktion und Struktur in Prozessen der gesellschaftlichen Reproduktion zieht Giddens Begriffe heran, die er als ‚Modalitäten' bezeichnet, nämlich Deutungsschemata, Mittel und Norm. Er charakterisiert sie allgemein folgendermaßen: "Mit dem Begriff der ‚Strukturierungsmodalitäten' ziele ich auf die grundlegenden Dimensionen der Dualität von Struktur, wie sie in Interaktionen zur Geltung kommen; es geht darum, die Bewußtheit der

---

[226] Giddens, A., Die Konstitution der Gesellschaft, S. 388.

Akteure mit den strukturellen Momenten sozialer Systeme zu vermitteln. Akteure beziehen sich auf diese Modalitäten in der Reproduktion der Interaktionssysteme, und im selben Zug rekonstituieren sie deren Strukturmomente."[227] Mit Hilfe von *Deutungsschemata* kann in der Interaktion eine Kommunikation von Sinn stattfinden. Mit ihrer Hilfe begreifen die Akteure also, was sie sagen und tun. Von der Struktur her gesehen sind diese Deutungsschemata jedoch von der kognitiven Ordnung abhängig, die eine Gesellschaft besitzt. Eine Analyse nur auf der Ebene der Interaktion oder nur auf der Ebene der Struktur würde jedoch eine Abstraktion darstellen. Von Strukturierung kann also nur dann die Rede sein, wenn berücksichtigt wird, dass die Anwendung der Deutungsschemata in Interaktionen gleichzeitig die Ordnung der Struktur rekonstituiert.

Das gleiche gilt für die Modalität der *Mittel*, durch die Macht (auf der Ebene der Interaktion) und Herrschaft (auf der Ebene der Struktur) miteinander vermittelt werden. In der Interaktion werden zur Machtausübung Mittel eingesetzt, durch die das Verhalten anderer beeinflußt werden kann. Diese Mittel sind jedoch nicht ausschließlich von den Machtausübenden erzeugt, sondern entstammen strukturell der Herrschaftsordnung, durch die sie erst möglich werden. Die Anwendung von Machtmitteln reproduziert jedoch gerade die Herrschaftsordnung, aus der diese Mittel stammen, obwohl diese Mittel nicht aus anderen Quellen bezogen werden können als gerade aus der Herrschaftsordnung, die sie rekursiv wieder herstellen. Unter der Perspektive der *Moral* benutzt die Interaktion Normen, die aus einer legitimierten Ordnung stammen. Nur durch diese Anwendung der aus der Legitimationsordnung stammenden Normen wird jedoch eben diese Ordnung rekonstituiert.

Strukturbeziehungen können einerseits also mit Recht als Bedingungen der Systemreproduktion aufgefaßt werden. Sie machen bestimmte Aspekte von Reproduktionskreisläufen deutlich, die für die Ausdehnung von Institutionen über Raum und Zeit und damit für die Konstitution sozialer Systeme verantwortlich sind. Diese institutionelle Analyse findet jedoch in einer ‚virtuellen Raum-Zeit-Sphäre' statt[228], und auf dieser Ebene bleibt auch die rechtsphilosophische Analyse abstrakt, wie es der systemtheoretischen Philosophie bzw. Soziologie vorzuwerfen ist. Der Eintritt in die wirkliche Geschichte dagegen verlangt die Beachtung der Dualität von Struktur, die dazu führt, dass

[227] Giddens, A., Die Konstitution der Gesellschaft, S. 81.
[228] Giddens, A., Die Konstitution der Gesellschaft, S. 245.

alle Strukturmomente sozialer Systeme als Mittel *und* Ergebnis der kontingent ausgeführten Handlungen von Akteuren aufgefaßt werden müssen. Struktur ‚als solche' dagegen ist ein Gedanke, der ‚außerhalb' der Geschichte gedacht wird, d.h. außerhalb von Raum und Zeit, und ihre Analyse abstrahiert von der Bedeutung des Subjektiven bei der Erhaltung von Struktur.

Die Konstitution von Handelnden *und* Strukturen kann also im Recht wie generell in den Regeln des gesellschaftlichen Zusammenlebens "nicht zwei unabhängig voneinander gegebene Mengen von Phänomenen - einen Dualismus –„ bedeuten, „sondern beide Momente stellen eine Dualität dar." Deshalb erfordert die Analyse der Strukturierung sozialer Systeme, "zu untersuchen, wie diese in Interaktionszusammenhängen produziert und reproduziert werden; solche Systeme gründen in den bewußt vollzogenen Handlungen situierter Akteure, die sich in den verschiedenen Handlungskontexten jeweils auf Regeln und Ressourcen beziehen."[229] Deshalb ist Struktur auch den Individuen nicht äußerlich: "in der Form von Erinnerungsspuren und als in sozialen Praktiken verwirklicht, ist sie in gewissem Sinne ihren Aktivitäten eher ‚inwendig'"[230]. Gesellschaft kann also nicht als eine beliebig formbare Schöpfung von Subjekten betrachtet werden, sie kann jedoch auch nicht als unabhängig von dem Bewußtsein der Subjekte beschrieben werden: "Es ist nicht richtig, die strukturellen Momente sozialer Systeme als gesellschaftliche Produkte zu betrachten, weil dies die Implikation nahelegt, dass vorkonstituierte Akteure irgendwie zusammenkommen, um sie zu erzeugen. Bei der Reproduktion von Strukturmomenten, ..., reproduzieren die Akteure auch die Bedingungen, die ein entsprechendes Handeln ermöglichen."[231]

Die Strukturmomente sozialer Systeme existieren nur insofern, "als Formen sozialen Verhaltens über Raum und Zeit hinweg permanent reproduziert werden", so dass man an das Problem der Strukturierung von Institutionen am besten über die Frage herankommt, wie soziale Tätigkeiten über weite Raum- und Zeitspannen ausgedehnt werden können. Deshalb ist die Frage nach der Identität von sozialen Strukturen und Phänomenen grundlegend für die Theorie der Strukturierung, die von der Temporalität und so gewissermaßen von der Geschichte ausgeht[232]. Zweckgerichtetes Handeln ist

---

[229] Giddens, A., Die Konstitution der Gesellschaft, S. 77.
[230] Giddens, A., Die Konstitution der Gesellschaft, S. 77 f.
[231] Giddens, A., Die Konstitution der Gesellschaft, S. 79.
[232] Giddens, A., Die Konstitution der Gesellschaft, S. 53.

also zwar eine Auszeichnung menschlicher Wesen, aber es kann nicht aus der Kontextualität von Raum und Zeit herausgelöst werden.

Giddens versucht diese Gedanken in einem ‚Stratifikationsmodell' des Handelns zusammenzufassen. Darunter versteht er ein Verständnis des menschlichen Akteurs, das drei Schichten der Kognition bzw. Motivation akzentuiert: diskursives Bewußtsein, praktisches Bewußtsein und das Unbewußte.

Die reflexive Steuerung des Handelns seitens des Akteurs ist demnach ein integraler Charakterzug des Alltagshandelns. Diese Steuerung bezieht sich jedoch nicht nur auf den Fluß der eigenen Aktivitäten und auf die Erwartungen bezüglich der Handlungen anderer Akteure. Die Akteure "kontrollieren routinemäßig ebenso die sozialen und physischen Aspekte des Kontextes, in dem sie sich bewegen."[233] Unter Rationalisierung ist also das Verständnis der Akteure für die Gründe ihres Handelns zu verstehen. Reflexivität sieht Giddens demzufolge in der ständigen Steuerung des Handelns verankert, die menschliche Wesen entwickeln und die sie von anderen erwarten: "Die reflexive Steuerung des Handelns hängt von einer Rationalisierung ab, die hier mehr als ein Prozeß, denn als ein Zustand und als Kompetenz der Handelnden verstanden wird."[234] Die Dualität von Struktur setzt also ihrerseits die reflexive Steuerung im Alltagshandelns seitens der Akteure voraus.

Zu unterscheiden ist die reflexive Steuerung und Rationalisierung des Handelns von seiner Motivation: "Gründe beziehen sich auf die Ursachen des Handelns, während Motive sich auf die Bedürfnisse beziehen, die es veranlassen."[235] "Während kompetente Akteure die Absichten ihres Handelns und dessen Gründe fast immer diskursiv darlegen können, trifft dies für ihre Motive nicht notwendig zu."[236] Giddens weist darauf hin, dass dieser Begriff des praktischen Bewußtseins, der fundamental für die Theorie der Strukturierung ist, eine Eigenschaft des handelnden Menschen bezeichnet, für die der Strukturalismus besonders blind ist[237]. Es ist also die spezifisch reflexive Form der Bewußtheit menschlicher Akteure, die am tiefsten in die rekursive Regulierung sozialer Praktiken eingebunden ist: "Die Kontinuität von Praktiken setzt Reflexivität voraus, aber Reflexivität ist umgekehrt nur aufgrund der Kontinuität von Praktiken möglich, wodurch

---

233 Giddens, A., Die Konstitution der Gesellschaft, S. 55.
234 Giddens, A., Die Konstitution der Gesellschaft, S. 53.
235 Giddens, A., Die Konstitution der Gesellschaft, S. 56.
236 Giddens, A., Die Konstitution der Gesellschaft, S. 57.
237 Giddens, A., Die Konstitution der Gesellschaft, S. 57.

eben diese über Raum und Zeit hinweg als identische reproduziert werden. Deshalb sollte man ‚Reflexivität' nicht bloß als ‚Selbstbewußtsein' verstehen; vielmehr ist damit der Umstand gemeint, dass die Handelnden auf den fortlaufenden Prozeß des gesellschaftlichen Lebens steuernden Einfluß nehmen."[238]

Das praktische Bewußtsein "umfaßt all das, was Handelnde stillschweigend darüber wissen, wie in den Kontexten des gesellschaftlichen Lebens zu verfahren ist, ohne dass sie in der Lage sein müßten, all dem einen direkten diskursiven Ausdruck zu verleihen." Dazu gehört, dass die Handelnden als integralen Teil dessen, was sie tun, die Fähigkeit besitzen, zu verstehen, was sie tun, während sie es tun: "Die reflexiven Fähigkeiten des menschlichen Akteurs sind auf charakteristische Weise kontinuierlich mit dem Strom des Alltagslebens in den Kontexten sozialen Handelns verbunden. Was die Handelnden über ihr Handeln und die entsprechenden Handlungsgründe wissen - ihre Bewußtheit (knowledgeability) als Handelnde - ist ihnen weitgehend in der Form des praktischen Bewußtseins präsent."[239]

1.5 Die Bedeutung von Macht und sozialem Wandel

Der Begriff des Handelns bezieht sich nicht primär auf die Intentionen, die Menschen bei ihrem Tun haben, sondern auf ihre Vermögen, Dinge überhaupt zu tun, weshalb Handeln stets Macht impliziert: "Handeln betrifft Ereignisse, bei denen ein Individuum Akteur in dem Sinne ist, dass es in jeder Phase einer gegebenen Verhaltenssequenz anders hätte handeln können."[240] Handelnde Akteure, die in ihren Handlungen soziale Strukturen wie das Recht oder seine Institutionen konstituieren, agieren also stets mit dem Bewußtsein der Freiheit. Hier unterscheidet sich Giddens' Theorie wiederum entscheidend von Luhmanns Systemtheorie, derzufolge das System im Grunde der einzige Akteur ist, der seine Funktionen durchsetzt, indem er sie selbst bei den ‚personalen Systemen' durchsetzt, die im Luhmann' schen System die Stelle einnehmen, die sonst Menschen oder Akteure einnehmen. Bei Giddens ist eine intentionale Handlung dagegen eine Handlung, "von der der entsprechende Akteur weiß oder

---

238 Giddens, A., Die Konstitution der Gesellschaft, S. 53.
239 Giddens, A., Die Konstitution der Gesellschaft, S. 36.
240 Giddens, A., Die Konstitution der Gesellschaft, S. 60.

glaubt, dass sie eine besondere Eigenschaft oder Wirkung hat und wo solches Wissen von ihm in Anschlag gebracht wird, um eben diese Eigenschaft oder Wirkung hervorzubringen."[241]

Die logische Verbindung von Handeln und Macht besteht also aufgrund einer einfachen Beziehung: ein Handelnder zu sein setzt die Fähigkeit voraus, "eine Reihe von Kausalkräften (dauerhaft im Strome des Alltagslebens) zu entfalten, einschließlich derjenigen, die der Beeinflussung der von anderen entfalteten Kräften dienen"[242]. Handeln schließt also Macht im Sinne eines umgestaltenden Vermögens logisch ein. In diesem Sinne ist Macht logisch der Subjektivität als der Konstitution der reflexiven Steuerung des Verhaltens vorausgesetzt. Die Dualität von Struktur zeigt sich in Bezug auf Macht nun auf folgende Weise: "Ressourcen (...) sind Strukturmomente, auf die sich die bewußt handelnden Subjekte in der Produktion ihres Handelns beziehen und die sie auch reproduzieren. Macht ist nicht wesensmäßig mit der Erreichung von partikularen Interessen verbunden. Nach dieser Auffassung charakterisiert der Gebrauch von Macht nicht spezifische Verhaltensweisen, sondern ist vielmehr für jegliches Handeln typisch. Macht selbst ist keine Ressource. ... Macht innerhalb sozialer Systeme, die sich einer gewissen Kontinuität über Raum und Zeit hinweg erfreuen, setzt geregelte Beziehungen von Autonomie und Abhängigkeit zwischen Akteuren oder Kollektiven in sozialen Interaktionskontexten voraus. Aber alle Formen von Abhängigkeit stellen gewisse Ressourcen zur Verfügung, mit denen die Unterworfenen die Aktivitäten der ihnen Überlegenen beeinflussen können. Dies nenne ich die in soziale Systeme eingelassene Dialektik der Herrschaft."[243]

Nun haben alle Strukturmomente sozialer Systeme sowohl ermöglichenden als auch einschränkenden Charakter – das Recht ermöglicht Freiheit, indem es die Freiheit des einzelnen Rechtssubjekts beschränkt. Aufgrund der in Machtbeziehungen eingelassenen Dualität von Struktur sind alle Formen von Zwang auch Formen von Ermöglichung: "So gut wie sie bestimmte Handlungsmöglichkeiten einschränken oder negieren, dienen sie dazu, andere zu eröffnen."[244] Auch Sanktionen, "wie gewaltsam und total sie auch immer sein mögen, setzen seitens jener, die ihnen unterworfen sind, ir-

---

[241] Giddens, A., Die Konstitution der Gesellschaft, S. 61.
[242] Giddens, A., Die Konstitution der Gesellschaft, S. 66.
[243] Giddens, A., Die Konstitution der Gesellschaft, S. 67.
[244] Giddens, A., Die Konstitution der Gesellschaft, S. 227.

gendeine Art von Einwilligung voraus - dies ist der Grund, warum wir mehr oder weniger überall auf die Dialektik der Kontrolle stoßen." Wendet man sich der Macht als einer Quelle des Zwanges zu, so muss betont werden, "dass Macht das Mittel ist, Dinge zu verwirklichen; Macht ist ganz entschieden Ermöglichung und Zwang zugleich."[245] Deshalb kann Macht auch nicht in einer Zukunftsgesellschaft überwunden werden; sie ist auch nicht ein an sich schädliches Phänomen.

Macht ist auf allokative und autorative Ressourcen angewiesen. Beide Arten von Ressourcen müssen gespeichert werden können, wenn eine Erweiterung der Macht möglich sein soll. Eine solche Speicherung beinhaltet die Bewahrung und die Kontrolle von Informationen und Kenntnissen, mit deren Hilfe soziale Beziehungen eine Kontinuität über Raum und Zeit hinweg erhalten. Eine solche Speicherung "setzt Medien der Informationsdarstellung, Formen der Wiederauffindung oder Erinnerung von Informationen und - wie bei allen Machtressourcen - Formen der Verbreitung voraus."[246] Im einzelnen können allokative Ressourcen in folgenden Formen auftreten[247]: (1) als materielle Aspekte der Umwelt (Rohmaterialien, materielle Machtquellen); (2) als materielle Produktions-/Reproduktionsmittel (Produktionsinstrumente, Technologie); (3) produzierte Güter (Erzeugnisse, die durch das Zusammenwirken der beiden ersten Faktoren entstanden sind). Autoritative Ressourcen dagegen können folgendermaßen klassifiziert werden: (1) die Organisation von Raum und Zeit; (2) die Produktion und Reproduktion des Körpers (Organisation und Beziehung von Menschen in gegenseitiger Gemeinschaft); (3) die Organisation von Lebenschancen (Konstitution von Chancen der Entwicklung und des Ausdrucks des Selbst).

Auf der Grundlage seiner Auffassung von Struktur und Strukturierung wendet sich Giddens gegen den evolutionären Ansatz in den Sozialwissenschaften. Dies lässt sich direkt an seine Begriffe von Macht und Zwang anschließen, da es auch hier um eine Begrifflichkeit geht, in der eine Kausalität formuliert wird, die den gesellschaftlichen Subjekten angetan wird, so dass sie zu Objekten einer von ihnen unabhängigen Entwicklung gemacht werden. Ebenso wie Giddens diesen einfachen Zusammenhang in seinen Gedanken zu Macht und Zwang im sozialen Zusammenhang in eine Dialektik umformuliert, in der der Gedanke des Zwanges in sozialen Beziehungen nicht aufge-

[245] Giddens, A., Die Konstitution der Gesellschaft, S. 229.
[246] Giddens, A., Die Konstitution der Gesellschaft, S. 319.
[247] Giddens, A., Die Konstitution der Gesellschaft, S. 316.

geben wird, sondern durch die Hinzunahme der Bedeutung des gesellschaftlichen Akteurs neu gedacht wird, reformuliert er den Gedanken der gesellschaftlichen Entwicklung mit Hilfe des Gedankens der Dualität von Struktur und Strukturierung. Hier lässt sich der Bezug zu Luhmanns Auffassung von der notwendigen Entwicklung des Rechts zu einer ‚Ent-Funktionalisierung' zugunsten von flexibleren Formen von Konfliktlösungsformen herstellen. Bei Luhmann handelt es sich hier um eine Entwicklung, deren Ratio in der steigenden Komplexität von Systemen zu sehen ist, die zu ihrer Eigenerhaltung neue Strukturen brauchen und deshalb generieren. In diesem Sinne könnte ein Phänomen wie Mediation als ein Produkt höherer Komplexitätszustände im gesellschaftlichen System aufgefaßt werden, das entsteht, weil das System solche Institutionen zu seinem eigenen Überleben braucht, das wiederum mit der Aufrechterhaltung der Systemgrenzen als Komplexitätsgefällen zusammenfällt.

Eine solche Position, die neuere Phänomene innerhalb des Rechts mit Hilfe einer evolutionären Gedankenführung im Rahmen systemtheoretischer Überlegungen zu verstehen sucht, setzt nach Giddens mindestens folgende vier Positionen als gültig voraus:

- "Als erstes muss zumindest eine ungefähre begriffliche Kontinuität mit der biologischen Evolution unterstellt sein."[248]
- "Zum zweiten muss der sozialwissenschaftliche Evolutionismus schon etwas mehr deutlich machen als nur - mit Blick auf eine Reihe ausgewählter Kriterien - einen bloßen Wandlungsverlauf; er muss einen Mechanismus des Wandels benennen."[249]
- "Drittens muss eine Folge von Stadien der sozialen Entwicklung angegeben werden, in welcher der Mechanismus des Wandels mit der Verdrängung bestimmter Typen oder Aspekte der sozialen Organisation durch andere verbunden wird."[250]
- "Viertens bedeutet die Identifikation eines Mechanismus des sozialen Wandels, dass dieser Wandel so erklärt wird, dass man sich auf das gesamte Spektrum der Menschheitsgeschichte bezieht; dieser Mechanismus muss nicht als der alleinige, wohl aber als der dominant wirksame eingeschätzt werden. Über den bevorzugten Kandidaten dürften hier kaum Zweifel bestehen, denn auf irgendeine Art spielt er in allen Evolu-

[248] Giddens, A., Die Konstitution der Gesellschaft, S. 286.
[249] Giddens, A., Die Konstitution der Gesellschaft, S. 287.
[250] Giddens, A., Die Konstitution der Gesellschaft, S. 287.

tionstheorien eine Rolle." Es handelt sich um den Begriff der Anpassung, der sich normalerweise auf die Anpassung an die materielle Umwelt bezieht[251].

Giddens kritisiert unter diesen vier Voraussetzungen insbesondere den Begriff der Anpassung: "Es lässt sich zeigen, dass der in einem sozialwissenschaftlichen Kontext verwendete Begriff der Anpassung entweder 1) leer, d.h. in seiner Bedeutung derart weit und unscharf ist, dass er mehr verwirrend wirkt, als dass er Erklärungskraft entfalten könnte, oder 2) Teil eines spezifischen und logisch unzureichenden funktionalistischen Erklärungsanspruches ist oder schließlich 3) mit Behauptungen über dynamische Tendenzen innerhalb menschlicher Gesellschaften verknüpft ist, die nachweislich falsch sind."[252] Insbesondere setzt sich evolutionäres Denken vier Gefahren aus[253]: 1) der unilinearen Verkürzung (= die Neigung, ganz bestimmte Evolutionsverläufe als schlechthin allgemeine auszugeben), 2) der homologen Verkürzung (= die Tendenz, eine Homologie zwischen den Stadien der sozialen Evolution und der Entwicklung der individuellen Persönlichkeit zu konstruieren), 3) der Illusion moralischer Überlegenheit (= die Neigung, überlegene Macht, sei sie nun ökonomisch, politisch oder militärisch begründet, mit eben moralischer Überlegenheit auf einer evolutionären Rangskala gleichzusetzen[254]), 4) der Zeitkonfusion (= die Tendenz anzunehmen, die Geschichte lasse sich nur in Begriffen des sozialen Wandels schreiben und das Dahinschwinden der Zeit sei identisch mit Wandel, d. h. es wird Geschichte und Historizität durcheinandergebracht[255]). Giddens setzt dagegen: "Die menschliche Geschichte hat keine evolutionäre Gestalt, und wenn man sie in eine solche hineinzupressen versucht, tut man ihr ausgesprochenes Unrecht an."[256] Der Grund dafür liegt vor allem darin, dass die Menschen ihre Geschichte in Kenntnis eben dieser Geschichte machen, d. h. "als reflexive Wesen eignen sie sich die Zeit mehr denkend an, als dass sie einfach in ihr lebten."[257] Deshalb kann die Geschichte der sozialen Beziehungen einschließlich der Geschichte des Rechts nicht mit Hilfe einer rein evolutionären und systemtheoretischen Begrifflichkeit verstanden werden; es kann also nicht eine ‚Selbstentwicklung' von Strukturen an-

[251] Giddens, A., Die Konstitution der Gesellschaft, S. 288.
[252] Giddens, A., Die Konstitution der Gesellschaft, S. 288 f.
[253] Giddens, A., Die Konstitution der Gesellschaft, S. 295.
[254] Giddens, A., Die Konstitution der Gesellschaft, S. 298.
[255] Giddens, A., Die Konstitution der Gesellschaft, S. 298.
[256] Giddens, A., Die Konstitution der Gesellschaft, S. 292.
[257] Giddens, A., Die Konstitution der Gesellschaft, S. 292.

genommen werden, die nur anhand der Gesetze der Aufrechterhaltung von Komplexitätsdifferenzen zwischen System und Umwelt funktionieren.

Giddens kritisiert jedoch nicht nur den evolutionären Ansatz, sondern sieht jede Suche nach einer allgemeinen Theorie des sozialen Wandels als vergebens an. Eine solche Suche leidet "an derselben Art logischer Unzulänglichkeit, wie die in einem allgemeineren Kontext angesiedelte Annahme, die Sozialwissenschaften könnten universale Gesetze menschlichen Verhaltens aufdecken."[258] Giddens zufolge gibt es in den Sozialwissenschaften keine allgemeingültigen Gesetze und es wird nie welche geben - nicht in erster Linie deshalb, weil die Methoden der empirischen Überprüfung und Validierung irgendwie unzulänglich wären, sondern weil "die in Verallgemeinerungen über menschliches Sozialverhalten steckenden kausalen Bedingungen in bezug eben auf das Wissen (oder die Überzeugungen), das die Akteure über die Umstände ihres eigenen Handelns besitzen, einen instabilen Charakter aufweisen."[259]

Dies geht letztlich wiederum darauf zurück, dass soziale Entwicklungen nicht durch eine ‚Superstruktur' mit dem Namen System generiert werden, sondern in einer Dualität, die ebenso die Lebenswelt der Akteure einbeziehen muss, die die Struktur durch Strukturierung realisieren, die sonst nirgends vorhanden ist. In dem jetzt diskutierten Zusammenhang nimmt dies die Bedeutung an, dass die Theorien und Befunde der Sozialwissenschaften sich nicht völlig von dem Bedeutungs- und Handlungsuniversum, von dem sie handeln, getrennt halten lassen. Sie beschreiben also nicht nur einen von dieser Beschreibung unabhängigen Gegenstand, sondern dieser ‚Gegenstand' ist in dieser Beschreibung im Grunde schon enthalten; anders gesagt: die Akteure haben ihre eigene Theorie, die dadurch zu einer Wirklichkeit wird, dass sie nach ihr handeln. Zwischen dieser Theorie und der Theorie der Sozialwissenschaften kann es keine scharfe Trennlinie geben. In diesem Sinne ist das Phänomen der self-fulfilling prophecy nur der Spezialfall eines Phänomens, das die Sozialwissenschaften allgemein kennzeichnet: "Es handelt sich dabei um das gegenseitige interpretative Zusammenspiel zwischen der Sozialwissenschaft und denen, deren Handlungen ihren Gegenstand bilden - eine doppelte Hermeneutik. Auch die handelnden Laien ihrerseits sind Sozialtheoretiker, deren Theorien jene Handlungen und Institutionen zu konstituieren helfen, die

[258] Giddens, A., Die Konstitution der Gesellschaft, S. 42.
[259] Giddens, A., Die Konstitution der Gesellschaft, S. 46.

den Gegenstand der Untersuchungen von spezialisierten Beobachtern bzw. Sozialwissenschaftlern bilden. Es lässt sich also keine klare Trennungslinie zwischen den von handelnden Laien angestellten informierten soziologischen Reflexionen und ähnlichen Bemühungen von seiten der Spezialisten ziehen[260].

Der zentrale Punkt ist hier also, "dass die Reflexion über soziale Prozesse (Theorien und Prozeßbeobachtungen) in das Universum der Ereignisse, die sie beschreibt, fortwährend eintritt, sich wieder löst und erneut eintritt."[261] Deshalb sind die besten und interessantesten Ideen in den Sozialwissenschaften "a) an der Begünstigung des Meinungsklimas und der sozialen Prozesse, die sie hervorgebracht haben, beteiligt, b) in höherem oder geringerem Ausmaß mit Gebrauchstheorien verquickt, die diese Prozesse zu konstituieren helfen, und c) somit kaum klar von den Reflexionen zu unterscheiden, die handelnde Laien zur Geltung bringen, wenn sie Gebrauchstheorien diskursiv artikulieren oder verbessern."[262] In diesem Sinne wird deshalb in der Theorie der Strukturierung ein hermeneutischer Ausgangspunkt eingenommen, "als anerkannt wird, dass die Beschreibung menschlicher Handlungen eine Vertrautheit mit den in solchen Handlungen ausgedrückten Lebensformen verlangt."[263].

Giddens' Zweifel an der Möglichkeit einer allgemeinen Theorie des sozialen Wandels ist darüber hinaus dadurch begründet, dass die Verständnisweisen und das Wissen, das Menschen über ihre eigene Geschichte besitzen, partiell dafür konstitutiv ist, was diese Geschichte ist und auch für die Einflüsse, die auf ihre Veränderung hinwirken[264]. Daraus folgt auch, dass der reflexive Charakter des sozialen Lebens von Menschen die Erklärung des sozialen Wandels mittels eines Satzes einiger einfacher und allgemeingültiger kausaler Mechanismen nicht erlaubt: "Zu wissen, was in der Geschichte geschieht, wird nicht nur zum integralen Bestandteil dessen, was Geschichte ist, sondern auch zu einem Mittel, diese Geschichte zu verändern."[265]

In diesem Zusammenhang ist insbesondere von Bedeutung, dass Strukturen von Giddens nicht so aufgefaßt werden, dass sie ohne innere Geschichte oder Evolution wirksam wären. Strukturen sind zwar in gewissem Sinne außerhalb von Zeit und Raum,

---

[260] Giddens, A., Die Konstitution der Gesellschaft, S. 47.
[261] Giddens, A., Die Konstitution der Gesellschaft, S. 47.
[262] Giddens, A., Die Konstitution der Gesellschaft, S. 48.
[263] Giddens, A., Die Konstitution der Gesellschaft, S. 53.
[264] Giddens, A., Die Konstitution der Gesellschaft, S. 42.
[265] Giddens, A., Die Konstitution der Gesellschaft, S. 293.

dies soll jedoch nur sagen, dass sie sich analytisch von dem situativen Handeln konkreter Subjekte unterscheiden lassen. Der Begriff der Reproduktion von Strukturen lässt sich deshalb auch auf die Untersuchung von sozialem Wandel beziehen: "Jede Handlung, die zur Reproduktion einer Struktur beiträgt, ist auch eine Handlung der Produktion, ein jeweils neues Unternehmen, und kann so einen Wandel initiieren, indem sie diese Struktur gleichzeitig mit ihrer Reproduktion verändert."[266]

Zu Beginn der Überlegungen, die an Giddens´ Sozialtheorie anschließen, wurde darauf hingewiesen, dass in diesen Gedankengängen ein im Prinzip kritisches Gedankenpotential gegenüber der systemtheoretischen Rechtsphilosophie von Luhmann angelegt ist. Dies hat sich nun anhand der Ausführungen zu Giddens Theorie so weit kristallisiert, dass eine bestimmte Linie der kritischen Betrachtungen deutlich wird. Im Unterschied zu Luhmanns systemtheoretischen Ableitungen der Funktion des Rechts und dessen Schranken, die schließlich zu einer Einschränkung der Funktionalität des Rechts unter Bedingungen hoher Komplexität führen, wodurch wiederum die Institution der Mediation begründet werden kann, gibt es nach Giddens keinen Quasi-Akteur namens System, der zu seiner Grenzbestimmung durch Erhaltung eines Komplexitätsgefälles einer Funktion bedarf, die als Recht bezeichnet werden kann. Es gibt demnach aber auch nicht die Ableitung einer systemtheoretisch begründeten Funktion für eine flexiblere Form der Konfliktregulierung, wie es die Institution der Mediation darstellt.

Dennoch geht auch Giddens von einer systemtheoretischen Betrachtung aus, die er auch im Laufe seiner Überlegungen nicht aufgibt. Er befreit sie allerdings von den Einseitigkeiten, die vor allem durch die Quasi-Subjektivität des Systembegriffs bei Luhmann entstehen. Hier ist es nicht mehr das Komplexitätsgefälle, das aus sich heraus Strukturen generiert, die zur Erhaltung von Systemen dienen, die selbst wiederum nur die Aufgabe der Komplexitätsreduktion haben, so dass sie sich ausschließlich auf sich selbst beziehen und alle Funktionen, denen sie nach traditioneller Auffassung dienen oder dienen sollen, wiederum selbst als Funktionen der Systemerhaltung selbst verstanden werden müssen. Giddens nimmt vielmehr die Einseitigkeit zurück, die in der Einsetzung der Struktur als Grundlage für die Funktionalität des Rechts und seiner Institutionen besteht.

---

[266] Giddens, A., Interpretative Soziologie, S. 156.

Die theoretische Grundlage nimmt nunmehr die Aktivität freier Akteure in die Theorie auf, in der sich die Strukturen erst durch Strukturen realisieren, dies aber nicht so, dass sie vorgegebene Strukturen erst in die ‚Wirklichkeit' umsetzen, sondern so, dass eine Struktur überhaupt nicht ohne den Prozeß der Strukturierung im Handeln von Akteuren zu verstehen ist. Dies nimmt vor allem die Hypostasierung von Strukturen als autonom handelnde Akteure zurück und berücksichtigt, dass Strukturen wie das Recht sich stets im Handeln von Menschen bilden, die im Gegensatz zu dem Denken Luhmanns nicht restlos in dem Gedanken von systemischen Randbedingungen von Systemen aufgehen können. Andererseits geht Giddens aber nicht so weit, das Recht und andere soziale Institutionen als geschaffen von unabhängig von diesen Strukturen bestehenden Akteuren auffassen zu wollen. Dies nimmt den Gedanken auf, dass das Recht nicht autonom von Entitäten geschaffen wird, die dadurch unverändert bleiben und nur das in die äußere Wirklichkeit bringen, was innerlich schon in ihnen angelegt ist. Das Recht wie andere soziale Strukturen ist vielmehr ebenso Produktion wie Produkt, weil es im Akt seines Entstehens diejenigen Akteure neu erschafft, die es selbst erschaffen, weshalb sie nicht nur als ‚Subjekte' dieses Prozesses aufgefaßt werden können, sondern in der Dualität von Struktur und Strukturierung ebenso selbst als ‚Objekte' der so entstandenen Struktur verstanden werden müssen.

Giddens bringt damit einen Ansatzpunkt zur Geltung, wie im Folgenden dargestellt, bereits bei anderen Autoren in diesem Zusammenhang weiter entwickelt wurde. Der Gedanke der Freiheit der Akteure bei der Erzeugung von Sozialstrukturen ebenso wie bei der Erzeugung des Rechts wurde insbesondere bei Kant in den Mittelpunkt der Überlegungen gerückt. Als konstrastiver Hintergrund für die Luhmannsche Rechtsphilosophie soll deshalb zunächst auf die Kantische Rechtsphilosophie eingegangen werden. Hier wird deutlich werden, dass im Unterschied zu Giddens' Dualität hier eine andere ‚Einseitigkeit' in den Mittelpunkt der Überlegungen rückt. Es wird aber zu fragen sein, ob die Kantische Einseitigkeit nur einen Ausgangspunkt der Luhmannschen Einseitigkeit zur anderen Seite hin – vom autonomen Akteur zur Struktur – darstellt, oder ob in ihr andere gedankliche Elemente liegen, die für eine konsistente Rechtstheorie im Zusammenhang der Untersuchung der Institution der Mediation innerhalb des Rechts von Bedeutung sein können.

2. Recht als Freiheit

2.1 Das vernünftige und das positive Recht

Die Kantische Rechtsphilosophie kann als kontrastiver Hintergrund der Luhmannschen Rechtstheorie und damit zur Verdeutlichung der speziellen Position von Luhmann und einer systemtheoretischen Rechtstheorie allgemein insbesondere deshalb dienen, weil nach Kant das Recht keine Funktion besitzt. Dies ist sicherlich eine pointierte Formulierung und auch bei Kant lassen sich Stellen finden, in denen er dem Recht eine Funktion für die Ordnung der Gesellschaft und für die möglichst friedliche Beilegung von Konflikten beimißt, wie sie im Zusammenleben von Menschen in der Regel auftreten. Aber diese Funktionalität des Rechts reicht bei Kant nicht in das Zentrum der Bestimmung dessen, was Recht heißen kann und was nach Kant für den Menschen eine wesensnotwendige Einrichtung darstellt, nicht weil es eine wichtige Funktion für das Funktionieren von Gesellschaft erfüllt, sondern vor allem, weil es im Wesen des Menschen liegt, dass er seine Freiheit, die eben zu seinem Wesen gehört, erst gar nicht in der Wirklichkeit wiederfinden kann, wenn er nicht danach strebt, in einem Rechtszustand zu leben. Der Mensch soll dieser Bestimmung nach also nicht deshalb möglichst in einem Zustand leben, in dem das Recht die konfliktträchtigen Beziehungen zwischen Menschen regelt, weil damit eine Funktion für die Erhaltung von Gesellschaft erfüllt wird, sondern deshalb, weil er nur darin sein Wesen und seine Freiheit verwirklichen kann.

Bei Kant werden in einem weiteren Sinne alle 'Gesetze der Freiheit' moralisch genannt, um sie von Naturgesetzen zu unterscheiden, die keine Freiheit enthalten, sondern dem Zusammenhang der Notwendigkeit folgen. Diese Gesetze, zu denen Kant zunächst die moralischen Gesetze zählt, weisen aber doch eine interne Differenz auf, aufgrund derer die Unterscheidung zwischen einer Moral- und einer Rechtsphilosophie möglich wird. Sofern solche Gesetze fordern, dass sie selbst die Bestimmungsgründe der Handlungen sein sollen, heißen sie bei Kant ethisch und konstituieren das Gebiet der Moralität; wenn sie jedoch nur äußere Handlungen betreffen und von deren 'Triebfedern' absehen, so bezeichnet Kant sie als juridische Gesetze, die den Bereich der Legalität konstituieren.[267] Von Legalität wird also dann gesprochen, wenn eine Handlung mit dem Gesetz übereinstimmt, ohne dass dabei beachtet wird, was die Motivation zu ihrer Ausführung war. Aber grundsätzlich gehören alle Pflichten als solche in die Ethik;[268] deshalb kann Kant das Verhältnis von Moralität und Legalität folgendermaßen bezeichnen: alle juridischen Pflichten sind auch ethische, aber nicht alle ethischen Pflichten sind juridische[269]. Es gibt also „zwar viele direkt-ethische Pflichten, aber die innere Gesetzgebung macht auch die übrigen alle und insgesamt zu indirekt-ethischen"[270].

Wenn nun juridische Pflichten 'Gesetze der Freiheit' darstellen, so muss auch die zunächst merkwürdige Auszeichnung rein äußerlicher Handlungsregelungen als ethisch geboten sich als Explikation der Freiheit des Willens legitimieren, aus der allein eine gute und sittlich geforderte Handlungsbestimmung abgeleitet werden kann. Die Einteilung der Sittenlehre in Recht und Tugend beruht demnach darauf, dass der Begriff der Freiheit „die Eintheilung in die Pflichten der äußeren und inneren Freiheit notwendig macht"[271]. Wir könnten dies so zu verstehen suchen: in der Ethik wird der kategorische Imperativ „als das Gesetz deines eigenen Willens gedacht", folglich „nicht des Willens überhaupt, der auch der Wille Anderer sein könnte: wo es alsdann eine Rechtspflicht abgeben würde"[272]. Die Rechtspflicht begründet sich demzufolge aus der internen Entwicklungsstruktur des moralischen Imperativs, die zwar den 'Willen überhaupt' in Anspruch nimmt, aber das kategorische Gesetz wegen seines Selbstbestimmungscharakters doch nur auf 'deinen Willen' beziehen kann. Deshalb ist der Wille der anderen für das moralisch handelnde Subjekt zunächst ohne Bedeutung. Da die moralische Verpflichtung jedoch aus dem 'Willen überhaupt' abgeleitet wurde, so ergibt sich daraus die Notwendigkeit, in die Bestimmung des eigenen Willens auch den Bezug auf die fremden Willen aufzunehmen. Folglich betrifft der moralische Begriff des Rechts „nur das äußere und zwar praktische Verhältnis einer Person gegen eine andere, sofern ihre Handlungen als Facta aufeinander (unmittelbar oder mittelbar) Einfluß haben können". Das Recht ist deshalb in seinem philosophischen Verständnis „der Inbegriff der Bedingun-

---

[267] Kant, Metaphysik der Sitten (Akademie-Ausgabe Bd. VI), S. 214.
[268] Kant, Metaphysik der Sitten, S. 219.
[269] Kant, Metaphysik der Sitten, S. 214.
[270] Kant, Metaphysik der Sitten, S. 212.
[271] Kant, Metaphysik der Sitten, S. 406.
[272] Kant, Metaphysik der Sitten, S. 389. Zur Ableitbarkeit des Rechtsprinzips aus dem kategorischen Imperativ vgl. Dreier, R., „Zur Einheit der praktischen Philosophie Kants", in: Perspektiven der Philosophie 5 (1979), S. 5-37.

gen, unter denen die Willkür des einen mit der Willkür des ändern nach einem allgemeinen Gesetze der Freiheit zusammen vereinigt werden kann"[273].

Diese Vereinigung von Freiheiten aber dient nicht der Erhaltung von Gesellschaften durch die Konstituierung einer Komplexitätsdifferenz, sondern zur Erhaltung der Freiheit als dem Wesen genuin menschlichen Lebens überhaupt. Die Kantische Rechtsphilosophie zeichnet sich also grundsätzlich durch die skizzierte Begründung des Rechtsbegriffs in der moralischen Freiheit intelligibler Wesen aus. Ihre Ausarbeitung in 'Metaphysischen Anfangsgründen der Rechtslehre' weist jedoch eine zunächst problematisch erscheinende Struktur auf, die sich letztlich nur aus jener Argumentationsform verstehen lässt, mit deren Hilfe sich der philosophische Rechtsbegriff innerhalb der Kantischen praktischen Philosophie legitimiert. Diese Struktur dokumentiert sich zunächst in einer Ambivalenz des Anspruchs, der mit den konkreten Bestimmungen der philosophischen Rechtslehre erhoben wird. Sie manifestiert sich zweitens in dem von modernen Vorstellungen abweichenden Verhältnis von privatem und öffentlichem Recht. Bei allen äußerlichen Ähnlichkeiten zu modernen Einteilungen ist die Kantische Differenzierung doch nur vor dem Hintergrund der philosophischen Rechtsbegründung zu begreifen. Es gilt also zunächst, die Ambivalenz des Anspruchs einer Rechtslehre im Zusammenhang der Kantischen Rechtsphilosophie zu verdeutlichen. Durch die Untersuchung dieser Unterscheidung wird der Kantische Rechtsbegriff nähere Aufklärung erhalten.

Wenn Kant die Rechtslehre als Teil der Sittenlehre mit dem Anspruch ausarbeitet, zumindest in Anfangsgründen „ein aus der Vernunft hervorgehendes System"[274] darstellen zu können, so erreicht hier jede systemtheoretische Rechtstheorie die extreme Gegenposition. Die Aufgabe einer Rechtsphilosophie ist es nach Kant, 'natürliche Gesetze' mit vernünftiger Begründung zu entwickeln, deren Verbindlichkeit auch ohne äußere Gesetzgebung durch die Vernunft erkannt werden kann. Eine mit philosophischem Anspruch auftretende Rechtstheorie wie die von Luhmann kann dagegen die Frage nach der Rechtlichkeit des Rechts und nach der Richtigkeit von Gesetzen nicht mehr stellen. Vor dem Hintergrund einer system-funktionalistischen Ausweisung des Rechts ist zwar nicht jedes Recht ‚gutes Recht', aber was als ‚gutes Recht' zu

[273] Kant, Metaphysik der Sitten, S. 230.
[274] Kant, Metaphysik der Sitten, S. 205.

bezeichnen ist, dies bestimmt sich nicht aus der praktischen Vernunft, sondern aus der Funktionalität für die Systemerhaltung durch Erhaltung von Komplexitätsgefällen zwischen Binnen- und Außenwelt. Kant hätte dagegen vermutlich vorgebracht, damit werde nicht von Recht gesprochen, sondern von einer rein hypothetischen Imperativen gehorchenden Technik, die einer technischen und rein an Zweck-Mittel-Zusammenhängen orientierten Rationalität gehorcht.

Aber Kant kennt nicht nur diesen Begriff einer philosophischen Rechtslehre, sondern zu einer solchen Lehre vom Recht gehört auch die Begründung der positiven Gesetze, also solcher Gesetze, die nicht aus reiner Vernunft begründbar sind. Den im vernünftigen Sinne ‚natürlichen' Gesetzen stehen also auch bei Kant die positiven Gesetze gegenüber, bei denen der Urheber der Verbindlichkeit zugleich der Urheber des Gesetzes ist[275] und die deshalb ohne wirkliche äußere Gesetzgebung nicht verpflichten, m.a.W.: ein Gesetzgeber in einem wirklichen Staat setzt die Gesetze und setzt sie durch die Androhung von Zwang durch. Auch ein solches Verhältnis gehört nach Kant in den philosophischen Begriff des Rechts, d.h. er gehört in diejenige Wirklichkeit der Freiheit in der Welt, in der allein das Wesen des menschlichen Daseins sich in der Freiheit realisieren kann. Das Verhältnis dieser beiden Formen rechtlicher Gesetze bestimmt sich in der Kantischen Rechtsphilosophie nun zunächst durch die Fähigkeit des 'Rechtskundigen in der natürlichen Rechtslehre', zu aller positiven Gesetzgebung die „unwandelbaren Principien" angeben zu können. Zwar wird das, 'was Rechtens sei', durch solche Gesetze bestimmt, die an einem gewissen Ort und zu einer gewissen Zeit gelten und notfalls durch Zwang durchsetzbar sind, „aber ob das, was sie wollten, auch recht sei", darüber muss in einer natürlichen Rechtslehre entschieden werden, die „das allgemeine Kriterium, woran man überhaupt Recht sowohl als Unrecht (iustum et iniustum) erkennen könne "[276].

Der philosophische Rechtsgelehrte ist auf dieser Ebene der Rechtsphilosophie demnach dadurch ausgezeichnet, dass er „die Quellen jener Urtheile in der bloßen Vernunft sucht (...), um zu einer möglichen positiven Gesetzgebung die Grundlage zu errichten"[277]. Die Rechtssätze, die in einer solchen philosophischen Rechtslehre ausgearbeitet werden,

[275] Kant, Metaphysik der Sitten, S. 275.
[276] Kant, Metaphysik der Sitten, S. 229.
[277] Kant, Metaphysik der Sitten, S. 230.

sind also Sätze a priori und Vernunftgesetze[278]. Damit beanspruchen die philosophisch begründeten Vorschriften des natürlichen Rechts den Status einer kritischen Instanz, an der alle positive Gesetzgebung ihr Maß zu nehmen hat: „Das Naturrecht im Zustande einer bürgerlichen Verfassung (d.i. dasjenige, was für die letztere aus Principien a priori abgeleitet werden kann), kann durch die statutarischen Gesetze der letzteren nicht Abbruch leiden"[279]. Dieser Vernunftbegründung der natürlichen Rechtssätze als Kriterien für die positive Gesetzgebung scheint es nun prima facie zu widersprechen, dass ein kategorischer Imperativ fordert: „Gehorchet der Obrigkeit (in allem, was! nicht dem inneren Moralischen widerstreitet), die Gewalt über euch hat"[280]. Die Forderungen des moralischen Gesetzes sind dem geltenden Recht unter allen Umständen vorzuziehen, aber sie können nicht gegenüber dem Recht geltend gemacht werden. Die einzige Möglichkeit, die nach Kants Konzeption bleibt, um auch in einem solchen Fall ein moralisches *und* rechtliches Wesen zu bleiben, ist der moralisch geforderte Verstoß gegen die Gesetze und die Wiederherstellung der Rechtsordnung durch Duldung der Sanktion. Obwohl alle Gesetze sich am natürlichen Recht messen lassen müssen, ist es doch Pflicht, auch solchen Gesetzen zu gehorchen, die diesen Anforderungen nicht genügen.

Trotz des besseren Rechtes der praktischen Vernunft darf dieses vernünftig begründete Recht doch nicht durch die *Tat* den geltenden Gesetzen entgegengesetzt werden. Kants zentraler Gedanke lautet hier so: Sobald überhaupt eine rechtliche Verfassung besteht, sie mag so fehlerhaft, und d.h. dem natürlichen vernünftigen Recht widerstreitend sein, wie sie wolle, so ist es dennoch eine Vernunftforderung, ihr zu gehorchen. Kants Begründung lautet so: „Wenn das Volk dieser, obgleich noch fehlerhaften Verfassung und der obersten Autorität Gewalt entgegen setzen zu dürfen sich berechtigt hielte, es sich dünken würde, ein Recht zu haben: Gewalt an die Stelle der alle Rechte zuoberst vorschreibenden Gesetzgebung zu setzen; welches einen sich selbst zerstörenden obersten Willen abgeben würde"[281]. Daraus wird schon deutlich, dass das Recht im Zusammenhang der Kantischen Rechtsphilosophie nicht nur die Bedeutung eines vernünftigen Rechts als Maßstab für die Richtigkeit der tatsächlichen Gesetzgebung haben kann, sondern dass auch das positive Recht, so unvernünftig es auch sein mag, eine eigene

[278] Kant, Metaphysik der Sitten, S. 249.
[279] Kant, Metaphysik der Sitten, S. 256.
[280] Kant, Metaphysik der Sitten, S. 371.
[281] Kant, Metaphysik der Sitten, S. 372.

philosophische Dignität jenseits einer systemtheoretischen bzw. funktionalistischen Begründung erfährt.

Der philosophische Begriff des Rechts umfaßt im Kantischen Denkzusammenhang also nicht nur die Ausarbeitung vernünftiger Anfangsgründe des Rechts, sondern ebenso die Legitimation der positiven Gesetze, auch wenn sie jenen widerstreiten. Offenbar kommt nach Kants Auffassung dem rechtlichen Zustand schon als solchem eine vernunftgegründete Bedeutung zu, die auch durch das ebenso vernünftig legitimierte natürliche Recht nicht aufgehoben werden kann. Daraus ergibt sich für den Fall des Konflikts zwischen natürlichem und positivem Recht offenbar nur ein Ausweg: die geltende Rechtsordnung muss reformiert werden, ohne dass der Rechtszustand selbst unterbrochen wird. Deshalb ist die Reformfähigkeit der Rechtsverfassung eine Forderung, die dem natürlichen Recht angehört.

2.2 Vom ‚privaten' zum ‚öffentlichen' Recht

Dieses die Kantische Rechtsphilosophie kennzeichnende und sie radikal von einem Rechtsbegriff auf systemtheoretischer Grundlage abhebende Verhältnis von vernünftig begründbarem und einfach geltendem Recht kann nun näher erläutert werden, wenn die Relation von ‚privatem' und ‚öffentlichem' Recht näher skizziert, wie sich gemäß der Kantischen Terminologie ergibt, die sich von der modernen Unterscheidung dieser Begriffe sehr deutlich differiert. Der Vernunftursprung des gesamten Naturrechts ergibt sich für Kant aus dem moralische Grundgesetz selbst. Die zur Begründung des Rechts herangezogene Formulierung lautet deshalb letztlich so, wie es in einer der Formulierungen des kategorischen Imperativs als des Grundgesetzes der Moral ausgedrückt wurde: „Handle so, dass du die Menschheit sowohl in deiner Person, als in der Person eines jeden andern jederzeit zugleich als Zweck, niemals bloß als Mittel brauchest."[282] Der Ausdruck 'Menschheit' bedeutet hier die Selbstzweckhaftigkeit des freien Wesens, das sich dadurch als frei erweist, dass es seinen Willen in der Form der Gesetzmäßigkeit selbst bestimmt. Wenn es Kant also gelingt, das Naturrecht an diese Formulierung des kategorischen Imperativs als des moralischen

---

[282] Kant, Grundlegung zur metaphysik der Sitten (Akademie-Ausgabe IV), S. 429.

Grundgesetzes anzuschließen, dann kann das philosophisch zu entwickelnde apriorische Recht seine Legitimation aus dem Ursprung praktischer Verbindlichkeit beziehen.

Darüber hinaus aber ist aus diesem Zusammenhang abzuleiten, dass nicht nur das durch den Philosophen vernünftig zu begründende Recht seine Rechtfertigung findet, sondern auch das tatsächlich in einer Gesellschaft geltende Recht, ohne dass darin eine funktionalistisch oder systemisch zu nennende Begründungsform herangezogen werden müßte. Der Geltungsanspruch des positiven Rechts könnte in diesem Falle beanspruchen, in der Voraussetzung jedes Rechts seine Grundlage zu haben. Wenn der fundamentale Unterschied des Rechts von anderen äußeren Verhaltensregelungen die Fähigkeit der Rechtsadressaten darstellt, eine *Tat* begehen zu können, so sind die Möglichkeitsbedingungen dieser Fähigkeit auch die Voraussetzungen des positiven Rechts. Eine Tat nennt Kant eine Handlung, „sofern sie unter Gesetzen der Verbindlichkeit steht, folglich auch sofern das Subject in derselben nach der Freiheit seiner Willkür betrachtet wird"[283]. Nur in diesem Falle kann das Subjekt für seine Akte verantwortlich gemacht werden, d.h. sie können ihm zugerechnet werden. Einen Menschen, dessen Handlungen einer Zurechnung fähig sind, bezeichnet Kant als Person.

In der Kantischen Moralphilosophie zentrierte die Argumentation gerade in der Untersuchung dessen, was es für eine Person heißen kann, ihre Handlungen frei zu bestimmen, d.h. sich in ihrer Freiheit zu zeigen. Die Person ist das als Zweck an sich selbst existierende Wesen, das Grundlage der Selbstzweckformel des kategorischen Imperativs und damit des moralischen Gesetzes als eines solchen ist[284]. Wenn die Person nur als Selbstzweck gedacht werden kann, als solcher aber ihren Willen ohne externe Determinanten nur durch die reine Form der Gesetzmäßigkeit bestimmen können muss und damit eo ipso ein moralisches Subjekt ist, so ist Voraussetzung und Grundlage aller Normierung, die den Namen des Rechts tragen kann, jene Moralität des Subjekts, die der kategorische Imperativ ausdrückt.[285] In seiner Selbstzweckformel wird das praktische Gesetz deshalb zum argumentativen Ausgangspunkt der Entwicklung des Naturrechts.

---

[283] Kant, Metaphysik der Sitten, S. 223.
[284] Kant, Grundlegung zur Metaphysik der Sitten, S. 428.
[285] Vgl. dazu Reflexion 7264: „Denn ein anderer kann kein Recht auf mich haben, als sofern ich Person bin; also gründet sich die Möglichkeit des ersten auf die Persönlichkeit." (*AA* Bd. 19).

Damit ist ein wichtiger Punkt in der Entwicklung des Kantischen Begriffes des Rechts erreicht, und dieser Punkt geht über die Forderung hinaus, in der Rechtsphilosophie möge ein vernünftiges Recht begründet werden bzw. es mögen wenigstens die Prinzipien zur Bestimmung eines solchen Rechts entwickelt werden. Ein rechtlicher Mensch und damit eine Person in der äußeren Freiheit, die das Recht konstituiert, kann auch in einer Welt vorkommen, in der Gesellschaften durch positive Gesetze und nicht nur durch rein vernünftig begründbare Gesetze strukturiert werden. Ein rechtlicher Mensch zu sein, heißt „im Verhältnis zu anderen seinen Wert als den eines Menschen zu behaupten", was gleichbedeutend ist mit der Pflicht, „Mache dich anderen nicht zum bloßen Mittel, sondern sei für sie zugleich Zweck."[286] Da das Recht die Transformation der Freiheitsgesetzlichkeit in das Verhältnis der 'freien Willen' zueinander darstellt, impliziert die Rechtspflicht ‚Tue niemandem Unrecht' eine solche Regelung des äußeren Verhaltens, die andere als Selbstzweck und Personen und damit als freie Willen zu betrachten gestattet. Eine solche Beziehung war zwar bereits durch die Selbstzweckformel des praktischen Gesetzes moralisch geboten, aber sie war noch nicht als eine Beziehung in der empirischen Welt des Rechts entwickelt, in der empirische Menschen durch ihre wirklichen Handlungen aufeinander einwirken.

In der Kantischen Rechtsphilosophie wird also der Gedanke zentral, dass das Recht das ‚Prinzip anderer Menschen' in ihrer personalen Struktur garantiert. Der „Widerstreit gegen das Princip anderer Menschen", der sich aus dem Verstoß gegen das moralische Gebot der Selbstzweckformel ergibt, sollte in diesem Sinne besonders deutlich in die Augen fallen, „wenn man Beispiele von Angriffen auf Freiheit und Eigenthum anderer herbeizieht. Denn da leuchtet klar ein, dass der Übertreter der Rechte der Menschen, sich der Person anderer bloß als Mittel zu bedienen, gesonnen sei, ohne in Betracht zu ziehen, dass sie als vernünftige Wesen jederzeit zugleich als Zwecke, d.i. nur als solche, die von eben derselben Handlung auch in sich den Zweck müssen enthalten können, geschätzt werden sollen."[287] Was durch das Recht geschützt werden soll, ist also nicht das Funktionieren von Gesellschaft in der möglichst reibungslosen Regelung von Konflikten, sondern es ist der Status der Person als eines Zweckes an sich selbst, der durch das Recht davor bewahrt werden soll, durch

---

[286] Kant, Metaphysik der Sitten, S. 236.
[287] Kant, Grundlegung zur Metaphysik der sitten, S. 430.

den Eigennutz anderer Menschen zu einer bloßen Funktion zu werden. Das Recht soll also letztlich den Menschen in seinem Recht als Person schützen.

Deshalb lautet die Forderung bezüglich der Institution des Rechts, die die Kantische Rechtsphilosophie unabhängig von der vernünftigen Begründung von Rechtssätzen ausarbeitet, grundsätzlich so, dass jeder verpflichtet ist, in eine solche Gesellschaft mit anderen zu treten, „in welcher Jedem das Seine erhalten werden kann"[288]. Wir können dieses Gebot als Grundlage der Kantischen Begründung jedes Naturrechts ansehen. Das Recht, welches unabhängig von rechtlichen Akten jedermann von Natur aus zukommt, wird als das innere bzw. „angeborne Mein und Dein" bezeichnet und ist identisch mit der Freiheit als „Unabhängigkeit von eines Anderen nöthigender Willkür"[289]. Die Einteilung der Rechtslehre und damit die Ausarbeitung des Naturrechts in Rechten kann jedoch nur auf das „äußere Mein und Dein" bezogen werden, da es in Ansehung des angeborenen, inneren Mein und Dein keine Rechte, sondern nur ein Recht gibt[290]. Wenn nun Rechte ausgearbeitet werden sollen, die jedermann von Natur aus zukommen, so muss das äußere Mein und Dein offenbar im inneren, d.h. im angeborenen Mein und Dein seine Grundlage finden. Da das letztere aber mit der Freiheit identisch ist, so stellt es im Grunde eine Explikation des obersten Rechtsprinzips dar, das Kant als einen analytischen Satz aus dem Begriff der Freiheit entwickeln zu können beansprucht[291].

Das äußere Mein und Dein wird also bei Kant nicht deshalb ein zentrales Thema des Naturrechts, weil mit Hilfe des Eigentumsrechts mögliche Konflikte zwischen Menschen in der Welt vermieden werden können, sondern weil es die Manifestation der moralisch-gegründeten Freiheit ist, soweit sie das Verhältnis zwischen freien Willen betrifft. Die Respektierung des Mein und Dein ist demzufolge die Weise, im äußerlichen Verhältnis sich selbst und die anderen als Subjekte eines reinen Willens und damit als selbstzweckhafte Personen zu behandeln. Nur deshalb regelt das Privatrecht als erster Teil der allgemeinen Rechtslehre das äußere Mein und Dein überhaupt. Daraus ergibt sich auch die Beschränkung des Kantischen Begriffes des Naturrechts. Es handelt über keine andere Themen als (1) 'Von der Art, etwas Äußeres als das Seine

[288] Kant, Metaphysik der Sitten, S. 237.
[289] Kant, Metaphysik der Sitten, S. 237.
[290] Kant, Metaphysik der Sitten, S. 238.
[291] Kant, Metaphysik der Sitten, S. 396.

zu haben', (2) 'Von der Art, etwas Äußeres zu erwerben', und (3) 'Von der subjektiv-bedingten Erwerbung vor einer Gerichtsbarkeit'.

Den Grundbegriff des 'rechtlich Meinen' erklärt Kant so: „Das rechtlich Meine (meum juris) ist dasjenige, womit ich so verbunden bin, dass der Gebrauch, den ein Anderer ohne meine Einwilligung von ihm machen möchte, mich lädieren würde."[292] Kant ist hier offenbar von einem Verständnis der äußeren Manifestation der Freiheit des mit der Fähigkeit des reinen Wollens ausgestatteten Menschen geleitet, das die Schädigung in der materiellen Welt auf jene Freiheit bezieht, die nur als moralische einen sinnvollen und legitimen Begriff darstellt. Eine solche 'Läsion' wäre deshalb ein „Abbruch an meiner Freiheit, die mit der Freiheit von Jedermann nach einem allgemeinen Gesetze zusammen bestehen kann"[293]. Kant denkt im übrigen hier keineswegs nur an materielle Gegenstände, sondern durchaus auch an immaterielle Besitzrechte, so dass die 'Art, etwas Äußeres zu erwerben bzw. als das Seine zu haben', betreffen kann „1. eine (körperliche) Sache außer mir; 2. die Willkür eines anderen zu einer bestimmten That (praestatio); 3. der Zustand eines Anderen in Verhältniß auf mich"[294]. Das Privatrecht handelt demnach vom Sachenrecht, vom persönlichen Recht, sowie von einem auf dingliche Art persönlichen Recht, worunter Kant das Eherecht ebenso wie das Eltern- und Hausherrenrecht zählt.[295]

Für den Geltungsstatus der naturrechtlichen Bestimmungen ist nun neben ihrer vernünftigen Begründung auch die theoretische Reflexion der Bedingungen ihrer Fähigkeit von Bedeutung, in der äußeren Welt die Verhältnisse frei wollender personaler Wesen in Übereinstimmung mit der Freiheit regeln zu können. Weil die apriorisch begründeten Rechtssätze nicht aus sich selbst Durchsetzungsmacht besitzen, deshalb bleibt ein durch sie bestimmtes Verhältnis zwischen Personen in einem Zustand, der selbst dem Naturrecht widerspricht. Folglich enthält die vernünftige Entwicklung des Rechts einen internen Mangel, der zu einem entscheidenden weiteren Schritt zwingt, durch den die Naturrechtssätze erst ihren genuinen Status erhalten. Dieser Fortgang führt vom ‚privaten'

---

[292] Kant, Metaphysik der Sitten, S. 245.
[293] Kant, Metaphysik der Sitten, S. 249.
[294] Kant, Metaphysik der Sitten, S. 247.
[295] Zur näheren Darstellung und Diskussion der Kantischen Eigentumslehre vgl. Kühl, K., Eigentumsordnung als Freiheitsordnung, Freiburg/München 1984; Deggau, H.-G., versucht unter Hinweis auf empirische Momente Aporien in der Argumentation nachzuweisen (Die Aporien der Rechtslehre Kants, Stuttgart 1983); vgl. auch Saage, R., Eigentum, Staat und Gesellschaft bei ImmanuelKant, Stuttgart 1973.

zum ‚öffentlichen' Recht und bestimmt die Kantische Charakterisierung dieser beiden Rechtsverhältnisse. Zunächst wurde ja ein Verhältnis zwischen Personen beschrieben, das zwar durch vernünftig begründete Rechtssätze geleitet werden soll, das aber in der Wirklichkeit der Welt doch ein Zustand ist, in dem ein jeder sich selbst das Gesetz gibt und jeder ebenso sein eigener Richter ist[296]. Diesen 'juridischen Naturzustand' setzt Kant nun gleich mit dem 'status belli': zwischen den Menschen herrscht nunmehr durch ihre prinzipielle Anerkennung der Vernünftigkeit des Rechts zwar ein 'status iuridicus', d.h. ein Verhältnis, „in und durch welches sie der Rechte (des Erwerbs oder der Erhaltung derselben) fähig sind", aber es ist ein Zustand, „in welchem ein jeder selbst Richter über das sein will, was ihm gegen andere recht sei, aber auch für dieses keine Sicherheit von ändern hat, oder ihnen giebt, als jedes seine eigene Gewalt; welches ein Kriegszustand ist, in dem jedermann wider jedermann beständig gerüstet sein muss."

Nach Kant ist ein solcher Zustand „eine continuirliche Läsion der Rechte aller andern, durch die Anmaßung in seiner eigenen Sache Richter zu sein"[297]. Es besteht also ein juridischer Zustand, in dem jeder nach seiner eigenen Vernunft sein Recht verfolgt und gerade deshalb im potentiellen ‚Kriegszustand' mit den anderen Menschen bleibt und deshalb die anderen nicht als Personen respektiert. Offenbar ist das Ziel der Entwicklung rechtlicher Bestimmungen aus dem Prinzip der Freiheit in den äußerlichen Verhältnissen bisher noch nicht erreicht. Die vernünftigen Rechtssätze bedürfen demnach zu ihrer eigenen Möglichkeit als genuin rechtlicher Bestimmungen einer Ergänzung. Das äußere Mein und Dein, von dem das Naturrecht handelt, kann es 'eigentlich' nur im 'bürgerlichen Zustand' geben, d.h. „unter einer allgemeinen äußeren (d.i. öffentlichen) mit Macht begleiteten Gesetzgebung"[298]. Die Notwendigkeit des bürgerlichen Zustandes einer positiven Gesetzgebung, die durch staatliche Institutionen durchsetzbar ist, ist deshalb im Grunde schon in dem Anspruch impliziert, den jeder schon im natürlichen Rechtszustand erhebt, wenn er eine materielle oder immaterielle Sache zu der seinen macht und jeden anderen für verbindlich erklärt, sich eines möglicherweise lädierenden Gebrauchs zu enthalten. In dieser 'Anmaßung' liegt zugleich das Bekenntnis, „jedem Anderen in Ansehung des äußeren Seinen wechselseitig zu einer gleichmäßi-

[296] Kant, Die Religion innerhalb der Grenzen der bloßen Vernunft, (Akademie-Ausgabe Bd. VI), S. 95.
[297] Kant, Die Religion innerhalb der Grenzen der bloßen Vernunft, S. 97 Anm.
[298] Kant, Metaphysik der Sitten, S. 256.

gen Enthaltung verbunden zu sein; denn die Verbindlichkeit geht hier aus einer allgemeinen Regel des äußeren rechtlichen Verhältnisses hervor."[299]

Diese wechselseitige Sicherstellung im Recht und damit in der Anerkennung des anderen als Person ist folglich bereits „im Begriffe einer äußeren rechtlichen Verpflichtung wegen der Allgemeinheit, mithin auch der Reciprocität der Verbindlichkeit aus einer allgemeinen Regel enthalten."[300] Der 'bürgerliche Zustand' stellt demzufolge ebenso eine Explikation des Rechtsprinzips dar wie die naturrechtlichen Bestimmungen selbst, die im Abschnitt über das 'Privatrecht' vom äußeren Mein und Dein überhaupt entwickelt wurden. Deshalb muss er sich letztlich aus der Freiheit im äußeren Verhältnis von freien und mit einem Willen ausgestatteten Wesen begründen lassen. Da der Status der über einen freien Willen verfügenden Person aber eo ipso der Status der Moralität ist, so ist nun auch der 'bürgerliche Zustand' mit seiner Sicherstellung der wechselseitigen Rechtlichkeit an die Grundlegung der Moral zurückgebunden.

Die fundamentale Forderung des Rechts ist bei Kant also darin zu sehen, dass die Rechtspflicht es nicht nur erfordert, sich grundsätzlich als ein rechtlicher Mensch zu verhalten und möglichst niemandem ein Unrecht zuzufügen, sondern dass das Prinzip des Rechts es geradezu gebietet, stets in eine solche Gesellschaft mit anderen treten zu sollen, „in welcher Jedem das Seine erhalten werden kann" bzw. „worin Jedermann das Seine gegen jeden Anderen gesichert sein kann"[301]. Der bürgerliche Zustand stellt demnach selbst eine Pflicht dar, die aus der Forderung resultiert, sich auch im Verhältnis zu anderen freien Personen nicht zum bloßen Mittel zu machen, sondern für sie zugleich Zweck zu sein. Wenn es aber nur im bürgerlichen Status ein äußeres Mein und Dein im 'eigentlichen' Sinne gibt und dieser Zustand notwendig ist, um sich im äußerlichen Verhältnis als Person und als moralisches Wesen behaupten zu können, so ist diese Pflicht gleichzeitig ein Recht gegenüber allen anderen. Aus dem natürlichen Gesetz des äußeren Mein und Dein folgt deshalb die Erlaubnis, jeden anderen zu zwingen, in eine bürgerliche Verfassung zu treten[302]. Vom bürgerlich-

[299] Kant, Metaphysik der Sitten, S. 255.
[300] Kant, Metaphysik der Sitten, S. 256.
[301] Kant, Metaphysik der Sitten, S. 237.
[302] Kant, Metaphysik der Sitten, S. 256.

rechtlichen Zustande gilt also, „dass alle Menschen, die mit einander (auch unwillkürlich) in Rechtsverhältnisse kommen können, in diesen Zustand treten sollen"[303].

2.3 Der bürgerliche Zustand und der Staat des Rechts

Das Prinzip des Eigentums gilt also bereits vor der bürgerlichen Verfassung des Staates und seines ‚öffentlichen' Rechtes, das durch Zwangsmaßnahmen durchgesetzt werden kann, aber zugleich mit diesem Prinzip muss es ein Recht geben, „jedermann, mit dem wir irgend auf eine Art in Verkehr kommen könnten, zu nöthigen, mit uns in eine Verfassung zusammen zu treten, worin jenes gesichert werden kann."[304] Die Naturrechtssätze sind demnach einerseits vernünftig und apriorisch aus dem Rechtsprinzip begründet; weil aber der bürgerliche Zustand mit ihnen zur Pflicht wird, deshalb erhalten sie andererseits den Status des 'Provisorischen'[305]. Alles Naturrecht bleibt in der Kantischen Rechtsphilosophie in diesem defizienten Zustand, weil das Streben nach dem bürgerlichen Zustand des durch den Staat gesicherten Rechts wesentlich zum Begriff des naturrechtlichen Mein und Dein gehört, wenn darin überhaupt von Recht die Rede sein soll und nicht nur von Ansprüchen, die jeder gegen den anderen aufgrund seiner eigenen Vorstellungen von dem, was vernünftig ist, erhebt. Nach dem fundamentalen Theorem der Kantischen Rechtsphilosophie ist der Begriff eines natürlichen und a priori aus Vernunft entwickelten Rechts nur zusammen mit dem eines bürgerlichen Zustandes unter allgemein verpflichtenden Gesetzen zu denken.

Obwohl es bereits vor der Gründung eines bürgerlichen Rechtszustandes Pflicht ist, nach den vernünftigen Gesetzen zu verfahren, so ist es doch ebenso Pflicht, den Zustand eines gesicherten Rechts anzustreben und sich in Bezug auf die naturrechtlichen Gesetze und ihrer Vernünftigkeit stets ihres rein provisorischen Charakters bewußt zu bleiben. Demnach kann den naturrechtlichen Bestimmungen nur ein 'einleitender' Status zum status civilis zugeschrieben werden; sie können also nicht alleine das

[303] Kant, Metaphysik der Sitten, S. 306.
[304] Kant, Metaphysik der Sitten, S. 256.
[305] Kant, Metaphysik der Sitten, S. 267.

Prinzip des Rechts zum Ausdruck bringen[306]. Kant drückt diesen Zusammenhang so aus: „nur in Conformität mit der Idee eines bürgerlichen Zustandes, d.i. in Hinsicht auf ihn und seine Bewirkung, aber vor der Wirklichkeit desselben (denn sonst wäre die Erwerbung abgeleitet), mithin nur provisorisch kann etwas Äußeres ursprünglich erworben werden."[307] Die provisorische Erwerbung impliziert also das Recht zu einem Zwange, durch den es möglich wird, in einen bürgerlichen Zustand zu treten, der die Erwerbung ‚peremtorisch' und d.h. erst eigentlich rechtsgültig macht. Durch die Charakterisierung als provisorisch im Gegensatz zum ‚peremtorischen' Zustand des gesicherten Rechts weist alles natürliche Recht auf den status civilis hin und wird angemessen nur aus dieser Perspektive verstanden.[308]

Daraus ergibt sich auch, dass Kant die Konzeption eines Naturrechts aus apriorisch begründender reiner Vernunft mit dem Gebot des Gehorsams auch gegen von der Vernunft abweichende ‚statutarische' Gesetze vereinigen kann. Der bürgerliche Rechtszustand tritt nicht akzidentell und ergänzend zu dem natürlichen Recht hinzu, sondern die vernünftigen Gesetze sind ihrem Sinne nach nur verständlich aus ihrer Hinordnung auf den status civilis. Auch wenn sich die positiven Gesetze von den apriorischen unterscheiden, so bleibt ihnen dennoch eine verpflichtende Kraft, weil auch das vernünftige Recht, das ihnen entgegengesetzt werden könnte, in sich auf einen Zustand bürgerlichen Rechts hingeordnet ist, selbst wenn es eine gänzlich andere Ausgestaltung verlangen sollte. Die Kantische Hochschätzung des bürgerlichen Zustandes kann jedoch ohne die rein vernünftige und apriorische Begründung eines Naturrechts bezüglich des äußeren Mein und Dein nicht legitimiert und verstanden werden. Nur weil das vernünftige natürliche Recht nach seinem inneren Leistungssinn und aufgrund seiner Legitimation im Prinzip des Rechts sich selbst als provisorisch ausweist, deshalb entwickelt es aus sich die Notwendigkeit, in einen status civilis überzutreten, an dem sekundär schließlich auch das mit der Vernunft nicht übereinstimmende positive statutarische Recht teilhaben kann.

Kants Begriff des öffentlichen Rechts stimmt also nicht mit der heute üblichen Ausdrucksweise überein. Sein Begriff erhält seine Bedeutung durch den Zustand der

---

[306] Kant, Metaphysik der Sitten, S. 267.
[307] Kant, Metaphysik der Sitten, S. 264.
[308] Vgl. dazu Reflexion 7084: „Das Gantze Recht der Natur ist ohne bürgerliche Ordnung eine bloße Tugendlerire und hat den Nahmen eines Rechts blos als ein Plan zu äußeren möglichen Zwangsgesetzen, mithin der bürgerlichen Ordnung." (*AA* Bd. 19).

bürgerlichen Gesellschaft, die durch öffentliche Gesetze das Mein und Dein sichert[309]. Die öffentliche Gesetzgebung ist demnach nichts anderes als die allgemeine äußere und mit Macht begleitete Gesetzgebung[310]. Das öffentliche Recht bezeichnet folglich nicht eine besondere Gattung von Rechtsverhältnissen, sondern den Zustand einer bürgerlichen, d.h. unter allgemeinen und mit Zwang durchsetzbaren Gesetzen lebenden Gesellschaft[311]. Öffentlich-rechtlich sind Verhältnisse also dann geregelt, wenn sie einer iustitia distributiva unterstellt sind. Dies ist der Fall im status civilis, der dem Status naturalis des privaten Rechts entgegengesetzt ist. Das öffentliche Recht ist ‚öffentlich' also, weil es zu definieren ist als „Inbegriff der Gesetze, die einer allgemeinen Bekanntmachung bedürfen, um einen rechtlichen Zustand hervorzubringen."[312] Es enthält die Bedingungen und Gesetze, unter denen der provisorische Zustand des privaten Rechts in den peremtorischen Zustand des positiven Rechts der bürgerlichen Gesellschaft transformiert werden kann, in dem jedem das Seine gegen jeden anderen gesichert ist.

Die in der Kantischen Rechtslehre entwickelten speziellen Bestimmungen des öffentlichen Rechts müssen demnach als apriorische Gesetze aus praktischer Vernunft angeben, wie der bürgerliche Zustand ausgestaltet sein muss, damit er das private Recht aus einem status belli in einen status civilis transformieren kann. Das öffentliche Recht ist deshalb auch ein „System von Gesetzen für ein Volk", das einer Verfassung bedarf, um gesicherte Rechtsverhältnisse zwischen personalen Subjekten herzustellen. In einem solchen Staat sind die einzelnen Willen „verbunden durch das gemeinsame Interesse Aller, im rechtlichen Zustande zu sein".[313] In einem Staat zu leben ist demzufolge im Kantischen Verständnis eine Forderung, die sich aus dem provisorischen Charakter des Naturrechts im privaten Zustand ergibt. Da das private Recht eine Explikation der Freiheit im äußeren Verhältnis ist, Freiheit aber nur als ermöglichende Voraussetzung der Moralität einen legitimen und wirklichkeitsbezogenen Begriff dar-

---

[309] Kant, Metaphysik der Sitten, S. 242.
[310] Kant, Metaphysik der Sitten, S. 256.
[311] Kant, Metaphysik der Sitten, S. 306.
[312] Kant, Metaphysik der Sitten, S. 311.
[313] Insofern rechtfertigt sich der Staat als „geltungstheoretischer Bestandteil des vollständigen Rechtsbegriffs des Eigentums" (Kersting, W., Wohlgeordnete Freiheit. Immanuel Kants Rechts- und Staatsphilosophie, Berlin/New York 1984, S. 206); folglich ist der Begriff des Staates im geltungstheoretischen Sinne auch schon in der äußeren Freiheit moralischer Personen impliziert.

stellt, so ist auch der Staat letztlich in der Moralität und damit im freien Willen von Menschen in ihrer Personalität begründet.

Als Staat bezeichnet Kant deshalb „die Vereinigung einer Menge von Menschen unter Rechtsgesetzen"[314]. Seine ihn konstituierenden öffentlichen Gesetze, die den rechtlichen Zustand zu einem peremtorischen werden lassen, sind im Rahmen der Rechtsphilosophie in ihren 'Anfangsgründen' aus Begriffen des äußeren Rechts apriorisch durch reine praktische Vernunft zu entwickeln. Auf diese Weise ergibt sich „die Form eines Staats überhaupt, d.i. der Staat in der Idee, wie er nach reinen Rechtsprincipien sein soll, welche jeder wirklichen Vereinigung zu einem gemeinen Wesen (also im Inneren) zur Richtschnur (norma) dient."[315] Wenn auch im Falle unvernünftiger Gesetze der Obrigkeit zu gehorchen ist, so gilt dies ebenso für die staatsrechtliche Verfassung, unbeschadet dessen, dass die vernünftige Ausarbeitung ihr Maß darstellt.

Die rechtsphilosophische Begründung dieser Einschränkung des rechtsphilosophischen Anspruchs auf Begründung von Prinzipien für vernünftige Gesetze ist also darin zu sehen, dass die Pflicht der Anerkennung einer bürgerlichen Verfassung in einem rechtssichernden Staat ohne Ansehen seiner Vernünftigkeit an der Notwendigkeit partizipiert, dem vernünftig aus der Freiheit selbst begründeten Privatrecht die Sicherheit eines ‚peremtorischen' Zustandes im status civilis zu verschaffen. Dieses Postulat des öffentlichen Rechts ist eine Konsequenz des Privatrechts im natürlichen Zustand: „du sollst im Verhältnisse eines unvermeidlichen Nebeneinanderseins mit allen anderen aus jenem heraus in einen rechtlichen Zustand, d.i. den einer austheilenden Gerechtigkeit übergehen."[316] Der Grund dieser Verpflichtung liegt bereits im Begriff des Rechts, aus dem die wechselseitige Sicherheit des praktisch-vernünftig legitimierten Anspruchs auf das äußere Mein und Dein analytisch entwickelt werden kann. Weil im natürlichen Zustand das Recht streitig werden kann, ohne dass ein kompetenter Richter verfügbar ist, deshalb darf jeder den anderen auch durch Zwang veranlassen, mit ihm in einen rechtlichen Zustand zu treten, in dem das Mein und Dein durch die Sanktionsmöglichkeiten eines öffentlichen Gesetzes gesichert ist. Daraus ergibt sich aber nicht das Recht, in einem status civilis, der von dem Staat in der Idee abweicht und nicht den

---

[314] Kant, Metaphysik der Sitten, S. 313.
[315] Kant, Metaphysik der Sitten, S. 313.
[316] Kant, Metaphysik der Sitten, S. 307.

reinen Rechtsprinzipien entspricht, die anderen unter Bruch der statutarischen Gesetze dazu zu zwingen, den faktischen Zustand der Idee anzugleichen.

Der besondere Stellenwert des Statutarischen der positiven Gesetze bildet nach Kant also eine eigene Vernunftforderung, die eigentlich sogar die Vernünftigkeit der naturrechtlich entwickelten Bestimmungen übertrifft, wenn diese nur ‚privat' verfolgt werden. Diese Forderung nach einer bedingungslosen Geltung des gesetzten Rechts formuliert eine Möglichkeitsbedingung des status civilis überhaupt. In diesem Zustand ist eine Macht erforderlich, um die Erfüllung der Gesetze auch gegen den Willen der Adressaten durchsetzen zu können. Diese Macht würde sich ihrer eigenen Grundlage berauben, wenn sie ein Widerstandsrecht einräumte, das sie als oberste Gewalt aufheben und die private Rechtlichkeit an ihre Stelle setzen würde: „Gegen diese Machtvollkommenheit noch einen Widerstand zu erlauben (der jene oberste Gewalt einschränkte), heißt sich selbst widersprechen; denn alsdann wäre jene (welcher widerstanden werden darf) nicht die gesetzliche oberste Gewalt, die zuerst bestimmt, was öffentlich recht sein soll oder nicht." Folglich liegt dieses Prinzip bereits in der Idee einer Staatsverfassung überhaupt[317]. Wenn diese Idee nun dem Begriff des natürlichen Rechts inhärent ist, das überhaupt nur dann den Titel 'Recht' tragen kann, wenn es als nur provisorisch und auf einen ‚peremtorischen' Zustand verweisend aufgefaßt wird, so ist die Macht des rechtssichernden Staates als Möglichkeitsbedingung des statutarischen Rechts im Grunde schon in der vernünftigen Ausarbeitung der apriorischen Bestimmungen des privaten Rechts impliziert.

Der Widerstand gegen einen bestehenden gesetzlichen Zustand würde deshalb nicht nur die in Zeit und Raum zufällig verwirklichte bürgerliche Verfassung, sondern darüber hinaus das Prinzip der Rechtssicherheit durch machtgeregelte positive Satzung zerstören: ein solcher Widerstand müßte „als die ganze gesetzliche Verfassung zernichtend gedacht werden"[318]. Weil die Idee einer Staatsverfassung 'heilig und unwiderstehlich' ist als „absolutes Gebot der nach Rechtsbegriffen urtheilenden praktischen Vernunft"[319], deshalb ist ein Widerstand auch gegen solche Gesetze nicht erlaubt, die nach Maßstäben der Vernunft ungerecht erscheinen müssen. Der Widerstand gegen eine geltende Verfassung unter Berufung auf die Vernünftigkeit der eige-

[317] Kant, Metaphysik der Sitten, S. 372.
[318] Kant, Metaphysik der Sitten, S. 320.
[319] Kant, Metaphysik der Sitten, S. 372.

nen Vorstellungen von den Gesetzen würde das, was er erstrebt, nämlich einen status civilis nach vernünftigen Gesetzen, gerade unmöglich machen, da er die aus den letzteren entwickelte Notwendigkeit eines bürgerlichen Zustandes mit statutarischen und machtunterstützten Regelungen als solche negiert.

Darüber hinaus würde ein Widerstand gegen die geltende Staatsordnung den Rechtszustand aufheben und wenigstens für eine gewisse Zeit den status naturalis an seine Stelle setzen.[320] Damit wäre die Anerkennung der freien Person in einer Gesellschaft suspendiert, deren Garantie nach Kant der Kern der Ratio des Rechts ist. Ein solcher Widerstand nämlich hieße, „Gewalt an die Stelle der alle Rechte zu oberst vorschreibenden Gesetzgebung zu setzen"[321] und würde damit dem 'Endzweck' der Rechtslehre innerhalb der Grenzen der bloßen Vernunft widersprechen, der eine „allgemeine und fortdauernde Friedensstiftung" darstellt.[322] Auch die Legitimation des ungerechten status civilis gegenüber dem Status der rechtlosen Gewalt führt deshalb auf das letzte Prinzip der Kantischen Rechtsphilosophie in der Garantie der Freiheit der Person zurück. Wenn die Rechtlichkeit eine Explikation der Freiheit im äußeren Verhältnis darstellt, so ist die Aufrechterhaltung des Rechtszustandes auch die conditio sine qua non für das subjektive Selbstverständnis als Glied einer Welt freier Bürger.

2.4 Kants und Luhmanns Rechtstheorien – Kontraste und Defizite

Damit ist der scharfe Kontrast zur Luhmannschen Rechtstheorie aufgezeigt, von dem her die nicht-notwendige und hoch selektive Struktur dieser Theorie besonders aussagekräftig deutlich wird. Dabei ist zu beachten, dass es sich bei der Luhmannschen ja nicht um eine empirische Theorie über das Recht soziologischer oder polito-

---

[320] Vgl. dazu Reflexion 8045: „Alle Staatsverbesserung durch revolution ist unrecht, weil der Grund dazu nicht in den Rechten des vorhergehenden Zustandes liegt und also zwischen diesem und dem folgenden ein Status naturalis eintritt, da kein äußeres Recht ist." (AA Bd. 19) Vgl. dazu Spaemann, R., „Moral und Gewalt", in: Riedel, M., (Hrsg.), Rehabilitierung der praktischen Philosophie I, Freiburg 1972, S. 215-241; Spaemann weist in diesem Zusammenhang darauf hin, dass Kant trotzdem die Französische Revolution mit großer Zustimmung verfolgen konnte, weil sie nach seinen Begriffen keine Revolution, sondern eine Reform von oben darstellte; vgl. näher Schmidt, H., „Durch Reform zu Republik und Frieden? Zur politischen Philosophie Immanuel Kants", in: Archiv für Rechts- und Sozialphilosophie 71 (1985), S. 297-318.

[321] Kant, Metaphysik der Sitten, S. 372.

[322] Kant, Metaphysik der Sitten, S. 355. Zur Weiterentwicklung der Rechtsphilosophie zu einer Lehre vom Völkerfrieden in 'Zum ewigen Frieden' vgl. Geismann, G., „Kants Rechtslehre vom Weltfrieden", in: Zeitschrift für philosophische Forschung 37 (1983), S. 363-388.

logischer Herkunft handelt, sondern um einen grundsätzlich spekulativen Entwurf, der eine Konzeption bereitstellt, um einen übergreifenden Verständnishorizont zu liefern, in den das Recht eingestellt werden kann. Die Luhmannschen Ausführungen bewegen sich insofern stets auf der Theorieebene, nicht auf der Objektebene; man könnte auch sagen: sie bewegen sich auf der Ebene einer ursprünglichen Interpretation, auf der die Begriffe und Konzepte bestimmt werden, mit Hilfe derer die Zugänge zu den Phänomenen bestimmt werden, wobei die Phänomene nicht als unberührt von diesen Zugangsformen verstanden werden können. Die Rechtstheorie systemtheoretischer Herkunft stellt insofern einen Rahmen bereit, der nicht aus einer Beschreibung des Rechts entnommen wurde, das unabhängig davon als eine Wirklichkeit in der Welt existieren würde, sondern sie bestimmt, als was das Phänomen aufgefaßt werden soll und kann.

In dieser apriorischen Zugangsweise hat sich nun ein scharfer Kontrast zu der Kantischen Rechtstheorie ergeben, von dem her die Luhmannsche Rechtstheorie und die darin implizierte Auffassung solcher Institutionen wie der Mediation deutlicher durch Abhebung verstanden werden kann, was ihren Status und ihre Ungewöhnlichkeit betrifft. Es sind also zwei Paradigmata entworfen, die sich gegenseitig verdeutlichen können. Wenn wir die beiden Paradigmata auf die einfachste Abbreviatur bringen wollen, so könnten wir sagen: Recht als Funktion steht nun gegen Recht als Freiheit. Dabei wurde schon deutlich, dass bereits bei Kant die mit Hilfe der Theorie Giddens´ skizzierte Dualität von Struktur und Strukturierung nach ihrer grundsätzlichen Struktur durchaus berücksichtigt wurde. Dies zeigt sich darin, dass nach der Kantischen Theorie nicht erst Rechtssubjekte im Sinne von Subjekten existieren, die das Recht schaffen, indem sie es aus sich heraus produzieren, was die Einseitigkeit eines Subjektivismus erzeugen würde, dass nach der Kantischen Theorie aber auch nicht erst das Recht existiert, das dann aus sich heraus die Rechtssubjekte erschaffen würde, was die Einseitigkeit eines Objektivismus bedeuten würde.

In der Kantischen Theorie wird die Grundstruktur dessen, was Giddens in einem anderen Theoriezusammenhang als die Dualität von Struktur und Strukturierung ausarbeitet, vor allem in der Dualität von ‚privatem' und ‚öffentlichem' Recht berücksichtigt. Sobald Menschen frei zu handeln beanspruchen, haben sie nach Kant die Pflicht, sich im Prinzip ‚rechtlich' zu verhalten. Diese Pflicht besteht schon vor der

Existenz eines Rechtszustandes in der Form des Staates, der dem Recht jene Sicherheit zukommen lässt, aufgrund derer es durch Sanktionsdrohungen durchgesetzt werden kann, so dass jeder sicher sein kann, zu seinem Recht auch dann zu kommen, wenn er nicht über die Machtmittel verfügt, es für sich durchsetzen zu können. Mit dieser Pflicht verändern sich die moralisch frei handelnden Menschen, die eine solche Pflicht für sich anerkennen müssen, aber so, dass sie nunmehr als Rechtssubjekte gelten, die nicht mehr nur ihren eigenen Ansprüchen folgen, sondern die fremde Ansprüche nicht nur aufgrund ihrer Emotionen, aufgrund Verwandtschaftsbeziehungen oder Sympathie gelten lassen, sondern deshalb, weil sie sich selbst nun als Rechtssubjekte konstituiert haben.

Eine solche Konstitution als Rechtssubjekte gelingt jedoch nur dann, wenn die gleichen Subjekte eine solche Berücksichtigung fremder Ansprüche, fremder Personalität und damit fremder Freiheit nicht nur für sich selbst gelten lassen wollen, sondern wenn sie auch in der Wirklichkeit danach streben, in einen Zustand des gesicherten Rechts zu gelangen, d.h. in den Zustand des Staates, in dem jedem sein Recht zuteil werden kann ohne Ansehung der einzelnen Person, die gerade dadurch in ihrer Freiheit anerkannt wird. Diese Leistung aber ist eine wechselseitig geforderte, d.h. jeder kann jeden auf der Grundlage der moralisch gewonnenen Freiheit sogar zwingen, mit ihm in einen Zustand des Rechts zu treten, in dem er ihm die gleiche Sicherheit des Rechts gewährt, die ihm selbst in diesem Zustand auch zuteil wird. Damit wird wiederum eine Rekursivität geleistet, die im Prinzip an den ganz anderen theoretischen Zusammenhang von Giddens' Theorie erinnert. Das Rechtssubjekt, das nun in den Zustand des gesicherten Rechts – also des (Rechts-)Staates – eintritt, hat sich wiederum folgenreich verändert. Es ist nicht mehr das Subjekt des ‚privaten' Rechts, sondern es ist nun das Rechtssubjekt im Zustand des ‚öffentlichen' und deshalb ‚peremptorischen' Rechts.

Struktur und Strukturierung geschehen damit in einer Symbiose, in der beide nur abstraktiv getrennt werden können. Das Recht wird nicht als Struktur verstanden, die den Rechtssubjekten oktroyiert werden könnte, es wird aber auch nicht als ein subjektives Geschehen aufgefaßt, das die Subjekte beliebig gestalten könnten. Die Subjekte werden im Recht freie Rechtssubjekte, indem sie das Recht in sich und für sich als handelnde Wesen in der Welt realisieren, und das Recht existiert nach seiner rechtsphilosophischen Statusbestimmung nirgends anders als in seiner Realisierung in dem Selbstverständnis von moralischen Wesen als rechtlich verpflichteter Wesen, die sich einander ihre Freiheit gewähren, indem sie in den Rechtszustand eintreten, in dem ihnen die Freiheit durch die Struktur des Rechts gesichert wird.

Vor diesem Hintergrund wird aber auch schon eine Besonderheit der Kantischen Rechtsphilosophie deutlich, die aus einer anderen Perspektive als eine defizitäre Struktur angesehen werden kann. Dies müßte in dem gegebenen Zusammenhang nicht unbedingt interessieren, in dem es in erster Linie um Luhmann und dessen Rechtstheorie, deren Statusbestimmung und kritische Einordnung geht. Aber die defizitäre Struktur der Kantischen Rechtstheorie betrifft im Grund auch die Luhmannsche Auffassung des Rechts als einer ‚Superstruktur', die sich nach ihrer Funktion von der übergeordneten Aufgabe der Systemerhaltung durch Aufrechterhaltung eines Komplexitätsgefälles zwischen Binnen- und Außenwelt her bestimmen lässt. Bei Zugrundelegung der Kantischen Betrachtungsweise hat sich als defizitärer Charakter der Luhmannschen Theorie insbesondere deren Verzicht auf die Bestimmung des Rechts nach seiner nicht-funktionalen Leistung gezeigt, die Kant als Garantie der Freiheit für moralisch verpflichtete und deshalb freie Subjekte entwickelt hat.

Nun gilt es von einer anderen Folie her die Statusbestimmung der Luhmannschen Rechtstheorie weiterzutreiben, und diese Folie lässt sich direkt an die Kantische Rechtsphilosophie anschließen. Bei Kant sind die aufgrund ihrer Entscheidung für die Moralität freien Subjekte moralisch verpflichtet, sich für das Recht und den Rechtszustand zu entscheiden. Dies gilt zunächst in dem Status, in dem jeder für sich ist und keine übergeordnete Organisation über das Zusammenleben der freien Subjekte entscheidet und bestimmt; Kant nennt einen solchen Zustand den des nur ‚privaten' Rechts. Bereits in diesem Zustand aber sind sie verpflichtet, sich um den Rechtszustand als den Zustand des ‚peremptorischen' Rechts zu bemühen, den Kant als den Status des ‚öffentlichen' Rechts bezeichnet, also denjenigen des Staates, der als Rechtsstaat die Aufgabe hat, das Recht zu sichern. Daraus werden die Grenzen einer solchen Auffassung deutlich, die in der Orientierung am einzelnen Rechtssubjekt und seiner Freiheit gesehen werden können. Sowohl die rechtliche Situation des ‚privaten' Rechts als auch die gesicherte Situation des ‚öffentlichen' Rechts geschieht bei Kant in der Orientierung an einer prinzipiell monologischen Situation. Das je einzelne Subjekt findet seine Freiheit in seiner Entscheidung für ein prinzipiell moralisches Handeln, in der gleichen Einzelnheit entscheidet es sich für die rechtliche Orientierung seiner Handlungen, soweit sie andere und ebenso einzelne Subjekte betreffen, und in der ebenso gleichen Einzelnheit hat es die Verpflichtung, nach dem Rechtszustand zu streben, in dem für alle das Recht gesichert ist.

Man könnte hier von einer Struktur sprechen, in der nur die Einzelnen und das Recht vorhanden sind – die Einzelnen werden durch ihre rechtliche Orientierung in ihrer Einzelnheit zu Rechtssubjekten, als welche sie ebenso in ihrer Einzelnheit bleiben. Was bei Kant fehlt, ist also diejenige Struktur des Rechts, nach der es ein Verhältnis zwischen Menschen ist und nicht nur ein Verhältnis zwischen dem Recht und dem einzelnen Menschen. Das gleiche gilt aber auch für die Luhmannsche Rechtstheorie. Dort ist es die ‚Superstruktur' der systemtheoretisch formulierten Funktion, von der her der Einzelne in den Status des Rechts eintritt, ohne dass er darin durch das Recht eine Beziehung zu anderen Menschen aufnimmt. Darüber hinaus kommen der Mensch oder die Person in der Luhmannschen Systemtheorie sowieso nicht vor, sondern nur ein ‚personales System', das prinzipiell ebenso durch die Notwendigkeit der Aufrechterhaltung von Systemgrenzen durch die Bestimmung von Komplexitätsgefällen konstituiert wird, wie das für jedes System generell gilt.

Im Folgenden soll in einem ersten Schritt überlegt werden, ob und wie dieses Defizit mit Hilfe von Habermas' diskurstheoretischer Auffassung von Wahrheit beseitigt werden kann. Habermas scheint dafür besonders geeignet, weil er der Frage nach dem Status der Mediation innerhalb des Rechts am nächsten kommt. Man könnte auf einer sehr allgemeinen Ebene ja geradezu den Diskurs als das Prinzip einer Konfliktlösung im Rahmen der rechtlichen Institution der Mediation ansehen. Damit unterscheidet sich diese Institution so grundsätzlich von einer an autoritativen Entscheidungen orientierten Auffassung von Recht, dass gerade die Frage entstehen kann, ob ein Verfahren wie die Mediation nicht prinzipiell jenseits der Entscheidungssituation des Rechts angesiedelt werden muss. Nach Kant wäre dies sicherlich der Fall. In einem Mediationsverfahren existiert gerade nicht der unabhängige Richter, der über Recht oder Unrecht entscheidet, sondern die Konfliktparteien sollen selbst – angeleitet durch nicht entscheidungsbefugte dritte Person – zu einer Lösung kommen, mit der sie beide leben können. Andererseits war bereits in der Einleitung angedeutet worden, dass eine Mediation im Rahmen des Rechts doch immer von den rechtlichen Rahmenbedingungen abhängig bleibt und sich damit doch von einer rein psychologischen Konfliktbehebung unterscheidet.

Wenn wir das Verfahren der Mediation innerhalb des Prinzips des Rechts ansiedeln wollen, so scheint es sich um ein Recht ohne Richter zu handeln. Dieses freie Aushandeln von Konfliktlösungen scheint zunächst geradezu dem Habermas´schen Prinzip der dialogischen Konfliktbewältigung in der Orientierung an Prinzipien der Richtigkeit und der Wahrheit zu entsprechen. Deshalb soll im Folgenden mit Hilfe der Habermas´schen Diskurstheorie gefragt werden, wie das Verhältnis zwischen den beteiligten Personen in einem solchen Verfahren des Rechts zu bestimmen ist. Vor allem soll daraus deutlicher werden, wie ein Recht, das an einer bestimmten Weise der Wahrheitsfindung orientiert ist, wie dies bei Habermas der Fall ist, das Verhältnis der Personen als Problem aufnehmen kann, das als eine Schwierigkeit sowohl aus der Luhmannschen als auch aus der Kantischen Rechtstheorie deutlich geworden ist.

3. Recht als Diskurs

3.1 Das 'Projekt der Moderne' und die Vernunft im Diskurs

Der Wissensbegriff der Moderne wird grundsätzlich durch die Fundierung der Wahrheit der Gewißheit in einem mit sich identischen und von sich selbst wissenden Ich geprägt. Auch der zweite Grundzug der Moderne, von dem aus sich weitere Charakteristika des postmodernen Denkens verdeutlichen lassen, geht auf die Annahme der Möglichkeit eines sicher fundierten Wissens zurück. Diese Sicherheit bezieht sich hier jedoch nicht in erster Linie auf unser Wissen über die Welt, sondern über die richtige Organisation des Zusammenlebens der Menschen durch vernünftige gesellschaftliche, staatliche und ökonomische Institutionen. Der prominenteste Verteidiger dieser Seite des modernen Denkens in der Gegenwart dürfte Jürgen Habermas sein. Der Begriff des Wissens und die Form der Begründung seiner Sicherheit lassen sich bei Habermas am besten durch seine Konzeption der Wahrheit verdeutlichen. In der Einleitung zur Neuausgabe von 'Theorie und Praxis' (1971) skizziert Habermas das Programm seiner Konzeption von Wahrheit folgendermaßen: "Weil sich Wahrheit (in dem weitgefaßten traditionellen Sinne der Vernünftigkeit) von bloßer Gewißheit durch ihren Absolutheitsanspruch unterscheidet, ist der Diskurs die Bedingung des Unbedingten. Mit Hilfe einer Konsensustheorie der Wahrheit, die gegenüber konkurrierenden Wahrheitstheorien zu begründen hätte, warum ein diskursunabhängiges Wahrheitskriterium sinnvollerweise nicht postuliert werden kann, wäre die Struktur des Diskurses mit Bezugnahme auf die unvermeidliche wechselseitige Antizipation und Unterstellung einer idealen Sprechsituation zu klären."[323] Für den seine Wahrheitstheorie fundamental charakterisierenden Begriff des Diskurses erhebt Habermas nun den Anspruch, ihn nicht 'meta-sprachlich' bzw. 'meta-theoretisch' einführen zu müssen, sondern ihn aus den Konstitutionsbedingungen einer in wissenschaftlichen Begriffen zu untersuchenden Wirklichkeit selbst ableiten zu können.

Für eine rechtstheoretische Auswertung ist zunächst zu beachten, dass Diskurse für Habermas grundsätzlich nicht als besondere 'Veranstaltungen' in die Theorie einge-

[323] Habermas, J., Theorie und Praxis, (mit einer Einleitung zur Neuausgabe), Frankfurt 1971, S. 25 f.

führt werden, die zu Zwecken der Wahrheitsfindung abgehalten werden können, ohne dass dazu eine Notwendigkeit bestünde. Diskurse sind nach Habermas vielmehr so in die Konstitutionsbedingungen eines jeden Objektbereiches eingelagert, der intersubjektiv mit dem Anspruch auf Wahrheit zum Thema werden kann, dass ohne Bezugnahme auf sie überhaupt nicht sinnvoll von Objektivität die Rede sein kann. Auch für Habermas ist Wirklichkeit kein theorie- und sprachfreies Ding an sich, an das sich die Subjekte in ihren Aussagen nur anzupassen hätten, sondern Wirklichkeit wird verstanden als ein Konstitutionsprodukt.

Im Gegensatz zu Descartes und Kant nimmt Habermas jedoch an, dass eine Übereinstimmung in der Wirklichkeitsdefinition verschiedener Subjekte nicht von vornherein garantiert ist. Eine solche Übereinstimmung und damit auch eine gemeinsame Wirklichkeitsdefinition muss vielmehr in einem intersubjektiven Prozeß geleistet werden, der sich nicht auf ein vorgegebenes Drittes außerhalb des Kommunikationsprozesses selbst stützen kann. Der Diskurs als die für die Habermas'sche Wahrheitsdefinition zentrale Kommunikationsform findet seine Begründung also letztlich in einer Theorie transzendentaler Wirklichkeitskonstitution, die jedoch - und darin unterscheidet sie sich von der klassischen transzendentalen Theorie - ein intersubjektives Moment enthält, das den Begriff eines solipsistischen transzendentalen Subjektes als Fundament der Wirklichkeitskonstitution ausschließt. Die intersubjektivistisch-transzendentale Konzeption von Objektivität, die Habermas seit Beginn seines Denkens verfolgt, führt deshalb von selbst zu seinem Begriff des Diskurses.

Diskurse stellen nach Habermas nun die angemessene Reaktion auf solche Fragen dar, die Zweifel an den impliziten Geltungsansprüchen von Äußerungen ausdrücken.[324] Sie sind also immer dann prinzipiell in den Formen der Verständigung angelegt, wenn es zu Konflikten über die Wirklichkeit und ihre Auffassung kommt. Sie können deshalb auch als Versuche verstanden werden, eine gemeinsame Wirklichkeitsauffassung zu restituieren. Der Charakter eines Diskurses lässt sich also aus seiner Aufgabe der begründenden Untersuchung von Geltungsansprüchen ableiten. Die von Habermas entwickelte Diskurstheorie der Wahrheit lässt sich auf dieser Grundlage als Lösung eines einzigen grundlegenden Problems verstehen. Dieses Problem ist das Kriterium eines

---

[324] Habermas, J., Vorbereitende Bemerkungen zu einer Theorie der kommunikativen Kompetenz, in: Habermas, J./Luhmann, N., Theorie der Gesellschaft oder Sozialtechnologie - Was leistet die Systemforschung?, Frankfurt 1971, S. 101-141, S. 117.

wahren Konsenses.[325] Synonym dazu könnte von dem Problem des Kriteriums eines *vernünftigen* Konsensus gesprochen werden: "Wahrheit meint das Versprechen, einen vernünftigen Konsensus zu erzielen."[326]

Der Zusammenhang zwischen der Wahrheit eines Konsenses und seiner Vernünftigkeit besteht durch die faktische Unmöglichkeit eines allumfassenden Konsenses. Von Wissen und Wahrheit soll also noch nicht die Rede sein, wenn nur ein faktischer Konsens erzielt werden konnte. Hier könnte zunächst vermutet werden, dass der faktische Konsens als Resultat einer Mediation von diesem Verdikt getroffen werden müßte. Aber da bei Habermas die Strukturen der diskursiven Suche nach Wahrheit und Richtigkeit konstitutiv in die Fundamente jeder Verständigung eingelagert sind, stellt sich die Sachlage nicht so einfach dar. Dies ist jedenfalls dann der Fall, wenn auch im Verfahren der Mediation davon ausgegangen werden soll, dass das Ergebnis nicht eine durch Machtbeziehungen bestimmte Regelung darstellt, sondern in einem Verfahren freier Zustimmung zustande gekommen ist. Grundsätzlich aber kann nach Habermas von der Wahrheit einer Behauptung über die Wirklichkeit oder die Richtigkeit einer Handlung nur dann die Rede sein, "wenn auch jeder andere, der in ein Gespräch mit mir eintreten *könnte*, demselben Gegenstand das gleiche Prädikat zusprechen *würde*."[327]

Nicht die Zustimmung der tatsächlichen Gesprächspartner ist also das Wahrheitskriterium, auch nicht der Konsens aller zu einem bestimmten Zeitpunkt auf dieser Erde lebenden Menschen, sondern das Kriterium bezieht sich auf die Zustimmung aller der Gesprächspartner, "die ich finden könnte, wenn meine Lebensgeschichte mit der Geschichte der Menschenwelt koextensiv wäre".[328] Für ein Mediationsverfahren als Diskurs würde dies allerdings nicht unbedingt bedeuten, dass alle Menschen der Weltgeschichte befragt werden müßten, ob sie die gefundene Regelung auch billigen würden. Aber es bedeutet doch, dass auch in einem solchen Verfahren auf allgemeine Strukturen des Behauptens und des Begründens von Ansprüchen Bezug genommen wird,

[325] Dies ist auch der Grund, warum es nicht sinnvoll erscheint, die Besonderheit der Habermas'schen Wahrheitstheorie mit dem Terminus Konsenstheorie zu bezeichnen. Die differentia specifica, die seine Theorie von allen Konsenstheorien unterscheidet, ist der *Diskurs* und dessen Charakterisierung und Fundierung.

[326] Habermas, J., Wahrheitstheorien, in: H. Fahrenbach, Hrsg., Wirklichkeit und Reflexion, Festschrift für W. Schulz zum 60. Geburtstag, Pfullingen 1973, S. 211-265, S. 219 .

[327] Habermas, J., Wahrheitstheorien, in: H. Fahrenbach, Hrsg., Wirklichkeit und Reflexion, Festschrift für W. Schulz zum 60. Geburtstag, Pfullingen 1973, S. 211-265, S. 219.

[328] Habermas, J., Wahrheitstheorien, in: H. Fahrenbach, Hrsg., Wirklichkeit und Reflexion, Festschrift für W. Schulz zum 60. Geburtstag, Pfullingen 1973, S. 211-265, S. 219.

aufgrund derer die Bezugnahme auf andere Menschen und auf die Allgemeinheit der Vernunft auch in einem Mediationsverfahren vorhanden ist. Habermas würde mit Hilfe dieses Kriteriums gerade eine freie Regelung zwischen freien und handlungsfähigen Menschen von einer nur ‚scheinbaren' Regelung unterscheiden, die in Wahrheit durch zwangsvermittelte Bedingungen zustande gekommen ist. Hier zeigt sich schon eine wichtige Lehre aus der Habermas'schen Diskurstheorie, die sich als Frage an eine Rechtstheorie stellt, die das Prinzip der Mediation nach seinem Status bestimmen will: Genügt es für eine solche Statusbestimmung, dass in die Theorie aufgenommen wird, dass überhaupt eine Regelung ohne einen entscheidungsbefugten Richter zustande gekommen ist, oder muss für eine solche Statusbestimmung auch berücksichtigt werden, dass die Regelung auf eine freie Weise zustande gekommen ist, so dass beide Parteien frei und nicht gezwungen bzw. machtvermittelt zustimmen, m.a.W.: muss für die Statusbestimmung berücksichtigt werden, dass es sich dabei um einen freien Konsens handelt?

Ein in der Form des Diskurses gefundenes Wissen ist vor allem dadurch als sicheres Wissen ausgezeichnet, dass es nicht mehr durch abweichende Urteile vergangener oder zukünftiger Generationen in Frage gestellt werden kann. Wenn *jeder* andere demselben Gegenstand das gleiche Prädikat zusprechen würde, so ist sichergestellt, dass das betreffende Urteil Gültigkeit für alle Zeit besitzt. Wenn dieses Kriterium also tatsächlich erfüllbar wäre, so würde es die Sicherheit des Wissens dadurch garantieren, dass kein möglicher Einwand mehr denkbar wäre.[329] Diese Konzeption von Wissen führt aufgrund der Irrealität der Annahme, auf die sie sich gründet, jedoch gleichzeitig in ein fundamentales Problem. Gerade zur Lösung dieses Problems hat Habermas eine Konsensustheorie als Diskurstheorie entwickelt, die nicht nur auf dem faktischen Konsens zwischen den Parteien beruht, sondern auf einem durch bestimmte Bedingungen ausgezeichneten Konsens. Der erste Schritt auf diesem Weg ist die Einschränkung der Wahrheitsbedingung: "Nun sind es faktisch immer nur einige Personen, an deren Zustimmung ich meine Behauptung kontrollieren kann. Diese faktische Zustimmung einiger anderer, die ich möglicherweise erreiche, wird um so eher auf die Zustimmung weiterer Beurteiler rechnen dürfen, je weniger wir und andere einen Grund sehen, an ihrer

---

[329] Damit wäre im übrigen auch der absolut ungeschichtliche Charakter der Wahrheit sichergestellt (wie er z. B. von R. Lauth gefordert wird; vgl. Lauth, R., Die absolute Ungeschichtlichkeit der Wahrheit, Stuttgart 1966).

Kompetenz zu zweifeln."[330] Offensichtlich ist das Problem damit von der Irrealität der zuerst gemachten Annahme auf die Frage verschoben, unter welchen Bedingungen denn von Kompetenz die Rede sein kann.

Habermas ist also nun verpflichtet zu klären, was Kompetenz der Beurteilung heißen kann. Das Kriterium 'Sachverstand' scheidet zunächst aus, da dafür keine unabhängigen Bedingungen angegeben werden können. Habermas schlägt deshalb folgendes Kriterium für Kompetenz vor: "Ich will deshalb die Kompetenz eines Beurteilers, an dessen Zustimmung ich mein eigenes Urteil kontrollieren kann, nicht von seinem Sachverstand abhängig machen, sondern einfach davon, ob er 'vernünftig' ist."[331] Damit hat sich Habermas verpflichtet, den Begriff der Vernunft so zu erklären, dass er in der Lage ist, dem Begriff Kompetenz eine sinnvolle Bedeutung zu verleihen.

Die Strategie zur Bestimmung des Vernunftbegriffes liegt in der Verteidigung der Auffassung, "dass es mindestens vier Klassen von gleichursprünglichen Geltungsansprüchen gibt und dass diese vier, nämlich Verständlichkeit, Wahrheit, Richtigkeit und Wahrhaftigkeit, einen Zusammenhang darstellen, den wir Vernünftigkeit nennen können."[332] Diskursiv einlösbar sind davon offenbar nur die Ansprüche auf Wahrheit und Richtigkeit.[333] Dass gerade diese vier Geltungsansprüche konstitutiv für Vernünftigkeit sind, leitet Habermas nun daraus ab, dass ihre reziproke Anerkennung den 'Hintergrundkonsensus' für jedes funktionierende Sprachspiel bildet. Das Sprachspiel des kommunikativen Handelns aber erfordert als seine Funktionsbedingung die Möglichkeit des jederzeitigen Übergangs in den Diskurs, sobald es aufgrund von Zweifeln an der Richtigkeit oder der Wahrheit von Urteilen gestört wird. Daraus lässt sich ableiten: jener Zusammenhang, der nach Habermas 'Vernünftigkeit' darstellen soll, ist eine Voraussetzung für Verständigung überhaupt.[334] Die Vernünftigkeit, die einen kompetenten Beur-

---

330 Habermas, J., Vorbereitende Bemerkungen zu einer Theorie der kommunikativen Kompetenz, in: Habermas, J./Luhmann, N., Theorie der Gesellschaft oder Sozialtechnologie - Was leistet die Systemforschung?, Frankfurt 1971, S. 101-141, S. 124.

331 Habermas, J., Vorbereitende Bemerkungen zu einer Theorie der kommunikativen Kompetenz, in: Habermas, J./Luhmann, N., Theorie der Gesellschaft oder Sozialtechnologie - Was leistet die Systemforschung?, Frankfurt 1971, S. 101-141, S. 125.

332 Habermas, J., Wahrheitstheorien, in: H. Fahrenbach, Hrsg., Wirklichkeit und Reflexion, Festschrift für W. Schulz zum 60. Geburtstag, Pfullingen 1973, S. 211-265, S. 220.

333 Wahrhaftigkeitsansprüche dagegen können nur in Handlungszusammenhängen eingelöst werden; die Wahrhaftigkeit eines Menschen zeigt sich, "wenn wir die Interaktionen mit ihm nur lange genug fortsetzen, in seinen Handlungen." (Habermas, J., Wahrheitstheorien, in: H. Fahrenbach, Hrsg., Wirklichkeit und Reflexion, Festschrift für W. Schulz zum 60. Geburtstag, Pfullingen 1973, S. 211-265, S. 221).

334 Vgl. dazu: "Eine Behauptung zu verstehen, heißt zu wissen, wann ein Sprecher gute Gründe hat, die

teiler von Behauptungen auszeichnet, ist also zugleich ein System von Eigenschaften, die ihm überhaupt die Teilnahme am kommunikativen Handeln bzw. die Verständigung mit anderen Menschen ermöglichen.[335]

Habermas behauptet also, Verständigung zwischen Menschen sei letztlich nur dann möglich, wenn die Gesprächspartner zumindest prinzipiell bereit sind, ihre Geltungsansprüche einer diskursiven Überprüfung zu unterziehen. Wir könnten auf dieser Grundlage sagen: eine Mediation ist nur dann ein Geschehen, das überhaupt dem Bereich des Rechts zugehört, wenn die Parteien darin einen ‚prinzipiell' wahrheitsorientierten Diskurs führen, d.h. wenn sie bereit sind, ihre Ansprüche zu begründen und sich zu deren Begründung auf übergeordnete Kriterien von Richtigkeit und Wahrheit zu beziehen. Habermas bezeichnet das 'Gewißheitserlebnis', das die Anerkennung diskursiv einlösbarer Wahrheits- und Richtigkeitsansprüche begleitet, als die "Erfahrung des eigentümlich zwanglosen Zwanges des besseren Argumentes".[336] Diesen 'zwanglosen Zwang' setzt er gleich mit 'rationaler Motivation'. Daraus kann entnommen werden, dass Habermas genau diesen 'zwanglosen Zwang des besseren Argumentes' als das Wesen der Vernünftigkeit ansieht. Aus der vorangegangenen Argumentationskette ergibt sich nun, dass Wahrheit dem Habermas´schen Gedankenzusammenhang zufolge dann gefunden werden kann, wenn die in Frage stehenden Urteile die Zustimmung aller Gesprächspartner finden, die bereit sind, in ihrer Beurteilung ausschließlich jenem 'zwanglosen Zwang' zu folgen, d.h.: die bereit sind, solche Urteile nur mit Argumenten zu prüfen.[337] Ein Argument aber ist "die Begründung, die uns motivieren soll, den Gel-

---

Gewähr dafür zu übernehmen, dass die Bedingungen für die Wahrheit der behaupteten Aussage erfüllt sind." Habermas, J., Theorie des kommunikativen Handelns, Bd. 1, Frankfurt 1981, S. 425).

[335] Eine fundamentale Aporie des Habermas'schen Wahrheitsbegriffes liegt nach O. Höffe darin, dass der Konsens selbst nur mit Bezug auf Wahrheit zu bestimmen ist. Der Diskurs wird als Instanz eingeführt, durch die Normen zu rechtfertigen sind, er hat für Habermas aber nur normativ verstanden einen Sinn. In die Methode der Legitimation gehen danach normative Voraussetzungen ein, die doch erst ausgewiesen werden sollen (Höffe, O., Kritische Überlegungen zur Konsensustheorie der Wahrheit (Habermas), in: Philosophisches Jahrbuch 83/1976, S. 313-332, S. 330 ff.; eine ähnliche Kritik findet sich bei Martens, E., Der Zwang der Wahrheit. Zum Dezisionismusproblem bei Jürgen Habermas, in: Philosophisches Jahrbuch 83/1976, S. 392-401, S. 396). W. Ch. Zimmerli spricht in diesem Zusammenhang von der kommunikationstheoretischen Variante des hermeneutischen Zirkels; vgl. Zimmerli, W. Ch., Jürgen Habermas: Auf der Suche nach der Identität von Theorie und Praxis, in: J. Speck, Hrsg., Grundprobleme der großen Philosophen. Philosophie der Gegenwart IV, Göttingen 1981, S. 223-266, S. 245.

[336] Habermas, J., Wahrheitstheorien, in: H. Fahrenbach, Hrsg., Wirklichkeit und Reflexion, Festschrift für W. Schulz zum 60. Geburtstag, Pfullingen 1973, S. 211-265, S. 226.

[337] In diesem Zusammenhang muss darauf hingewiesen werden, dass Habermas die Triftigkeit eines Argumentes nicht durch logische Notwendigkeit oder Erfahrungsevidenz gegründet sieht. Dies ist schon deshalb nicht möglich, weil eine Argumentation nicht aus einer Kette von Sätzen besteht, sondern aus einer Kette von Sprechakten.

tungsanspruch einer Behauptung oder eines Gebots bzw. einer Bewertung anzuerkennen."[338]

Der Schlußpunkt der Entwicklung der Habermas'schen Konzeption von Wissen und Wahrheit wird nun erreicht, indem die rationale Motivation - d.h. die Vernünftigkeit, die die Kompetenz und damit die Befugnis zur Beurteilung der Wahrheit von Urteilen fundiert - durch *formale Eigenschaften* des Diskurses erklärt wird.[339] Habermas faßt jene Eigenschaften des Diskurses, die ihn zur allein wahrheitserzeugenden Instanz machen, unter dem Begriff der idealen Sprechsituation zusammen. Der wichtige Gedanke dabei ist, dass diese Situation, auch wenn sie faktisch nicht verwirklicht ist, doch zumindest als Unterstellung die Möglichkeit von Rede, Verständigung und Wahrheit fundiert: "*Der Vorgriff auf die ideale Sprechsituation* ist Gewähr dafür, dass wir mit einem faktisch erzielten Konsensus den Anspruch des wahren Konsensus verbinden dürfen; zugleich ist dieser Vorgriff ein kritischer Maßstab, an dem jeder faktisch erzielte Konsensus auch in Frage gestellt und daraufhin überprüft werden kann, ob er ein zureichender Indikator für wirkliche Verständigung ist."[340]

Die Anforderungen an wahrheitserzeugende Diskurse werden nun Habermas zufolge durch eine relativ einfache formale Struktur erfüllt. Die permanente Selbstreflexion des erkennenden Subjekts, in der keine einmal gewählte Sprach- und Begriffsebene dem Diskurs entzogen bleibt, kann allein durch die 'Freizügigkeit zwischen den Diskursebenen' garantiert werden, denn "die konsenserzielende Kraft des Argumentes beruht darauf, dass wir zwischen den verschiedenen Ebenen des Diskurses so oft hin und hergehen können, bis ein Konsens entsteht."[341] Die 'ideale Sprechsituation' ist nun ausschließlich deshalb der Schlußpunkt der Habermas'schen Wahrheitstheorie, weil

---

[338] Habermas, J., Wahrheitstheorien, in: H. Fahrenbach, Hrsg., Wirklichkeit und Reflexion, Festschrift für W. Schulz zum 60. Geburtstag, Pfullingen 1973, S. 211-265, S. 241.

[339] Diese formalen Eigenschaften des Diskurses sind damit nicht nur Voraussetzungen, um überhaupt sinnvoll von Wahrheit sprechen zu können. Sie sind auch Bedingungen des metakommunikativ immer schon akzeptierten Sinnes von Rede, d. h. sie sind Voraussetzungen aller umgangssprachlichen Kommunikation. Der Sinn von Rede nämlich erfordert nach Habermas, dass wir uns - wie wir es faktisch stets tun - zutrauen, einen wirklichen Konsensus von einem trügerischen zu unterscheiden (Habermas, J., Vorbereitende Bemerkungen zu einer Theorie der kommunikativen Kompetenz, in: Habermas, J./Luhmann, N., Theorie der Gesellschaft oder Sozialtechnologie - Was leistet die Systemforschung?, Frankfurt 1971, S. 101-141, S. 136).

[340] Habermas, J., Vorbereitende Bemerkungen zu einer Theorie der kommunikativen Kompetenz, in: Habermas, J./Luhmann, N., Theorie der Gesellschaft oder Sozialtechnologie - Was leistet die Systemforschung?, Frankfurt 1971, S. 101-141, S. 136.

[341] Habermas, J., Wahrheitstheorien, in: H. Fahrenbach, Hrsg., Wirklichkeit und Reflexion, Festschrift für W. Schulz zum 60. Geburtstag, Pfullingen 1973, S. 211-265, S. 254.

genau sie die formalen Eigenschaften besitzt, die jene Freizügigkeit zwischen den Diskursebenen erlauben, auf der rationale Motivation, begründeter Konsens und damit Wahrheit beruhen.[342]

Die zentrale Eigenschaft, die in der idealen Sprechsituation eine solche Freizügigkeit ermöglicht, bezeichnet Habermas als die 'allgemeine Symmetrieforderung'. Dies bedeutet, dass in der idealen Sprechsituation für alle Diskursteilnehmer eine symmetrische Verteilung der Chancen, Sprechakte zu wählen und auszuführen, gegeben ist. Auf diese Weise soll es strukturell möglich sein, jede systematische Verzerrung der Kommunikation auszuschließen. In einer solchen Situation "besteht nämlich nicht nur prinzipielle Austauschbarkeit der Dialogrollen, sondern eine effektive Gleichheit der Chancen bei der Wahrnehmung von Dialogrollen, d.h. auch bei der Wahl und der Performanz der Sprechakte."[343] Diese allgemeine Symmetrieforderung führt nun zu vier verschiedenen Bedingungen für das Zustandekommen einer idealen Sprechsituation.[344]

Zunächst müssen zwei triviale Bedingungen erfüllt sein, damit von einer idealen Sprechsituation die Rede sein kann:

"1. Alle potentiellen Teilnehmer eines Diskurses müssen die gleiche Chance haben, kommunikative Sprechakte zu verwenden, so dass sie jederzeit Diskurse eröffnen sowie durch Rede und Gegenrede, Frage und Antwort perpetuieren können.

---

342 An seinem Versuch, die allgemeinen kommunikativen Voraussetzungen der Argumentation als Bestimmungen einer idealen Sprechsituation anzugeben, hat Habermas stets festgehalten: "Dieser Vorschlag mag im einzelnen unbefriedigend sein; richtig scheint mir aber nach wie vor die Intention, die allgemeinen Symmetriebedingungen zu rekonstruieren, die jeder kompetente Sprecher, sofern er überhaupt in eine Argumentation einzutreten meint, als hinreichend erfüllt voraussetzen muss. Argumentationsteilnehmer müssen allgemein voraussetzen, dass die Struktur ihrer Kommunikation, aufgrund rein formal zu beschreibender Merkmale, jeden (sei es von außen auf den Verständigungsprozeß einwirkenden oder aus ihm selbst hervorgehenden) Zwang - außer dem des besseren Argumentes - ausschließt (und damit auch alle Motive außer dem der kooperativen Wahrheitssuche ausschaltet). Unter diesem Aspekt kann die Argumentation als eine *reflexiv gewendete Fortsetzung verständigungsorientierten Handelns mit anderen Mitteln* begriffen werden." (Habermas, J., Theorie des kommunikativen Handelns, Bd. 1, Frankfurt 1981, S. 47 f.)

343 Habermas, J., Vorbereitende Bemerkungen zu einer Theorie der kommunikativen Kompetenz, in: Habermas, J./Luhmann, N., Theorie der Gesellschaft oder Sozialtechnologie - Was leistet die Systemforschung?, Frankfurt 1971, S. 101-141, S. 137.

344 Hier liegt die kritische Frage nahe, aus welchen Gründen diese Aufzählung von Dialogkonstituentien denn vollständig zu nennen sei (vgl. dazu Martens, E., Der Zwang der Wahrheit. Zum Dezisionismusproblem bei Jürgen Habermas, in: Philosophisches Jahrbuch 83/1976, S. 392-401, S. 398; sowie Zimmerli, W. Ch., Jürgen Habermas: Auf der Suche nach der Identität von Theorie und Praxis, in: J. Speck, Hrsg., Grundprobleme der großen Philosophen. Philosophie der Gegenwart IV, Göttingen 1981, S. 223-266, S. 243; und Alexy, R., Theorie der juristischen Argumentation. Die Theorie des rationalen Diskurses als Theorie der juristischen Begründung, Frankfurt 1983, S. 170).

2. Alle Diskursteilnehmer müssen die gleiche Chance haben, Deutungen, Behauptungen, Empfehlungen, Erklärungen und Rechtfertigungen aufzustellen und deren Geltungsanspruch zu problematisieren, zu begründen oder zu widerlegen, so dass keine Vormeinung auf Dauer der Thematisierung und der Kritik entzogen bleibt."[345]

Zwei weitere Bedingungen sollen sicherstellen, dass die Teilnehmer eines Diskurses nicht in Wahrheit unter Handlungszwang kommunizieren. Zunächst wird ein Wahrhaftigkeitspostulat genannt. Diskursteilnehmer sollen dann als wahrhaftig bezeichnet werden, wenn sie fähig sind und die Möglichkeit haben, ihre 'innere Natur' transparent zu machen. Dies ist dann der Fall, wenn nur Sprecher zugelassen sind, "die als Handelnde gleiche Chancen haben, repräsentative Sprechakte zu verwenden, d.h. ihre Einstellungen, Gefühle und Intentionen zum Ausdruck zu bringen."[346]

Schließlich ist für die ideale Sprechsituation und die in ihr gegebene Freizügigkeit zwischen den Sprachebenen die vollständige Reziprozität von Verhaltenserwartungen notwendig. Deshalb sind zum Diskurs nur Sprecher zugelassen, "die als Handelnde die gleiche Chance haben, regulative Sprechakte zu verwenden, d.h. zu befehlen und sich zu widersetzen, zu erlauben und zu verbieten, Versprechen zu geben und abzunehmen, Rechenschaft abzulegen und zu verlangen usw."[347] Damit sollen Realitätszwänge suspendiert werden und so ein ebenso erfahrungsfreier wie handlungsentlasteter Kommunikationsbereich geschaffen werden.

Habermas entwickelt die ideale Sprechsituation und ihre Struktur als Möglichkeitsbedingungen eines vernünftigen Konsenses. Als solche Möglichkeitsbedingung bleibt die ideale Sprechsituation jedoch ein Konstrukt, das seine Legitimation ausschließlich aus dem Konsensusbegriff der Wahrheit und der von Habermas auf dieser Grundlage entwickelten Argumentationskette bezieht.[348] Habermas wendet dagegen zunächst ein, dass eine hinreichende Realisierung der Bedingungen der idealen Sprechsituation

---

[345] Habermas, J., Wahrheitstheorien, in: H. Fahrenbach, Hrsg., Wirklichkeit und Reflexion, Festschrift für W. Schulz zum 60. Geburtstag, Pfullingen 1973, S. 211-265, S. 255.

[346] Habermas, J., Wahrheitstheorien, in: H. Fahrenbach, Hrsg., Wirklichkeit und Reflexion, Festschrift für W. Schulz zum 60. Geburtstag, Pfullingen 1973, S. 211-265, S. 256.

[347] Habermas, J., Wahrheitstheorien, in: H. Fahrenbach, Hrsg., Wirklichkeit und Reflexion, Festschrift für W. Schulz zum 60. Geburtstag, Pfullingen 1973, S. 211-265, S. 256.

[348] Insofern ist der Hinweis auf die 'erschrekende Irrealität' der Unterstellung einer idealen Sprechsituation zwar berechtigt, aber er trifft nicht ganz die Funktion, die Habermas einer solchen Unterstellung zuschreibt (vgl. Schulz, W., Philosophie in der veränderten Welt, Pfullingen 1972, S. 173 ff.; sowie Ilting, K.-H., Geltung als Konsens, in: Neue Hefte für Philosophie 10/1975, S. 20-50, S. 28).

apriori nicht unmöglich sei.[349] Er gesteht jedoch eine andere Schwierigkeit zu: es fehlt ein externes Kriterium der Beurteilung, "so dass wir in gegebenen Situationen niemals sicher sein können, ob wir einen Diskurs führen oder ob wir nicht vielmehr unter Handlungszwängen agieren und Scheindiskurse vorführen".[350]

Wenn ihre Realisierung nun empirisch nicht festgestellt werden kann, so kann ihr Status nur so beschrieben werden: "Die ideale Sprechsituation ist weder ein empirisches Phänomen noch bloßes Konstrukt, sondern eine in Diskursen unvermeidliche reziprok vorgenommene Unterstellung. Diese Unterstellung kann, sie muss nicht kontrafaktisch sein; aber auch wenn sie kontrafaktisch gemacht wird, ist sie eine im Kommunikationsvorgang operativ wirksame Fiktion."[351] Sie ist also eine Fiktion, die operativ wirksam ist, und diese operative Wirksamkeit beruht darauf, dass es zur Struktur möglicher Rede gehört, "dass wir im Vollzug der Sprechakte kontrafaktisch so tun, als sei die ideale Sprechsituation nicht bloß fiktiv, sondern wirklich".[352]

Der politisch-utopische Anspruch von Habermas' Begriff des 'modernen' Wissens liegt nun in dem von Habermas behaupteten doppelten Charakter der idealen Sprechsituation. Einerseits sind die Strukturen der idealen Sprechsituation als kontrafaktisch zu unterstellende Bedingungen zunächst der Verständigung zwischen Menschen und dann der Gewinnung eines gesicherten Wissens aufzufassen. Darüber hinaus findet Habermas in ihnen jedoch auch die Bedingungen einer idealen Lebensform.[353] Das Modell der gesellschaftlich-politischen Utopie, das Habermas' Konzeption der Moderne zugrundeliegt, orientiert sich also an den speziellen Formen von Verständigung, die die ideale Sprechsituation ausmachen. Diese Formen werden als Ideal für die Institutionen

---

[349] Vgl. dazu Höffe, O., Kritische Überlegungen zur Konsensustheorie der Wahrheit (Habermas), in: Philosophisches Jahrbuch 83/1976, S. 313-332, S. 330; sowie Martens, E., Der Zwang der Wahrheit. Zum Dezisionismusproblem bei Jürgen Habermas, in: Philosophisches Jahrbuch 83/1976, S. 392-401, S. 401.

[350] Habermas, J., Wahrheitstheorien, in: H. Fahrenbach, Hrsg., Wirklichkeit und Reflexion, Festschrift für W. Schulz zum 60. Geburtstag, Pfullingen 1973, S. 211-265, S. 257.

[351] Habermas, J., Wahrheitstheorien, in: H. Fahrenbach, Hrsg., Wirklichkeit und Reflexion, Festschrift für W. Schulz zum 60. Geburtstag, Pfullingen 1973, S. 211-265, S. 258.

[352] Dass das Kriterium der idealen Sprechsituation inhaltlich und operational leer und deshalb zur Beurteilung der Vernünftigkeit eines Konsenses nicht geeignet ist (wie Ch. W. Zimmerli einwendet), würde Habermas vermutlich nicht als Kritik gelten lassen. Gerade in der Beschränkung auf die *formalen* Eigenschaften von Diskursen sieht er die Möglichkeit, die Bedingungen der rationalen Motivation nachzukonstruieren (vgl. Zimmerli, W. Ch., Jürgen Habermas: Auf der Suche nach der Identität von Theorie und Praxis, in: J. Speck, Hrsg., Grundprobleme der großen Philosophen. Philosophie der Gegenwart IV, Göttingen 1981, S. 223-266, S. 248).

[353] Vgl. Habermas, J., Vorbereitende Bemerkungen zu einer Theorie der kommunikativen Kompetenz, in: Habermas, J./Luhmann, N., Theorie der Gesellschaft oder Sozialtechnologie - Was leistet die Systemforschung? Frankfurt 1971, S. 101-141, S. 139.

angesehen, die das gesellschaftliche und staatliche Zusammenleben von Menschen regeln. Solche Institutionen sollen demnach zum einen in einem Prozeß bestimmt werden, der grundsätzlich ebenso funktioniert wie der Diskurs, der problematisch gewordene Geltungsansprüche überprüfen soll. Zum andern sollen solche Institutionen jedoch selbst gemäß den Strukturen der idealen Sprechsituation operieren, also in ihre Entscheidungsverfahren jene Charakteristika integrieren, die eine solche Sprechsituation auszeichnen.

Habermas' Theorie der Gewinnung eines sicheren Wissens führt jedoch nicht nur zu einem 'Ideal' der Bestimmung von Institutionen eines vernünftig geregelten Zusammenlebens von Menschen, sondern beansprucht darüber hinaus, diese Idealvorstellung aus den gleichen Grundlagen ableiten zu können, die ein intersubjektiv verbindliches und verläßliches Wissen ermöglichen. Weil die Bedingungen der idealen Sprechsituation Habermas zufolge in jeder Verständigung zwischen Menschen kontrafaktisch antizipiert werden, stellen sie auch den 'Vorschein' einer idealen Lebensform in der Unvollkommenheit der alltäglichen Kommunikation dar.[354] Dieser 'Vorschein' ist damit nicht als ein Konstrukt zu verstehen, sondern als eine immer schon gegebene Wirklichkeit, die aller Verständigung zwischen Menschen zugrundeliegt.

In diesem Sinne könnte man in Habermas' Denken den Höhepunkt der Idee der Moderne sehen. In diesem Denken laufen die zwei Stränge zusammen, die hauptsächlich die Idee der Moderne ausmachen. Zum einen wird der Anspruch erhoben, ein sicheres und gewisses Wissen finden zu können, dem alle vernünftigen Wesen zustimmen müssen. Dieses Wissen ist darüber hinaus auf den Menschen als sprach- und vernunftfähiges Subjekt zentriert, auch wenn als Garant des Wissens hier nicht das auf sich selbst reflektierende 'ego cogito' oder das apriorisch unter allen seinen Vorstellungen Einheit stiftende Bewußtsein herangezogen wird, sondern die in Verständigungsprozessen hergestellte Intersubjektivität einer Kommunikationsgemeinschaft. Zum anderen lautet der Anspruch, in dem Prozeß einer solchen subjektzentrierten Produktion von Wissen sei gleichzeitig auch die richtige Gestaltung der Institutionen des menschlichen Zusammenlebens angelegt.

[354] Vgl. Habermas, J., Vorbereitende Bemerkungen zu einer Theorie der kommunikativen Kompetenz, in: Habermas, J./Luhmann, N., Theorie der Gesellschaft oder Sozialtechnologie - Was leistet die Systemforschung?, Frankfurt 1971, S.. 101-141, S. 141.

Nach der Konzeption von Habermas muss also primär nicht erst auf der Grundlage der gefundenen Sicherheit des Wissens ein spezielles Wissen über jene Institutionen ausgearbeitet werden, sondern dieses Wissen ist bereits in und mit den Strukturen gegeben, die dem Wissen seine Verläßlichkeit garantieren. Man könnte dies auch so formulieren: Wer den Anspruch erhebt, etwas zu wissen, der verfügt bereits damit über eine Vorstellung von den Grundlinien der richtigen und vernünftigen Gestaltung des menschlichen Zusammenlebens. Aber auch der umgekehrte Zusammenhang würde der Habermas'schen Konzeption entsprechen: Wer ein vernünftig begründetes Ideal der gesellschaftlich-politischen Institutionen besitzt, der hat damit auch Zugang zu den Grundlagen, die die Ausarbeitung eines sicheren Bestandes an Wissen erlauben.

3.2 Diskurs und Dialog

Daraus wird deutlich, dass Habermas im instrumentalen und kommunikativen Handeln als den grundlegenden Formen der Auseinandersetzung des Menschen mit der äußeren bzw. inneren Natur nicht nur Formierungsgesetze gattungsgeschichtlicher Entwicklungen sieht, sondern die fundamentalen Konstituentien von Objektivität überhaupt. Dieser Begriff von Objektivität beschränkt sich dabei nicht auf die wissenschaftliche Form der Beschreibung der Welt, sondern umfaßt ebenso den vorwissenschaftlichen und alltäglichen Vorgang "der Vergegenständlichung der Realität unter den Gesichtspunkten der technischen Verfügbarkeit und der intersubjektiven Verständlichkeit".[355] Instrumentales und kommunikatives Handeln - Interaktion - sind demnach die beiden Formen, in denen der Mensch sich Objektivität zugänglich macht, indem er sie konstituiert. Als Faktoren der Konstitution von Objektivität haben diese 'Gesichtspunkte' nicht nur den Charakter von anthropologisch fundierten Erkenntnisinteressen, sondern sie besitzen zugleich einen 'quasitranszendentalen' Status. Folglich sind "technisches und praktisches Erkenntnisinteresse nicht Steuerungen der Kognition, die um der Objektivität der Erkenntnis willen ausgeschaltet werden müßten; sie selbst vielmehr bestimmen den Aspekt, unter dem die Wirklichkeit objektiviert und damit der Erfahrung allererst zugänglich gemacht werden kann. Sie sind die für sprach- und handlungsfähi-

[355] Habermas, J., Theorie und Praxis, a.a.O., S. 16.

ge Subjekte notwendigen Bedingungen der Möglichkeit von Erfahrung, die auf Objektivität Anspruch erheben kann."[356]

Aus dieser Skizze einiger fundamentaler Grundzüge am Beginn des Denkweges von Habermas ergibt sich bereits einiger Aufschluß über die Wahrheitstheorie, die allein auf dieser Grundlage entwickelt werden kann. Offensichtlich scheidet eine Korrespondenztheorie von vornherein aus, wenn Objektivität nicht als eine unabhängig vom Betrachter bestehende Dimension aufgefaßt wird, sondern als ein Konstitutionsprodukt, das durch die Einnahme bestimmter Perspektiven - 'Gesichtspunkte' - erzeugt wird. Eine Bedeutung von Korrespondenz kann nur in dem Sinne beibehalten werden, dass eine Übereinstimmung zwischen den in einer faktischen Situation formulierten Weltbeschreibungen und der unter menschlichen Perspektiven konstituierten Objektivität hergestellt werden muss.

Diese Korrespondenz aber ist offensichtlich nicht eine zwischen verschiedenen Dimensionen, sondern eine dem menschlichen Weltverständnis interne Übereinstimmung. Wahrheit wird auf dieser Grundlage nur als 'richtiges Bewußtsein' verstanden werden können, d.h. als Übereinstimmung der faktischen Aussagen mit der menschlich konstituierten und nur durch diese Konstitution objektiven Welt. Der Wahrheitsbegriff kann folglich nicht primär von der Intention einer Aufklärung über eine unabhängige Welt her verstanden werden, sondern muss sich an der Selbstaufklärung des Menschen über sich orientieren.[357] Diese Selbstaufklärung wird damit nicht an sich bestehende Sachverhalte offenbar machen, sondern muss sich auf solche Prozesse beziehen, in denen sich die Konstitution der menschlichen Welt im instrumentalen und kommunikativen Handeln vollzieht.

Da die Dimension einer dem Menschen gegenüberstehenden Objektivität aber auch durch kommunikatives Handeln konstituiert ist, deshalb wird in den Wahrheitsbegriff ein genuin 'dialogisches' Element integriert werden müssen. Wenn die Welt in kom-

---

[356] Habermas, J., Theorie und Praxis, a.a.O., S. 16.

[357] Deshalb kann Habermas auch den Erkenntnisprozeß am Beispiel der Psychoanalyse als einer auf Selbstreflexion abzielenden Sprachanalyse zu verstehen suchen. Der Prozeß der Selbstaufklärung, der Erkenntnis kennzeichnet, nimmt in der Psychoanalyse die Form einer methodisch ermöglichten und provozierten Selbstreflexion an. Dabei wird das objektivierte und von seinen Konstitutionsprozessen abstrahierte Produkt der Seelentätigkeit einer Person wieder in den Konstitutionsprozeß eingebunden und so eine Übereinstimmung zwischen der aktuellen Selbstauffassung und der konstituierten und dann verdinglichten Selbstkonstitution hergestellt (vgl. Habermas, J., Erkenntnis und Interesse, a.a.O., S. 262 ff.; ders., Theorie und Praxis, a.a.O., S. 17; eine Theorie der Psychoanalyse auf dieser Grundlage wird entwickelt bei Lorenzer, A., Sprachzerfall und Rekonstruktion, Frankfurt/Main 1970).

munikativen Prozessen konstituiert ist, und wenn Erkenntnis eine Selbstaufklärung des Menschen über die Konstituiertheit seiner Welt bedeutet, so wird diese Selbstaufklärung nicht monologisch vor sich gehen können, sondern wird in den Prozeß der Wahrheitsfindung von vornherein das kommunikative Handeln als ein Konstitutionsmoment der Welt mit aufnehmen müssen. Eine monologische oder solipsistische Methode der Wahrheitsfindung wäre also unangemessen, weil sie dem Charakter der Objektivität als dem Gegenstand der Suche nach Wahrheit unangemessen wäre. Sie könnte die objektive Dimension nicht erreichen, weil sie notwendig an einer konstitutiven Struktur dieser Dimension vorbeisehen würde.

Das weltkonstituierende kommunikative Handeln bestimmt den Wahrheitsbegriff jedoch noch etwas genauer. Dies lässt sich aus den Bedingungen einer jeden Kommunikation entwickeln, die Habermas zufolge stets und unvermeidlich an der Herstellung eines Konsensus orientiert ist. Wenn dem so ist, dann ergibt sich die Habermas'sche Form der Konsensustheorie auch aus den Bedingungen der Möglichkeit, mittels kommunikativer Handlungen eine objektive Welt zu konstituieren, und d.h., sie ergibt sich aus den Bedingungen der Möglichkeit einer Konstitution von Welt selbst. Daraus lässt sich aber auch ableiten, dass diese Wahrheitstheorie ihre Begründung letztlich aus den Formen bezieht, in denen Menschen ihre Welt und damit sich selbst als objektive und mit objektiv orientierten Aussagen beschreibbare Wesen konstituieren, m.a.W.: die Habermas'sche Wahrheitstheorie ergibt sich ihrem eigenen Anspruch zufolge aus dem 'intuitiven' Begriff der Wahrheit selbst, zu deren Bedeutungskern jene Trennung von Subjektivität und Objektivität gehört, die Habermas zufolge gerade aufgrund jener Fähigkeit zu kommunikativem Handeln zustandekommt, aus der sich schließlich die wichtigsten Elemente des Wahrheitsbegriffes ergeben.

Nun stützt sich die Konstitution wissenschaftlicher Objektivität über die implizierte Möglichkeit der Prüfung hypothetischer Geltungsansprüche auf die Existenz sprachfähiger Subjekte, die in solchen Prüfprozessen zu einer Verständigung gelangen können. Deshalb kann Habermas auch das Gelingen von Verständigung selbst als Konstitutionsbedingung wissenschaftlicher Objektivität auffassen.[358] Verständigung aber wird als

[358] Das Telos der Verständigung ist darüber hinaus mit jedem Sprechen schon gegeben (vgl. Habermas, J., Theorie und Praxis, a.a.O., S. 24). Entsprechend hatte Habermas in seiner Frankfurter Antrittsvorlesung von 1965 bereits postuliert: "Mit dem ersten Satz ist die Intention eines allgemeinen und ungezwungenen Konsensus unmißverständlich ausgesprochen" (wieder abgedruckt in Habermas, J., Tech-

ein normativer Begriff aufgefaßt, den jeder intuitiv kennt, der eine natürliche Sprache spricht. Die Bewährung und damit das Gelingen von Verständigung aber geschieht in einem vernünftigen Konsensus, im anderen Fall liegt keine 'wirkliche' Verständigung vor: "Kompetente Sprecher wissen, dass jeder faktisch erzielte Konsensus trügen kann; aber dem Begriff des trügerischen (oder bloß erzwungenen) Konsensus müssen sie den Begriff des vernünftigen Konsensus immer schon zugrundegelegt haben."[359]

Auf dieser Grundlage kann Habermas seine Konzeption von Wahrheit auch mit Hilfe einer Theorie der Verständigung entwickeln. Die aller Verständigung zugrundeliegende und den Sinn von Rede überhaupt bestimmende Unterscheidung zwischen einem 'wahren' (wirklichen) und einem 'falschen' (täuschenden) Konsensus setzt die Fähigkeit voraus, drei aus der Tradition der Philosophie bekannte Unterscheidungen vornehmen zu können:

- zwischen Sein und Schein;
- zwischen Wesen und Erscheinung;
- zwischen Sein und Sollen.[360]

Diese fundamentalen Unterscheidungen sind zugleich Voraussetzungen, um überhaupt in eine Kommunikation einzutreten. Im Prozeß des Sprechens werden sie mit Hilfe sog. Sprechakte vorgenommen.[361] Sein und Schein können unterschieden werden durch die Verwendung von Konstativa, die dazu dienen, den Sinn der kognitiven Verwendung von Sätzen auszudrücken. Die Unterscheidung zwischen Wesen und Erscheinung wird mittels Repräsentativa vorgenommen, die den pragmatischen Sinn der Selbstdarstellung eines Sprechers vor einem Hörer zum Ausdruck bringen. Zwischen Sein und Sollen - d.h. zwischen empirischen Regelmäßigkeiten und geltenden Regeln - kann durch die Verwendung von Regulativa unterschieden werden, die dazu dienen, den Sinn der praktischen Verwendung von Sätzen auszudrücken. Die auf diese Weise ermöglichte Unterscheidung zwischen einem wahren und einem falschen Konsensus gehört wiederum in den pragmatischen Sinn von Rede überhaupt, der durch Kommuni-

---

nik und Wissenschaft als 'Ideologie', Frankfurt/Main 1968, S. 146-168, S. 163).

[359] Habermas, J., Theorie und Praxis, a.a.O., s. 24.

[360] Vgl. Habermas, J., Vorbereitende Bemerkungen zu einer Theorie der kommunikativen Kompetenz, in: Habermas, J., Luhmann, N., Theorie der Gesellschaft oder Sozialtechnologie - Was leistet die Systemforschung?, Frankfurt/Main 1971, S. 101-141, S. 113 f.

[361] Habermas stützt sich hier auf die Theorie der Sprechakte, die von J. L. Austin und J. R. Searle entwikelt wurde; vgl. Austin, J.L., How to do Things with Words, Oxford 1962; Searle, J.R., Speech Acts, Cambridge/Mass. 1969.

kative ausgedrückt wird, die den pragmatischen Sinn einer sprachlichen Verständigung bestimmen.

Die Bedeutung des Diskurses kann nun aus dem Zusammenhang einer 'Theorie der kommunikativen Kompetenz' abgeleitet werden. Eine solche Theorie soll die Leistungen erklären, "die Sprecher oder Hörer mit Hilfe pragmatischer Universalien vornehmen, wenn sie Sätze in Äußerungen transformieren."[362] Unter 'Sätzen' sind dabei linguistische Einheiten zu verstehen; 'Äußerungen' dagegen sind situierte Sätze, d.h. Sätze, die in kommunikativen Zusammenhängen verwendet werden. Diese Transformation von Sätzen in Äußerungen - und d.h. die Ermöglichung von Verständigung - erfordert nun grundsätzlich das Erbringen von zwei verschiedenen Leistungen. Damit eine Verständigung gelingt, müssen Sprecher und Hörer gleichzeitig auf zwei Ebenen operieren:

- die Ebene der Intersubjektivität, auf der sie *miteinander* sprechen;
- die Ebene der Gegenstände, *über* die sie sich verständigen.

Habermas spricht hier von der elementaren Doppelstruktur der Rede: "Die elementare Einheit der Rede ist aus performativem und abhängigem Satz propositionalen Gehalts zusammengesetzt, weil Kommunikation, als eine Verständigung über Gegenstände, nur unter der Bedingung gleichzeitiger Metakommunikation, nämlich einer Verständigung auf der Ebene der Intersubjektivität über den bestimmten pragmatischen Sinn der Kommunikation, zustande kommt."[363]

Damit die genannten zentralen Unterscheidungen (Sein - Schein; Wesen - Erscheinung; Sein - Sollen) tatsächlich die Unterscheidung zwischen einem wirklichen und einem täuschenden Konsensus erlauben, müssen sie über die elementare Doppelstruktur auch zwei Formen der Kommunikation ermöglichen: kommunikatives Handeln auf der einen Seite und Diskurs auf der anderen Seite. Da der wirkliche Konsensus aber der Sinn von Verständigung ist und Verständigung schon als solche ohne interne Orientierung an einem solchen Konsens nicht denkbar ist, gehören jene beiden Formen der Kommunikation konstitutiv in die Möglichkeitsbedingungen der Rede.[364] Kommuni-

---

[362] Habermas, J., Vorbereitende Bemerkungen zu einer Theorie der kommunikativen Kompetenz, a.a.O., S. 103.

[363] Habermas, J., Vorbereitende Bemerkungen zu einer Theorie der kommunikativen Kompetenz, a.a.O., S. 106.

[364] Habermas rekonstruiert damit im Grunde sprachtheoretisch die Konstitutionsbedingungen wissenschaftlicher Objektivität. Wie die Konstitution der objektiven Dimension in der Wissenschaft nur möglich

katives Handeln kann als Sprachspiel verstanden werden, das von einem unbefragten und selbstverständlichen Konsensus getragen wird. Dieses Sprachspiel setzt voraus, dass bestimmte Bedingungen der Verständigung erfüllt sind. Die beteiligten Subjekte müssen

"a) den pragmatischen Sinn der interpersonalen Beziehung (der im Sprechakt auch verbalisiert werden kann) intentional mitteilen und entsprechend auffassen können;

b) den Sinn des propositionalen Gehaltes ihrer Äußerungen intentional mitteilen und entsprechend auffassen können;

c) den Geltungsanspruch der Meinungen, die sie kommunizieren, nicht in Frage stellen; und

d) den Geltungsanspruch der Handlungsnorm, der sie jeweils folgen wollen, akzeptieren können."[365]

Diskurse können nun als notwendige Komplemente des kommunikativen Handelns aufgefaßt werden. Ihre Notwendigkeit ergibt sich aus der Störanfälligkeit solcher Sprachspiele. Generell könnte gesagt werden, dass Diskurse notwendig sind, weil über die Geltungsanprüche, die im kommunikativen Handeln erhoben werden, nicht jederzeit ein Konsens zwischen den beteiligten Subjekten besteht. Dies führt zurück zu der bereits behandelten Theorie der Wirklichkeitskonstitution, wie sie von Habermas vertreten wird. Wirklichkeit ist kein theorie- und sprachfreies Ding an sich, an das sich die Subjekte in ihren Aussagen nur anzupassen hätten, sondern Wirklichkeit wird verstanden als ein Konstitutionsprodukt.

Weil dieser Prozeß nicht nur durch die instrumentale Auseinandersetzung mit der äußeren Natur, sondern auch durch die kommunikative Auseinandersetzung mit der internen Natur des Menschen vor sich geht, deshalb ist eine Übereinstimmung in der Wirklichkeitsdefinition verschiedener Subjekte nicht von vornherein garantiert. Eine solche Übereinstimmung und damit auch eine gemeinsame Wirklichkeitsdefinition muss vielmehr in einem intersubjektiven Prozeß geleistet werden, der sich nicht auf ein vorgegebenes Drittes außerhalb des Kommunikationsprozesses selbst stützen kann. Weil

---

ist, wenn Geltungsansprüche hypothetisch werden und so auf ihre Begründung befragt werden können - womit der Diskurs konstitutives Moment der Objektkonstitution wird -, so ist die Konstitution sprachlicher Verständigung nur möglich, wenn die darin erhobenen Geltungsansprüche im Status der Virtualisierung problematisch werden und im Diskurs auf ihre Berechtigung untersucht werden können.

[365] Habermas, J., Vorbereitende Bemerkungen zu einer Theorie der kommunikativen Kompetenz, a.a.O., S. 116.

aber Wirklichkeit überhaupt nur in einem solchen intersubjektiven Prozeß hergestellt werden kann, deshalb erfordert kommunikatives Handeln ein Komplement, das Störungen des kommunikativen Sprachspiels behebt, damit überhaupt eine Dimension der Wirklichkeit für den Menschen eröffnet wird.

Das bedeutet aber auch, dass dieses Komplement nicht nur für die dem Menschen gegenüberstehende Wirklichkeit von konstitutiver Bedeutung ist, sondern auch für die Selbstauffassung des Menschen als einer Wirklichkeit sui generis. Der Diskurs als Komplement des kommunikativen Handelns ist demzufolge kein zufälliges Vorkommnis, das irgendwann in der Entwicklungsgeschichte der Gattung auftritt, und er wird von Habermas auch nicht als Konstrukt zur Fundierung seiner Wahrheitskonzeption eingeführt. Der Diskurs als die für die Habermas'sche Wahrheitsdefinition zentrale Kommunikationsform findet seine Begründung letztlich in einer Theorie transzendentaler Wirklichkeitskonstitution, die jedoch - und darin unterscheidet sie sich von der klassischen transzendentalen Theorie - ein intersubjektives Moment enthält, das den Begriff eines solipsistischen transzendentalen Subjektes als 'Fundament' der Wirklichkeitskonstitution ausschließt. Die intersubjektivistisch-transzendentale Konzeption von Objektivität, die Habermas seit Beginn seines - veröffentlichten - Denkens verfolgt, führt deshalb von selbst zu seinem Begriff des Diskurses.

Des näheren sind Diskurse nun als Reaktionen auf solche Fragen aufzufassen, die Zweifel an den impliziten Geltungsansprüchen von Äußerungen ausdrücken.[366] Sie können deshalb auch als Versuche verstanden werden, eine gemeinsame Wirklichkeitsauffassung zu restituieren. Deshalb haben sie Bedeutung sowohl für die Einheitlichkeit der Wirklichkeitserfahrung in sozialen Gruppen als auch für die fortwährende Selbstkonstituierung dieser Gruppen selbst, da die letztere auf den Bezug auf eine von allen Gruppenmitgliedern geteilte Dimension der Objektivität nicht verzichten kann. Differierende Geltungsansprüche müssen wenigstens ansatzweise zu einer Entscheidung gebracht werden, wenn die gruppenkonstituierenden Gemeinsamkeiten nicht in Gefahr geraten sollen. Die spezifische Form von Diskursen ist nun für die Wiederherstellung einer unterbrochenen Gemeinsamkeit in der Wirklichkeitserfahrung deshalb notwendig,

---

[366] Vgl. Habermas, J., Vorbereitende Bemerkungen zu einer Theorie der kommunikativen Kompetenz, a.a.O., S. 117.

weil Zweifel an den impliziten Geltungsansprüchen von Äußerungen nur durch die Angabe von *Gründen* behoben werden können.

Der Charakter eines Diskurses lässt sich nun konsequent aus seiner Aufgabe der begründenden Untersuchung von Geltungsansprüchen ableiten. Zunächst formt die diskursive Begründung "Deutungen in Interpretationen, Behauptungen in Propositionen, Erklärungen in theoretische Erklärungen, und Rechtfertigungen in theoretische Rechtfertigungen um."[367] Damit wird im Grunde nur die Verwandlung des Status eines Geltungsanspruchs von seiner im Gang des Sprachspiels selbstverständlichen Akzeptanz zu einer fraglichen und begründungsbedürftigen Behauptung beschrieben.

Der Status von Diskursen ist darüber hinaus jedoch durch zwei Charaktere bestimmt, die Habermas als konstitutiv für die Möglichkeit ansieht, im Diskurs zu Begründungen gelangen zu können. Diese beiden Charaktere können deshalb auch als Konstituentien von Rationalität und damit als notwendige Wahrheitskriterien angesehen werden.

(1) Zunächst erfordern Diskurse eine 'Virtualisierung der Handlungszwänge'; dies bedeutet, "dass alle Motive außer dem einer kooperativen Verständigungsbereitschaft außer Kraft gesetzt und Fragen der Geltung von denen der Genesis getrennt werden."[368] Der Eintritt in einen Diskurs setzt also die Fähigkeit und die Bereitschaft voraus, einen Dialog zu führen, der frei von strategischen Elementen ist, m. a. W.: der prinzipiell interesselos geführt wird.[369]

(2) Zum zweiten erfordern Diskurse eine 'Virtualisierung von Geltungsansprüchen', die dazu führen soll, "dass wir gegenüber den Gegenständen kommunikativen Handelns (also Dingen und Ereignissen, Personen und Äußerungen) einen Existenzvorbehalt anmelden und a) über *Sachverhalte*, die der Fall, aber auch nicht der Fall sein kön-

---

[367] Habermas, J., Vorbereitende Bemerkungen zu einer Theorie der kommunikativen Kompetenz, a.a.O., S. 117.

[368] Habermas, J., Vorbereitende Bemerkungen zu einer Theorie der kommunikativen Kompetenz, a.a.O., S. 117.

[369] Man könnte allerdings von einem Interesse an gelingender Verständigung sprechen. Dass dieses Interesse vorhanden ist, gehört zu den Annahmen der Habermas'schen Rationalitäts- und Wahrheitskonzeption. Dies wirft jedoch bereits Licht auf den Interessenbe-griff. Um ein 'egoistisches' Interesse kann es sich offensichtlich nicht handeln. Die Annahme muss also lauten, dass das Individuum aufgrund seiner internen Struktur bereit ist, kooperativ zu handeln, sodass geradezu von einem Interesse daran gesprochen werden kann. Dies führt im Grunde bereits auf ein anderes Gebiet des Habermas'schen Denkens, nämlich auf den Zusammenhang von Ich-Entwicklung und Gesellschaftsentwicklung (vgl. Habermas, J., Moralentwicklung und Ich-Identität, in: ders., Zur Rekonstruktion des Historischen Materialismus, Frankfurt/Main 1976, S. 63-91; sowie Döbert, R., Habermas, J., Nunner-Winkler, G., Einführung, in: dies., (Hrsg.), Entwicklung des Ichs, Köln 1977, S. 9-30).

nen, und b) über *Empfehlungen* und *Warnungen*, die richtig, aber auch nicht richtig sein können, diskutieren."[370] Der Eintritt in einen Diskurs setzt demnach die Fähigkeit voraus, in Propositionen ausgedrückte Sachverhalte ohne präjudizierende Beurteilung ihrer Richtigkeit zu betrachten. Neben der Interesselosigkeit ist also auch eine Vorurteilslosigkeit gefordert, um mit Gründen ein intersubjektiv gestörtes Wirklichkeitsverständnis wiederherstellen zu können.

3.3 Mediation und ideale Sprechsituation

Die Konsensustheorie der Wahrheit wollte den zwanglosen Zwang des besseren Argumentes durch formale Eigenschaften des Diskurses erklären. Nunmehr ist eine fundamentale Bedingungsstruktur entwickelt, die ein Diskurs erfüllen muss, damit er einen rational motivierten Konsens erzeugen kann. Die formalen Eigenschaften eines Diskurses müssen es demzufolge erlauben, prinzipiell jedes einmal gewählte Begriffs- und Sprachsystem selbst in den Diskurs einzubeziehen und aufgrund rationaler Motivation zu revidieren. Dazu ist es offenbar erforderlich, dass innerhalb des Diskurses die Diskursebenen jederzeit gewechselt werden können, so dass das zuerst gewählte Sprach- und Begriffssystem zur Objektsprache wird, über deren Angemessenheit in einer Metasprache verhandelt werden kann, die selbst wiederum in den Status einer Objektsprache transformierbar ist, über deren Angemessenheit zur Diskussion des zuerst gewählten Sprach- und Begriffssystems nun in einer neuen Metasprache argumentiert werden kann. Die Unabgeschlossenheit dieses Prozesses gehört offenbar zu den Konstituentien von Diskursen, wenn in ihnen rationale Motivation erzeugt werden soll, die einem Konsens den Status der Begründetheit und Wahrheit verleiht: "Ein argumentativ erzielter Konsensus darf dann, aber auch nur dann als Wahrheitskriterium angesehen werden, wenn strukturell die Möglichkeit besteht, die jeweilige Begründungssprache, in der Erfahrungen interpretiert werden, zu hinterfragen, zu modifizieren und zu ersetzen. Die reflexive Erfahrung mit der Unangemessenheit der Interpretationen unserer Erfahrungen muss in die Argumentation eingehen können."[371]

---

[370] Habermas, J., Vorbereitende Bemerkungen zu einer Theorie der kommunikativen Kompetenz, a.a.O., S. 117.
[371] Habermas, J., Wahrheitstheorien, a.a.O., S. 250.

Damit sind die Anforderungen genannt, die eine ideale Sprechsituation erfüllen muss, wenn sie Rationalität und Wahrheit ermöglichen soll. Die formalen Eigenschaften von Diskursen müssen demnach so beschaffen sein, dass sie stets die Revision zunächst gewählter Sprachsysteme erlauben. Darin liegt eine "schrittweise Radikalisierung, d.h. Selbstreflexion des erkennenden Subjekts".[372]

Mit der Charakterisierung der Strukturen einer idealen Sprechsituation, die durch die Freizügigkeit zwischen den Diskursebenen die Generierung vernünftiger Motivation und damit die Herstellung eines wahren - weil vernünftigen - Konsenses erlaubt, kommt Habermas' Wahrheitstheorie in gewisser Weise wieder an ihren Anfang zurück. Ausgangspunkt ihrer Wahrheitsdefinition war ein Begriff des Konsenses, der universell und überzeitlich gültig wäre, da er die Zustimmung aller potentiellen Gesprächspartner aller vergangenen, gegenwärtigen und zukünftigen Generationen impliziert. Die Stärke dieses Wahrheitsbegriffes liegt gerade darin, dass die Universalität und 'Ungeschichtlichkeit', die wir gewöhnlich mit dem Begriff der Wahrheit verbinden, auf der Basis einer Konsensustheorie bewahrt bleibt - was zunächst ungewöhnlich und überraschend erscheint.

Die konsenstheoretische Rekonstruktion dieser Anforderungen an einen Wahrheitsbegriff gelang, weil durch die Universalität der Zustimmung strukturell nicht mehr die Möglichkeit besteht, dass eine auf diese Weise gefundene Wahrheit sich als Irrtum herausstellen könnte; es sind einfach keine Gesprächspartner mehr denkbar, die Einwände erheben könnten. Solange noch Einwände vorgebracht werden können, kann der Konsens nicht als universell bezeichnet werden und d.h., es lag überhaupt kein wahrer Konsensus vor.

Die einfache Tatsache, dass meine Lebenszeit nicht koextensiv mit der Lebenszeit aller Menschen ist und die Forderung nach universeller Zustimmung jede Rede von Wahrheit unmöglich machen würde, führte Habermas zu der Einschränkung, dass von der Wahrheitsfähigkeit eines Konsenses auch bereits dann die Rede sein kann, wenn alle *kompetenten* Gesprächspartner zustimmen. Kompetenz wurde schließlich durch Vernünftigkeit definiert und diese wiederum durch die Anerkennung fundamentaler Geltungsansprüche bestimmt, die Möglichkeitsbedingungen jeder Verständigung darstellen. Vernünftig ist danach jeder, der bereit ist, in Zweifel gestellte Behauptungen in Dis-

---

[372] Habermas, J., Wahrheitstheorien, a.a.O., S. 252.

kursen zu überprüfen. Diskurse wiederum garantieren die Vernünftigkeit der in ihnen erzielbaren Resultate, weil sie die Erfüllung bestimmter Bedingungen unterstellen, die es strukturell ermöglichen, auch noch die Selbstreflexion des erkennenden Subjekts in den argumentativen Prozeß einzubeziehen. Dies ist dann möglich, wenn eine Freizügigkeit zwischen den Diskursebenen gesichert ist. Diese Freizügigkeit wird durch die Erfüllung der allgemeinen Symmetrieforderung in der idealen Sprechsituation gewährleistet.

Die Ausfächerung der Gleichverteilung der Chancen, Sprechakte zu wählen und auszuführen, für die verschiedenen Klassen von Sprechakten führt nun zu einem Ergebnis, das strukturell als Rekonstruktion der Ausgangsforderung nach einem universellen Konsens auf der durch die beschränkte Lebenszeit des Individuums gegebenen neuen Basis verstanden werden kann. Der Wahrheitsbegriff des universellen Konsenses bezog seine Stärke aus der strukturellen Unmöglichkeit, eine einmal gefundene Wahrheit noch in Frage stellen zu können, da keine Gesprächspartner mehr denkbar sind, die Einwände erheben könnten. Der Wahrheitsbegriff des im Diskurs gefundenen Konsenses kompetenter Sprecher bezieht seine Stärke in analoger Weise aus der strukturellen Unmöglichkeit, eine einmal gefundene Wahrheit noch in Frage stellen zu können.

Der Grund für diese Unmöglichkeit liegt allerdings in einer völlig verschiedenen Dimension als dies am argumentativen Beginn der Habermas'schen Wahrheitstheorie der Fall war. Wenn die ideale Sprechsituation mit ihrer allgemeinen Symmetrieforderung realisiert ist, so wird unterstellt, dass aus strukturellen Gründen alle Einwände der am Diskurs beteiligten Sprecher zur Sprache gekommen sind, und zwar nicht nur kritische Argumente, wie sie auch ohne Realisierung der idealen Sprechsituation vorgebracht werden könnten, sondern auch die Voraussetzungen dieser kritischen Argumente. Dazu gehören auch alle Restriktionen, die aus der kommunikativen Situation für das Vorbringen und die Akzeptanz von Argumenten entstehen können und die Gründe, die in Diskussionen ohne Realisierung einer idealen Sprechsituation zu solchen Restriktionen führen.

Wenn aber alle Diskursteilnehmer nicht nur in der Lage sind, alle Argumente vorzubringen und deren Voraussetzungen prinzipiell ohne Einschränkungen zu diskutieren, sondern auch noch eine Reflexion auf die kommunikativen Bedingungen des Vorbringens von Argumenten vornehmen können, die geeignet ist, alle Restriktionen des Argumentierens zu beseitigen, so sind aus strukturellen Gründen damit keine weiteren Einwände gegen die einmal gefundene Wahrheit mehr möglich. Dies aber entspricht der Situation, aus der der universelle Konsens am argumentativen Anfang der Habermas'schen Wahrheitstheorie seine Stärke bezog.

Damit kann der Argumentationsgang dieser Wahrheitstheorie auch als Rekonstruktion der Ausgangsbasis auf dem durch die Begrenztheit des Kreises möglicher Gesprächspartner erforderlichen eingeschränkten Niveau verstanden werden. Folglich kann die Habermas'sche Wahrheitstheorie auch so aufgefaßt werden, dass ihr argumentativer Aufwand nur dem einen Zweck dient, denjenigen Konsensbegriff der Wahrheit, der allein in der Lage ist, den traditionellen Anforderungen an einen Wahrheitsbegriff zu genügen und eine universelle und überzeitliche Geltung von Wahrheit zu garantieren, so weit auf ein sicheres Fundament zu stellen, dass er sich nicht mehr als apriorisches Postulat darstellt, sondern aufgrund der vorgenommenen Rekonstruktion eine eigenständige Ausweisung als Möglichkeitsbedingung von Rede und Verständigung überhaupt erhält.

Wenn Habermas den Begriff des Wissens damit in letzter Instanz von dem Kriterium einer Bestimmung von Urteilen in einer idealen Sprechsituation abhängig macht, so ist die philosophische Konstellation in Hinblick auf eine mögliche Bedeutung von Mediation im Zusammenhang der philosophischen Bestimmung der Struktur zwischenmenschlicher Beziehungen und deren Bedeutung für die Entstehung von begründetem Wissen radikal verändert. Im Unterschied zu Descartes und Kant kann auf der Grundlage der Habermas´schen Theorie kein Wissen mehr im Selbstbezug eines monadischen und monologischen Bewußtseins begründet werden, vielmehr ist alles Wissen 'dialogisch' erzeugt und scheint damit erst in einem zwischenmenschlichen Verhältnis zu entstehen und begründet zu werden. Sein Status als Wissen kommt ihm also nur zu, weil es ein Verfahren durchlaufen hat, das ihm aufgrund bestimmter Strukturen eine Gewißheit verleiht, die nicht für ein 'cogito' oder ein reines Bewußtsein gilt, sondern für alle Verfahrensbeteiligten und prinzipiell sogar für alle möglichen Teilnehmer eines solchen Verfahrens, wenn dieses Verfahren die Bedingungen erfüllt hat, unter denen sprachfähige Subjekte sich mit einem Wissen identifizieren müssen.

Was von Subjekten als Wissen angesehen wird, ist demnach nicht apriorisch zu bestimmen, sondern ergibt sich erst in einem Dialog, der seine wahrheitsverbürgende Kraft daraus bezieht, dass alle Teilnehmer mit gleichen Rechten und gleichen Freiheiten an der Bestimmung des Wissens mitwirken können. Der grundsätzlich subjektivistische Kantische Gedanke wird darin jedoch insofern beibehalten, als die im Diskurs gefundene Wahrheit sich nicht durch den Bezug auf eine an sich vorhandene Welt ausweist, mit der die gefundenen Urteile in der Relation einer Übereinstimmung stehen könnten. Alle Wahrheit wird auch bei Habermas als eine subjektive Leistung verstanden, obwohl diese Leistung nun nicht mehr von einem einzelnen Subjekt durch sein monologisches Denken vollbracht werden kann, sondern nur von den Teilnehmern eines in der Form der idealen Gesprächssituation stattfindenden Diskurses.

Inwieweit damit jedoch tatsächlich ein zwischenmenschliches Verhältnis an der Konstitution von Wissen als Grundlage des Konsenses beteiligt ist, muss durch eine nähere Untersuchung des in Diskursen bestehenden zwischenmenschlichen Verhältnisses geklärt werden. Die Lage stellt sich ja zunächst ambivalent dar. Mit einer zwischenmenschlichen Beziehung hat eine so künstliche und von allen konkreten Lebenszusammenhängen abstrahierende Veranstaltung, wie es ein Diskurs unter den Bedingungen einer idealen Gesprächssituation ist, auf den ersten Blick wenig zu tun. Ein solcher Diskurs ist vielmehr bestimmt durch diejenigen Bedingungen, die ihn von philosophischer Seite als Struktur einer wahrheitsverbürgenden Veranstaltung auszeichnen. Die Beziehung zwischen Menschen, die in ihm realisiert ist, ist demgemäß nicht determiniert durch die lebensweltlichen und mitmenschlichen Zusammenhänge, sondern durch die Gesetzlichkeiten, die in philosophischen Argumentationen für Dialogsituationen ausgearbeitet wurden, in denen Urteile als für alle vernünftigen Personen gültig begründet werden können. Die Teilnehmer an solchen Diskursen sind dann aber nicht in erster Linie durch ihre Menschlichkeit oder ihre Mitmenschlichkeit charakterisiert, sondern durch die Strukturen, die Diskurse als solche auszeichnen.

Dies zeigt sich ganz besonders deutlich an der für die Leistungsfähigkeit von Diskursen notwendigen Bereitschaft, alle Vormeinungen stets zu offenbaren, wenn Kritik an Urteilen laut wird. Dies impliziert auch die Bereitschaft, diese Vormeinungen in ihrer Richtigkeit stets und immer zur Disposition stellen zu wollen, also sie selbst in Diskursen auf ihre Richtigkeit überprüfen zu lassen. Wenn dies radikal durchgeführt wird, und

Habermas' Konzeption der Wahrheit beruht gerade auf dieser radikalen Durchführung, so bedeutet es die prinzipielle Bereitschaft, alle im Verlaufe des Lebens erworbenen Kenntnisse und Urteile über die Welt und die Mitmenschen und sich selbst dann zur Disposition zu stellen, wenn im Diskurs Behauptungen auf ihre Richtigkeit überprüft werden sollen. Also wird von den Teilnehmern an Diskursen nicht weniger verlangt, als ihr gesamtes Bewußtsein über die Welt einschließlich der sozialen Welt und ebenso über sich selbst infrage zu stellen, um die Wahrheit von Geltungsansprüchen zu untersuchen.

Damit wird aber gerade die von Habermas in anderen Zusammenhängen mit Nachdruck zur Geltung gebrachte Dimension der Lebenswelt, die Habermas gegen die systemische Dimension des sozialen Lebens stellt, in einem ihrer wichtigsten Züge dementiert. Als 'Lebenswelt' wird ja gerade der Zusammenhang von Überzeugungen und Wissensbeständen bezeichnet, der zum Handeln in nicht vollständig überschaubaren Situationen befähigt, weil er nicht infrage gestellt wird und als stets gültiger Hintergrundkonsens und Basiswissen ohne letztgültige Rechtfertigung als Wissen zugrundegelegt wird. In Diskursen aber soll jeder Teilnehmer bereit und fähig sein, die Überzeugungen seiner Lebenswelt preiszugeben, um Geltungsansprüche überprüfen zu können. Habermas versucht diesem Problem zu begegnen, indem er in die Struktur der idealen Gesprächssituation die Entlastung von Handlungszwängen einfügt. Damit wird zwar ein weiteres kontrafaktisches Element herangezogen, das sich wiederum über die Unterstellung seiner Möglichkeit in jedem kommunikativen Handeln rechtfertigt, aber das Problem verändert sich dadurch nicht grundsätzlich. Es ist zunächst also festzuhalten, dass in Diskursen nicht der Mensch mit seinem geschichtlichen Hintergrund und seinem individuell gelebten Leben beteiligt ist, sondern ein 'Sprecher', der von seinem Menschsein und seinem Leben abstrahiert und deshalb als ein Konstrukt der Theorie selbst aufgefaßt werden kann.

Indem der Teilnehmer an einem Diskurs aber insofern von aller Konkretion seines Lebens getrennt aufgefaßt werden muss, als er sie im Diskurs zur Disposition stellen muss, kann er auch mit dem eigenschaftslosen 'cogito' bzw. dem 'Ich denke' des reinen Bewußtseins parallelisiert werden. Wie das Cartesische ego seine Gewißheit gewinnt, indem es fähig ist, sich von allen Bestimmtheiten seines Lebens und seiner Welt zu unterscheiden, und das Kantische Bewußtsein sich von aller Bestimmtheit in seinen Vorstellungen von sich selbst und seiner Welt unterscheiden muss, um sich in seinem Denken als die Instanz auffassen zu können, die den apriorischen Urteilsformen die Gewähr für ihre objektive Gültigkeit verleiht, so muss der Teilnehmer an einem Habermas'schen Diskurs sich vollständig von sich und seiner Welt unterscheiden können, um in der idealen Sprechsituation sich als Dialogpartner präsentieren zu können, der im Diskurs gültige Wahrheiten über die Welt und das Zusammenleben der Menschen begründen kann. Zwar fordert Habermas nicht wie Descartes, dass jeder in seinem Selbstbezug auch die Identität seiner Gewißheit mit der Wahrheit finden soll, und auch nicht wie Kant, dass alle Vorstellungen mit der besonders ausgezeichneten Vorstellung 'Ich denke' verbunden sein müssen, die den Urteilsformen Gültigkeit für alle Objekte verleiht, aber er fordert eine Bereitschaft und Fähigkeit der Selbstdifferenzierung von aller Bestimmtheit, um im Diskurs alle Vormeinungen thematisieren und damit erneut in den Diskurs einbringen zu können.

Indem alles in den Diskurs eingehen soll, was dem Sprecher zuvor selbstverständlich gegolten hat, und darin zur Überprüfung für die Diskursteilnehmer zur Verfügung steht, wird letztlich ein Sprecher unterstellt, der ohne alle Bestimmtheit aus seiner Geschichte doch immer noch als Sprecher an einem Diskurs teilnehmen kann. Man könnte dagegen einwenden, dass ein Sprecher, der sich von allen seinen Vormeinungen distanziert, nicht mehr als Diskursteilnehmer infrage kommt. Wer sich von allen Bestimmtheiten, die in seine sprachlichen Äußerungen eingehen, distanziert, muss letztlich verstummen, da er nur noch ohne Inhalte sprechen könnte, sofern er sie nicht aus seinem reinen und nur auf sich selbst bezogenen und aus aller Geschichte herausgestellten Ich beziehen kann. Da Habermas aber gerade ein solches Ich nicht annehmen will, muss er eigentlich diese Konsequenz akzeptieren, wenn er tatsächlich fordert, den Diskurs in der idealen Gesprächssituation radikal durchzuführen. Genau diese Forderung aber enthält nach Habermas die einzige Möglichkeit, zu begründeten Urteilen über die Welt zu gelangen.

Wenn die Sprecher aber stets weiter am Diskurs teilnehmen sollen, so können sie offenbar nicht so radikal werden, dass in der Tat alle Vormeinungen zur Disposition gestellt werden. Dann aber gerät Habermas' Konzeption in die Problemlage, bestimmen zu müssen, wo der Rückgang in die immer neue Thematisierung von Vormeinungen denn enden soll. Faktisch wird dies geschehen, indem ein Konsens erzielt wird, oder die kontrafaktische Unterstellung der Handlungsentlastung aufgegeben werden muss, so dass Handlungszwänge zu Entscheidungen drängen, womit die Knappheit der Zeit den Diskurs beendet. Solche diskursexternen Zwänge müssen in Habermas' Konzeption aber gerade ausscheiden, soll der Diskurs tatsächlich die Wahrheit der in ihm gefundenen Urteile verbürgen können.

Obwohl Habermas also gerade gegen die subjektivistischen Positionen bemüht ist, das Geltungsansprüche kritisierende und überprüfende Ich nicht als ein sein Wissen aus seinem reinen Selbstbezug begründendes 'cogito' oder 'Ich denke' für die Begründung von Urteilen heranzuziehen, sondern als ein im Gespräch sich als ein menschliches darstellendes Ich mit allen seinen geschichtlich gewordenen Vormeinungen über die Welt und sich selbst, führt gerade die in seiner Konzeption notwendige Radikalität der Infragestellung aller selbstverständlichen Begründungen und Geltungen zu dem Gedanken eines Ich, das unabhängig von seiner Lebensgeschichte und der Entwicklung seiner Urteile über sich selbst und die Welt doch auch dann noch als Sprecher auftreten kann, wenn es keine seiner Vormeinungen mehr in Geltung lässt. Die Konzeption fordert also den Gedanken eines Sprechers, der im Diskurs 'neben sich' stehen kann und doch noch am Diskurs teilzunehmen befähigt ist.

Es kann mit Recht bezweifelt werden, ob unter diesen Bedingungen der Teilnehmer eines Diskurses in der idealen Gesprächssituation noch als 'Mensch' in einer geläufigen Bedeutung des Begriffs aufgefaßt werden kann. Vermutlich gegen die Intention zwingt die Durchführung der Konzeption einer Begründung von Wahrheiten im Diskurs also zum Rekurs auf ein Abstraktum, dem die Fähigkeit zur Distanzierung von allen Bestimmtheiten unterstellt werden muss, wenn es Teilnehmer an Begründungsverfahren für Urteile über die Welt bleiben soll. Damit ist aber schon ein erster Zweifel entstanden, ob die dialogische Konzeption von Habermas tatsächlich als eine Form der Wahrheitsbegründung durch ein zwischenmenschliches Verhältnis aufgefaßt werden kann. Wenn nicht der Mensch in seiner geschichtlichen Bestimmtheit und Eingeschränktheit Teilnehmer von Diskursen sein kann, sondern nur ein Abstraktum dieses Menschen, dann wird auch zweifelhaft, ob es sich bei dieser Veranstaltung wirklich um ein zwischenmenschliches Verhältnis handelt, und es kann auch mit Recht gefragt werden, ob es sich wirklich um ein dialogisches Verhältnis handelt, wenn ein 'Dialog' doch die Unterschiedenheit - mindestens - zweier Gesprächspartner voraussetzt, die im Gespräch zwar zu einer Einheit über eine Frage gelangen sollen, aber doch ohne ihre Individualität und damit ihre Unterschiedlichkeit aufgeben zu müssen.

Darüber hinaus kann die Zwischenmenschlichkeit des Habermas'schen Diskurses noch aus einer anderen Perspektive infrage gestellt werden. Im Diskurs muss nicht nur jeder Teilnehmer von sich selbst verlangen können, sich von allen Vormeinungen trennen zu können, und bereit sein, sie der Diskursgemeinschaft zur Untersuchung auf ihre Wahrheit zur Verfügung zu stellen. Jeder Teilnehmer muss auch von jedem verlangen können, dass dieser seine Vormeinungen explizit macht und in einem vollständigen Rekurs begründet, wie er dazu gekommen ist, gerade diese und nicht andere Urteile für richtig zu halten. Nach dem bereits Gesagten fordert er damit von jedem anderen die Bereitschaft und Fähigkeit, sich von allem zu distanzieren, was sein menschliches und geschichtlich gewordenes Dasein ausmacht; er fordert also letztlich von jedem anderen, sich als ein bestimmungsloses Ich darstellen zu können, das in diesem Status der Bestimmungslosigkeit dennoch nicht schweigen muss, sondern aus seinem geschichts- und bestimmungslosen Status heraus dennoch zur weiteren Teilnahme am Diskurs in der Lage ist. Damit fordert er aber von jedem anderen, sich nicht als Mensch darzustellen, sondern als perfekter Sprecher eines Diskurses, genauer: er fordert von ihm, im Diskurs rekursiv auf seine Vormeinungen Schicht um Schicht seiner menschlichen Gewordenheit abzulegen, um schließlich als reiner Sprecher zu erscheinen. Von Zwischenmenschlichkeit kann aber nicht mehr die Rede sein, wenn der Diskurs zwar in der menschlichen bzw. zwischenmenschlichen Situation beginnt, aber diese doch nur benutzt, um sie schrittweise aufgeben und dementieren zu können, bis kein Verhältnis zwischen Menschen, sondern nur zwischen reinen Sprechern erreicht ist.

3.4 Individualität und Allgemeinheit in der Mediation

Die Habermas'sche Konzeption lässt zunächst vermuten, dass im Gegensatz zu den Gedankengängen von Descartes und Kant hier die monologische und monadische Position aufgegeben und dadurch eine dialogische und das Zwischenmenschliche in die Konstitution des Wissens einfügende Position erreicht ist. Die internen Strukturen des Diskurses, so wie Habermas sie ausführen muss, um seinen zentralen Gedanken einer Begründbarkeit von Wahrheiten in der Situation des idealen Gesprächs legitimieren zu können, führen jedoch zu gedanklichen Beständen, in denen Descartes' und Kants Begründungen zu einem reinen Ich in seinem Selbstbezug zumindest so weit wiederkehren, dass von einer zwischenmenschlichen Situation in Bezug auf den Diskurs und auf die ideale Gesprächssituation nicht die Rede sein kann.

In gewisser Weise lässt sich gerade durch diese Beschränktheit der Habermas'schen Theorie, wie sie ihr gegen ihr eigenes Verständnis als Wahrheitstheorie zukommt, die Institution der Mediation in der weiteren Abgrenzung gegen die systemtheoretische Auffassung als Funktion einer Systemerhaltung und -stabilisierung durch Aufrechterhaltung eines Komplexitätsgefälles zwischen Binnen- und Außenwelt näher bestimmen. Eine solche Bestimmung war zunächst mit Hilfe der Kantischen Überlegungen zum Recht als Garant der Freiheit durchgeführt worden, das über seine Funktionalität hinaus durch eine Veränderung des personalen Status von Menschen in der empirischen Welt charakterisiert werden kann, in dem Menschen in der Gesellschaft erst den Status von Personen und frei Handelnden zuerkannt erhalten, indem sie sich selbst als Rechtssubjekte konstituieren, die sich wechselseitig als Rechtssubjekte anerkennen müssen. Darin war auch der Gedanke eines positiven Rechts angelegt, das durch die Durchsetzungsfähigkeit des Rechts von seiten des Staates ausgezeichnet ist. Diesen Status des gesicherten Rechts müssen die Rechtssubjekte immer schon als einen anzustrebenden akzeptieren, um sich selbst überhaupt als freie Personen in der Welt der Menschen konstituieren zu können.

Damit blieb aber noch undeutlich, wie in einer solchen Konzeption des Rechts überhaupt ein Verhältnis zwischen Menschen aufrechterhalten werden kann und nicht nur ein Verhältnis zwischen dem einzelnen und monologisch zu verstehenden Subjekt und dem Recht als solchem. Auf der anderen Seite konnte innerhalb der Kantischen Position doch auch die Rekursivität der Struktur des Rechts in ihrer Doppelung als Struktur und Strukturierung bewahrt werden, wie sie eingangs mit Hilfe der Überlegungen von Giddens entwickelt worden war. Nun ist mit Hilfe von Habermas' Gedankengängen eine dialogische Situation und Begründung aller Wahrheitsansprüche entwickelt worden war, die in sich einige Probleme aufweist, die sie gerade als eine Position zur Erläuterung der zwischenmenschlichen Struktur des Rechts, wie sie sich in Mediationsprozessen realisiert, zweifelhaft erscheinen lassen. Aber das sollte zunächst nicht das positive Ergebnis in der Auseinandersetzung mit der Kantischen monologischen Position verdecken.

Das positive Ergebnis liegt also zunächst darin, dass nach Habermas der dialogische Prozeß in der Verständigung zwischen Menschen prinzipiell das Instrument ist, in dem Ansprüche auf Wahrheit und Richtigkeit geklärt werden müssen. Die Institution der Mediation ist gerade dadurch gekennzeichnet, dass die Beteiligten wechselseitig ihre Ansprüche darlegen und mit Begründungen vorbringen, und dies so, dass kein entscheidungsbefugter Richter über diese Ansprüche und die Geltung der vorgebrachten Begründungen entscheiden kann. Letztlich kann eine Mediation nur gelingen, wenn in dem dialogischen Prozeß, den sie selbst darstellt, die Ansprüche mit Hilfe der vorgebrachten Begründungen so weit auf einen Nenner gebracht werden können, dass ein für beide Seiten akzeptables Ergebnis erzielt wird, mit dem die Parteien auch nach Beendigung der dialogischen Situation noch zufrieden sein können, so dass sie es auch als Grundlage für ihre weiteren Beziehungen ansehen wollen. Beide Beteiligten müssen also in einem Mediationsverfahren nicht nur bereit sein, ihre wechselseitigen Ansprüche vorzubringen und sie gegeneinander abzuwägen, sondern eine Mediation gelingt auch nur dann, wenn sie die Begründungen der jeweiligen Anspruchsgegner ernst zu nehmen bereit sind und die eigenen Begründungen zur Disposition zu stellen bereit sind.

Deshalb ist mit der Habermas´schen Diskurstheorie ein wichtiges Element für die Statusbestimmung von Mediation innerhalb des Rechts gewonnen. Dies zeigt sich insbesondere in der Abgrenzung zu dem traditionellen Verfahren der Rechtsfindung, in dem die Parteien nur ihre eigenen Ansprüche vorbringen und solche Begründungen, die für den allein entscheidungsbefugten Richter gute Begründungen sind. Solche Begründungen sind zunächst durch die Struktur des Rechts und seiner interpretativen Vorgaben bestimmt und selektiert. Es sind also nur bestimmte Begründungen zulässig, solange die vorgegebene Entscheidungssituation des Richters tangiert ist. Insofern handelt es sich gerade nicht um einen Habermas´schen Diskurs, in dem prinzipiell alle Begründungen zulässig sind und nach ihren Vorbedingungen zur Disposition stehen, sondern um einen strukturell begrenzten Diskurs, den Habermas nicht als Diskurs im Zusammenhang seiner Diskurstheorie der Wahrheit bezeichnen würde. Darüber hinaus aber müssen die Konfliktparteien in ihren Begründungsversuchen nicht nur hoch selektiv vorgehen und nur solche Begründungen vorbringen, die im Rahmen des Rechtssystems als Begründungen zugelassen sind, sondern sie müssen sie auch gegenüber dem unabhängigen Richter vorbringen, nicht gegenüber der anderen Partei (von Ausnahmen im Zivilprozeß abgesehen – etwa wenn ein Vergleich angestrebt wird).

Ihre Begründungssituation ist idealiter also nicht gegenüber dem anderen Menschen strukturiert, mit dem ein Konflikt entstanden ist, sondern sie ist strukturiert gegenüber dem Begründungs- und Argumentationszusammenhang des Rechts. Dies ist vor allem dann gut begründet, wenn der Konflikt nicht nur mit einem anderen Menschen besteht, sondern mit der Rechtsgemeinschaft als solcher, also vor allem im Strafprozeß, in dem ja nicht nur das Opfer des Verbrechens der Geschädigte ist, sondern darüber hinaus alle Menschen, die in der gleichen Rechtsgemeinschaft leben und die aufgrund der geschehenen Tat nun in ihrer Rechtssicherheit geschmälert sind. In der Mediation dagegen besteht eine solche selektive Begründungssituation nicht. Es sind vielmehr alle Begründungen zulässig, die für die Parteien geeignet erscheinen, zu einer konsensuellen Lösung des Konflikts zu kommen. Insofern sind aber beide Parteien gezwungen, nicht nur selektive Begründungsstrategien zur Kenntnis zu nehmen, sondern sie sind aus Gründen der Konsenserzielung angehalten, auch solche Begründungen anzuerkennen, die ihnen selbst fremd erscheinen und die nicht durch eine vorgegebene Struktur bestimmt sind. Insofern müssen sie idealiter wahrheitsorientiert bzw. an Kriterien der Richtigkeit orientiert argumentieren, dies nun im Unterschied zum traditionellen Verfahren der Rechtsfindung ohne selektive Grenzen durch das Rechtssystem.

Es sind aber ebenso die Grenzen einer diskurstheoretischen Auffassung und Statusbestimmung des Phänomens der Mediation deutlich geworden. Diese ergeben sich zunächst schon daraus, dass eine Mediation kein grenzenloses Gespräch mit dem Thematischwerden und diskutierenden Ausweisen aller Vormeinungen sein kann, die die Ansprüche und deren Begründungen stützen, bis zuletzt ein Konsens erzielt werden könnte, der vor allen Menschen, die überhaupt an einem Gespräch teilnehmen können, Bestand haben müßte. Bestand haben muss der gefundene Konsens zunächst vor den beteiligten Konfliktparteien mit der Randbedingung, dass die Rechtsnormen der Gesellschaft, in deren Lebenszusammenhang ein solcher Konsens zustandekommt, nicht verletzt werden. Deshalb kann der Konsens in einer Mediation auch nicht als sich letztlich an Kriterien einer letztgültigen Richtigkeit ausweisend gerechtfertigt werden. Aber dies sollte die richtige Habermas´sche Einsicht nicht dementieren, dass in einem Mediationsverfahren Kriterien der Richtigkeit und der Bereitschaft zur Ausweisung der eigenen Begründungen eine Rolle spielen müssen, die in einem traditionellen Rechtsfindungsverfahren entweder nicht beachtet werden müssen, oder doch zumindest nicht auf die gleiche Weise Bedeutung finden.

Darüber hinaus ist an eine andere Grenze zu denken, die das zwischenmenschliche Verhältnis betrifft, das von der Habermas´schen Diskurstheorie vorausgesetzt wird. Es wurde oben schon darauf hingewiesen, dass der Diskurs nicht nur eine ‚unrealistische' Veranstaltung ist – dies muss im Zusammenhang der Habermas´schen Theorie nicht unbedingt als Einwand gelten, da sie die Bedingungen des Diskurses als Bedingungen einer jeden gelingenden Verständigung wenigstens ihrer Tiefenstruktur nach ausweisen will. Ein Diskurs ist darüber hinaus auch eine Veranstaltung, die davon lebt, dass die Individualität der Teilnehmer nicht geachtet wird, die sich vielmehr alle so weit allgemein machen sollen, dass ihre Gründe und Gegengründe letztlich Bezug auf die Allgemeinheit nehmen, in der sie von allen Menschen angenommen werden müßten. Der Bezug auf Gründe, die insofern ‚individuell' sind, als die Gesprächspartner sie der Diskussion entzogen zu werden wünschen, obwohl sie sich darauf beziehen wollen, ist in dieser Theorie einfach nicht vorgesehen. Gerade in diesem Bezug könnte man aber die Respektierung der eigenen und der fremden Individualität sehen.

Auf das Phänomen der Mediation bezogen folgt daraus, dass eine Statusbestimmung dieser Institution rein vom Diskurs im Sinne von Habermas her nicht ausreichend sein kann, obwohl sich doch einige wichtige Aufschlüsse über die Bedingungen und den Status von Mediationsprozessen daraus ergeben haben. Vor allem aber ist es der Status der zu respektierenden Individualität der teilnehmenden Parteien, den die Habermas´sche Theorie nicht akzeptieren kann. Man könnte pointiert sogar darauf hinweisen, dass ein Mediationsverfahren nur dann gelingen kann, wenn die beteiligten Parteien bereit sind, nicht letztgültig auf ein einheitliches Kriterium der Richtigkeit für ihre Ansprüche und deren Begründungen zu drängen, sondern nur dann, wenn sie auf eine solche Bezugnahme auf ein beide Parteien einheitlich verpflichtendes Kriterium der Richtigkeit verzichten. Stattdessen müssen sie bereit sein, die Ansprüche der Gegenseite auch dann zu respektieren, wenn sie sich nicht durch die Bezugnahme auf eine einheitliche Begründungsstruktur legitimieren können. Sie müssen also bereit sein, den

Anspruchsgegner nicht unbedingt auf ein gemeinsames Kriterium zu reduzieren, sondern ihn als ein Individuum anzuerkennen, das seine eigenen Begründungsformen besitzt, die von den anderen nicht unbedingt zu übernehmen sind.

Insofern ist eine Mediation ein Konsensfindungsverfahren, das im Unterschied zu traditionellen Verfahren gerade ‚trotz' der Verschiedenheit der Begründungsverfahren und der Kriterien, auf die die Parteien ihre Ansprüche stützen, gelingt. Hier ist erneut der Unterschied zum traditionellen Verfahren deutlich, in dem für die Parteien das gemeinsame Kriterium des Rechts und des das Recht interpretierenden Richters zur Verfügung steht, so dass letztlich immer eine Gemeinsamkeit hergestellt wird, auch wenn diese erzwungene Gemeinsamkeit nicht unbedingt von beiden Parteien als die ‚richtige' angesehen werden muss. Im Mediationsverfahren gibt es keine solche gemeinsame Bezugnahme, und es muss doch ein konsensueller Abschluß erzielt werden. Es gilt deshalb weiter zu fragen, welche Strukturen und Beschreibungsmöglichkeiten für ein solches zwischenmenschliches Verhältnis gelten können, in dem jedem seine eigenen Bezugnahmen auf Kriterien der Richtigkeit zugestanden werden und in dem doch eine konsensuelle Einigung zustande kommen kann, auf die die Parteien in ihren weiteren Interaktionen bauen können.

4. Recht als zwischenmenschlicher Relationsbegriff

4.1 Das Prinzip des Menschlichen als Monolog und Dialog

In der dialogischen Philosophie von Martin Buber tritt an die Stelle des Cartesischen 'cogito' eine Relation. Die Vernunft und das 'Ich denke' können den Menschen und seine Wirklichkeit nicht ausmachen, sondern verleiten vielmehr dazu, in der Übermacht der Vernunft gerade das Wirklichsein des Menschen zu verstellen. Der Mensch wird vielmehr erst durch ein "Ich stehe in Beziehung."[373] Die Welt ist dabei nicht unabhängig vom Menschen zu sehen, aber es handelt sich dabei nicht um eine erkenntnistheoretische Abhängigkeit. Buber versteht den Menschen nicht als einen für-sich-seienden Selbstbezug, sondern als ein Seiendes in der Welt, das allerdings nicht als Objekt mißverstanden werden darf. Dass der Mensch ein Seiendes in der Welt ist, heißt primär, dass er nicht als eine Abstraktion von aller weltlichen Wirklichkeit aufgefaßt werden kann, sondern dass er als ein In-der-Welt-Seiendes betrachtet werden muss. In dieser Relation steht er frei einer Welt gegenüber, in der er sich einerseits zu den anderen Menschen, andererseits zu den Sachen verhält. Die Daseinswirklichkeit des Menschen wird bei Buber in seinem Doppelverhältnis zur Wirklichkeit des Seins zum Thema seiner Philosophie, die es sich zur Aufgabe macht, "einzig von dem menschlichen Doppelverhältnis zum Sein" zu sprechen.[374]

Der Mensch steht demnach in einer zwiefältigen Haltung zur Welt, die Buber aus der "Zwiefalt der Grundworte", die der Mensch sprechen kann, ableitet.[375] Die Zwiefalt der Grundworte besteht aus dem Wortpaar Ich-Du und dem Wortpaar Ich-Es, wobei statt Es auch Er oder Sie stehen kann.[376] Das Ich ist also nichts vorgängig und nur aus seinem Selbstbezug Vorhandenes, sondern es konstituiert sich im Gegenüber zu einem Du und einem Es. Das Entscheidende daran ist der relationale Charakter in diesen

---

373 Buber, M., Urdistanz und Beziehung, 4. Auflage, Heidelberg 1978, S. 36.
374 Buber, M., Aus einer philosophischen Rechenschaft, in: Gesammelte Werke, Bd. I: Schriften zur Philosophie, München/Heidelberg 1962, S. 1113 (im Folgenden wird in der Regel nur der Titel von Bubers Schriften und die Seite in diesem Band angegeben). Vgl. zum Folgenden vor allem Wehr, G., Martin Buber: Leben, Werk, Wirkung, Zürich 1991; sowie Wolf, S., Martin Buber zur Einführung, Hamburg 1992.
375 Buber, M., Ich und Du, in: Gesammelte Werke Bd. I: Schriften zur Philosophie, München-Heidelberg 1962, S. 79.
376 Vgl. zum Folgenden Bloch, J., Die Aporie des Du. Probleme der Dialogik Martin Bubers, Heidelberg 1977.

Paaren von Personalpronomina. Im Du ist immer das Ich des einen mitgesprochen, ebenso wie im Es das Ich des anderen Grundwortes enthalten ist. Es gibt in Bubers Philosophie also kein Ich, Du oder Es an sich. Ich, Du und Es können nur in einem der beiden Wortpaare gesprochen werden.[377] Dadurch ergibt sich eine kritische Stoßrichtung gegen eine monologische Position wie die Kantische, aber auch eine Unvereinbarkeit mit einer diskurstheoretischen Position wie der von Habermas, in der zwar der Diskurs über Wahrheit und Richtigkeit entscheiden soll, aber dies doch in einer spezifischen Form der interpersonalen Beziehung, in der – pointiert gesprochen – sich beide Partner gerade ihrer Personalität entledigen müssen und sich wechselseitig nur noch als ideale Sprecher auffassen sollen, die in einem prinzipiell endlosen Prozeß ihre Vormeinungen und Begründungskriterien stets neu zur Disposition und zur Diskussion stellen. Darüber hinaus aber stellt die Position Bubers auch eine kritische Position gegenüber der systemtheoretischen Rechtskonzeption dar, die bisher bereits durch die Heranziehung der Kantischen Rechtsphilosophie der Freiheit und der Habermas´schen Rechtsphilosophie des Diskurses kritisch beleuchtet wurde. Dies soll im Folgenden verdeutlicht werden.

Das Ich kann sich prinzipiell entscheiden, wie es sich versteht, wenn es Du oder Ich sagt, und in Abhängigkeit davon ist ihm das Seiende entweder personales Gegenüber oder Gegenstand. Diese Entscheidung ist aufs engste mit der menschlichen Sprache verbunden. Die Zwiefalt der Haltung zeigt sich ferner als eine Zwiefalt des Sprechens. Der Mensch verwirklicht das Prinzip seines Seins, indem er spricht, und er schafft das Prinzip seines Seins in unterschiedlicher Gestalt, je nachdem, welches der Grundworte er spricht: "Das Grundwort Ich-Du sprechen heißt, in Beziehung treten. Das Prinzip des Menschseins, das dadurch verwirklicht wird, ist das dialogische Prinzip. Das Grundwort Ich-Es sprechen heißt, in Distanz erfahren und gebrauchen. Das dadurch verwirklichte Prinzip des Menschseins ist das monologische."[378] Das Prinzip des Menschseins ist also nicht einfach, sondern doppelt, und es besteht sowohl aus Urdistanz als auch aus Beziehung, und nur beide zusammen machen die beiden Seiten des Ganzen der menschlichen Wirklichkeit aus.

---

[377] Vgl. zum Folgenden die einführende Darstellung von Wolf, S., Martin Buber zur Einführung, Hamburg 1992; sowie Schütz, Ch., Verborgenheit Gottes. Martin Bubers Werk - Eine Gesamtdarstellung, Zürich u.a. 1975.
[378] Buber, M., Urdistanz und Beziehung, S. 412.

Das Verhältnis von Beziehung und Distanz ist relativ kompliziert, verdeutlicht sich aber im Gedankenzusammenhang der Philosophie Bubers. Einerseits lautet eines der meistzitierten Zitate Bubers "Im Anfang ist die Beziehung."[379] Insofern ist die Beziehung das Apriori vor aller Erfahrung und gründet im 'eingeborenen Du', das sich in der Begegnung stets neu verwirklicht. Buber drückt dieses Verhältnis so aus: "Die erlebten Beziehungen sind Realisierungen des eingeborenen Du am begegnenden; dass dieses als Gegenüber gefaßt, in der Ausschließlichkeit aufgenommen, endlich mit dem Grundwort angesprochen werden kann, ist im Apriori der Beziehung begründet."[380] Obwohl sie nur neben der Ich-Es-Beziehung zu denken ist, kommt der Ich-Du-Beziehung doch Priorität zu, es handelt sich also nicht um zwei gleichwertige Zugänge zur Welt, auch wenn der eine nicht ohne den anderen zu denken ist. Das Ereignis der Beziehung ist nach Buber sowohl phylogenetisch als auch ontogenetisch die ursprüngliche Form des In- oder Mit-der-Welt-Seins des Menschen. Erst aus der Beziehung löst sich phylogenetisch das Ich der Beziehung heraus und tritt der Natur gegenüber. Mensch sein heißt demnach, "das gegenüber seiende Wesen sein."[381]

Andererseits schließen sich die beiden Grundworte nicht wechselseitig aus, sondern das menschliche Leben ist seinem Wesen nach "ein Schwingen zwischen Du und Es".[382] Das Prinzip des Menschseins besteht also sowohl aus Urdistanz als auch aus Beziehung. Ausgangspunkt dieser Einheit ist allerdings das Selbstsein des Menschen, das Buber in der Urdistanzierung konstituiert sieht. Im Selbstsein distanziert sich der Mensch gegenüber der Umwelt und der Mitwelt. Es ist die Situation des Individuums, von dem aus der Mensch zum Anderen ausgehen kann: "Freilich muss man, um zum Andern ausgehen zu können, den Ausgangsort innehaben, man muss bei sich gewesen sein, bei sich sein."[383] Die Urdistanz macht also erst den Menschen möglich, obwohl sich das Menschsein nur in der Beziehung verwirklicht. In-Beziehung-Treten ist demnach der Verwirklichungsprozeß vom Selbstsein zum Selbstwerden, also vom Individuum zur Person. Deshalb wird die Selbständigkeit des Individuums in diesem Verwirklichungsprozeß nicht aufgehoben, sondern bewahrt, nun aber in der Wesensform der Selbständigkeit der Person.

---

[379] Buber, M., Ich und Du, S. 90.
[380] Buber, M., Ich und Du, S. 96.
[381] Buber, M., Begegnung. Autobiographische Fragmente, Heidelberg 1986, S.83.
[382] Buber, M., Ich und Du, S. 113.
[383] Buber, M., Zwiesprache, S. 194.

In diesem Sinne geht die Urdistanz der Beziehung aber voraus: "Dass die erste die Voraussetzung der zweiten ist, ergibt sich daraus, dass man nur zu distanziertem Seienden, genauer: zu einem ein selbständiges Gegenüber gewordenen, in Beziehung treten kann. Ein selbständiges Gegenüber aber gibt es nur für den Menschen."[384] Demnach stiftet die Urdistanz die menschliche Situation und die Beziehung des Menschwerdens in ihr. Es gibt also keinen Parallelismus zwischen den beiden Bewegungen, die Urdistanz ist nicht die Herkunft, sondern nur die Voraussetzung für die Beziehung.[385]

Das Ich des Grundwortes Ich-Es nennt Buber nun nicht nur Individuum, sondern auch "Eigenwesen", weil dieses Grundwort nie mit dem ganzen Wesen gesprochen werden kann, während das Grundwort Ich-Du stets mit dem ganzen Wesen gesprochen wird. Dieses Sprechen bedeutet die Teilhabe an der Wirklichkeit anderer Menschen und ist damit wesentlich dialogisch. Das Eigenwesen oder Individuum dagegen findet keine Teilhabe an der Wirklichkeit und bleibt in der Urdistanz abgeschlossen. Es erfährt sich und andere als Nebenmenschen und nicht als Mitmenschen. Es ist deshalb monologisch und wird sich nur als Subjekt des Erfahrens und Gebrauchens bewußt.[386] Nichtsdestoweniger ist die Person im Eigenwesen stets latent angelegt und kann jederzeit durch die Verwirklichung des Dialogs in Beziehung treten und eben damit Person werden.

Als Eigenwesen bzw. Individuum aber lebt es in der Es-Welt. Damit bezeichnet Buber nicht nur die Welt der Sachen, sondern auch die soziale Welt, sofern sie durch Institutionen und Zwecke vermittelt ist, dazu gehört auch die Welt des Rechts und der durch Entscheidungen eines Dritten geregelten Beziehungen zwischen Menschen, die das Recht setzt. Es ist also gerade die Welt, in der sich das alltägliche und öffentliche Leben abspielt. Allein in sich geschlossen und für sich selbst lebt der Mensch nur in einem Teilbereich der Es-Welt, den Buber als das "Drinnen" bezeichnet. In den sozialen Beziehungen der Es-Welt findet jedoch keine unmittelbare Begegnung zwischen Personen statt, weshalb Buber hier nicht im engeren Sinne von Beziehung spricht. Die Objektivität der Es-Welt zeigt sich vor allem im Prinzip der Kausalität; sie ist also bestimmt

[384] Buber, M., Urdistanz und Beziehung, S. 412.
[385] Buber, M., Urdistanz und Beziehung, S. 415.
[386] Buber, M., Ich und Du, S. 120.

durch Ursache-Wirkung und Aktion-Reaktion und deshalb auch durch Subjekt-Objekt--Beziehungen.

Als Individuum bzw. Subjekt der Es-Welt ist der Mensch das Subjekt des Erfahrens und Gebrauchens, das Es wird als Objekt für das Ich als Subjekt verstanden, das sich in der Mitte der Es-Welt denkt.[387] Die Erfahrungswelt ist die Welt des Beobachtens, Analysierens und Berechnens. In der Gebrauchswelt dagegen stellt das Es einen Zusammenhang von Werkzeugen, von Mitteln für Zwecke dar. Die erstere ist also in erster Linie die Welt der Naturwissenschaften, die zweitere die Welt der Technik. In den Bereich des Es gehört in dieser Dimension aber nicht nur die Dingwelt, sondern auch der Mensch. Auch der Mensch wird hier als Werkzeug gebraucht, "etwa in der Wirtschaft, wo Menschen Werkzeuge des Gewinnens, in der Politik, wo sie Werkzeug der Macht, im Eros, wo sie Werkzeuge der Lust" sind.[388]

Das zentrale Merkmal der Ich-Es-Beziehung ist also nicht die Beziehung zwischen Menschen und Dingen, sondern eine spezifische Qualität der Beziehung, die Buber im monologischen Sprechen oder, weiter gefaßt, im Prinzip des Monologischen überhaupt sieht. In der Es-Welt gibt es kein Du, das angesprochen wird, sondern nur ein Es, das man besprechen kann. Der Dialog ist aber nicht jedesmal verwirklicht, wenn Menschen miteinander sprechen.[389] Dies zeigt schon die Subsumierung der sozialen Welt mit Wirtschaft, Politik und Eros unter die Ich-Es-Beziehung. Auch hier sieht Buber ein monologisches Sprechen, man könnte wohl auch sagen: ein strategisches Sprechen. Die Sprache ist nur Mittel, um gegebene Zwecke zu erreichen und unterscheidet sich damit nicht grundsätzlich von anderen Mitteln. Im dialogisch verkleideten Monolog ist die Einseitigkeit der Sprechenden also nicht aufgehoben. Insofern er das Sprechen nur als Mittel einsetzt, spricht jeder nur für sich und mit sich, und nimmt damit auch zu anderen Menschen nur ein Verhältnis des Ich-Es auf.

Mit dem Grundwort Ich-Es wird also eine intentionale, zweckrationale und verdinglichende Beziehung zur Welt konstituiert. Die Welt wird zu einem Gegenstand, der überschaubar und zuverlässig ist. Die Welt wird an die Strukturen der eigenen Erfahrungsmöglichkeiten angepaßt und damit als etwas dem Subjekt Zugängliches konstituiert.

---

387 Vgl. Buber, M., Ich und Du, S. 102 f.
388 Anzenbacher, A., Die Philosophie Martin Bubers, Wien 1965, S. 47.
389 Vgl. Heinrichs, J., Artikel "Dialog, dialogisch", in: Historisches Wörterbuch der Philosophie, hrsg. v. J. Ritter, Bd. 2, Basel 1972, S. 226 ff.; sowie Bloch, J., Die Aporie des Du. Probleme der Dialogik Martin Bubers, Heidelberg 1977.

Indem die Es-Welt Zusammenhang in Raum und Zeit hat, ist sie der Ordnung zugänglich. Buber sieht diese Beziehung demzufolge in keiner Weise negativ in einem moralischen Sinn: "Das Grundwort Ich-Es ist nicht vom Übel - wie die Materie nicht vom Übel ist. Es ist vom Übel - wie die Materie, die sich anmaßt, das Seiende zu sein."[390] Der Mensch bedarf der in der Es-Welt möglichen Strukturierung, um leben und handeln zu können. Darüber hinaus kann sich der Mensch nur mit Hilfe der Es-Welt mit anderen Menschen verständigen.[391]

Die 'Unwirklichkeit' der Es-Welt ist deshalb in einem anderen Sinn zu verstehen. Sie bleibt vor und außerhalb einer Beziehung im eminenten Sinn; sie bleibt Gegenstand und wird insofern 'wahrgenommen', was Buber fortführt zu der Bedeutung, sie wird "zur Wahrheit" genommen, indem sie sich nehmen lässt, ohne sich jedoch selbst zu geben.[392] Das erkennende Subjekt lässt die Welt 'selbst' also unberührt und unverändert, weshalb sie ihm in diesem Sinne unwirklich bleibt: "Der Erfahrende hat keinen Anteil an der Welt. Die Erfahrung ist ja 'in ihm' und nicht zwischen ihm und der Welt. Die Welt hat keinen Anteil an der Erfahrung. Sie lässt sich erfahren, aber es geht sie nichts an, sie tut nichts dazu, und ihr widerfährt nichts davon."[393] Diesem Verhältnis setzt Buber das Grundwort Ich-Du also nicht eigentlich entgegen, sondern parallel, so dass das Grundwort Ich-Es erst von dem durch beide Grundworte konstituierten Verhältnis her seine Berechtigung und seinen Sinn erhält.

Von Bubers Position her erscheinen also sowohl die monologische Position der Personalität im Recht, wie sie bei Kant entwickelt wird, als auch die diskurstheoretische Position einer zweifelhaften und abstrakten Personalität in der rationalen Begründung, wie sie bei Habermas entwickelt wird, als Abstraktionen. Dies gilt darüber hinaus genauso für die systemtheoretische Position eines Rechts auf der Grundlage von systemischen Erhaltungsimperativen, die zu einer Beziehung des Rechts zwischen personalen Systemen führt, das Ich-Du-Beziehungen von vornherein ausschließt, weil sie sich nicht auf der Grundlage von Komplexitätsreduktionsverhältnissen begreifen lassen. Die Kritik Bubers – der keine Rechtsphilosophie expressis verbis entwickelt hat – wäre also dahingehend zu verstehen, dass eine solche Rechtsauffassung im Grunde prinzipiell

---

[390] Buber, M., Ich und Du, S. 108.
[391] Buber, M., Ich und Du, S. 99.
[392] Buber, M., Ich und Du, S. 99.
[393] Buber, M., Ich und Du, S. 81.

außer Acht lässt, dass auch das Recht auf der zuvor konstituierten interpersonalen Beziehung beruht, die wiederum eine Beziehung zur Welt der Sachen und Objekte konstituiert.

Diese Priorität der interpersonalen Beziehung vor der Beziehung zur Welt und die konstituierende Bedeutung der ersten Beziehung für die zweite war auch bereits von Kant ausgearbeitet und wird von Habermas in seiner Theorie zu einem zentralen Bestandteil gemacht. Unter Zugrundelegung von Bubers Theorie lässt sich jedoch dagegen einwenden, dass es sich dabei nicht um eine wirkliche interpersonale Beziehung handelt, sondern um eine Konstitutionsbeziehung, die auf ein reines Bewußtsein rekurriert, wie bei Kant, oder um eine Konstitutionsbeziehung, die der Grundlage einer abstrakt am Diskurs als interpersonalem Element orientierten Auffassung verhaftet bleibt. Insofern lässt sich mit Bubers Theorie ein Schritt über die Kantischen und Habermas´schen Einwände gegen die systemtheoretische Auffassung des Rechts hinausgehen und so vor allem das Moment der Ursprünglichkeit und Nicht-Reduzierbarkeit der interpersonalen Beziehung in den Mittelpunkt der Überlegungen stellen.

4.2 Die Ich-Du-Relation als zwischenmenschliche Teilnahme

Dem Ich-Es war das Individuum bzw. das Eigenwesen zugeordnet worden, weil es nie mit dem ganzen Wesen gesprochen werden kann. Das Grundwort Ich-Du dagegen wird mit dem ganzen Wesen gesprochen, weil es ein In-Beziehung-Treten im Sinne einer Teilhabe an der Wirklichkeit beinhaltet.[394] Der wesentliche Unterschied liegt also darin, dass das Es keine Teilnahme am Ich hat, während das Du am Ich des Grundwortes Ich-Du teilnimmt, so dass eine Beziehung im genuinen Sinn konstituiert wird. Folglich ist das Ich des Ich-Es auch verschieden vom Ich des Ich-Du. Als Person ist das letztere kein erfahrendes Ich, das sich die Welt durch Begriffe und Zwecksetzungen zu eigen macht. Es verhält sich zur Welt deshalb nicht als zu einem brauchbaren Gegenstand. Das 'Haben' wird insofern in Gegensatz zur Beziehung gesehen: "Wer Du spricht, hat kein Etwas zum Gegenstand. Denn wo Etwas ist, ist anderes Etwas, jedes Es grenzt an anderes Es, Es ist nur dadurch, dass es an andere grenzt. Wo aber Du ge-

[394] Vgl. Marcel, G., Ich und Du bei Martin Buber, in: Schilpp, P.A./Friedman, M., Hrsg., Martin Buber, Stuttgart 1963, S. 35-41.

sprochen wird, ist kein Etwas. Du grenzt nicht. Wer Du spricht, hat kein Etwas, hat nichts. Aber er steht in der Beziehung."[395]

Die Beziehung des Ich-Du ist nun für Buber nicht auf den menschlichen Bereich beschränkt.[396] Es gibt grundsätzlich drei Sphären, in denen eine Welt der Beziehung geschieht: im Leben mit der Natur, im Leben mit den Menschen und im Leben mit den geistigen Wesenheiten.[397] Die Beziehung zur Natur bleibt jedoch "untersprachlich", während die Beziehung zu den geistigen Wesenheiten sich nur "außersprachlich" vollziehen kann. Weil die dialogische Beziehung sich nur im zwischenmenschlichen Bereich sprachlich realisieren kann, deshalb ist sie die ausgezeichnete Sphäre der Ich-Du-Dimension: "Unter den drei Sphären ist eine ausgezeichnet: das Leben mit den Menschen. Hier vollendet sich die Sprache als Folge, in Rede und Gegenrede. ... Die Beziehungsmomente sind hier, und nur hier, verbunden durch das Element der Sprache, in das sie eingetaucht sind. Hier ist das Gegenüber zur vollen Wirklichkeit des Du erblüht."[398]

Der dialogische Bereich des Grundwortes Ich-Du ist demnach jenseits des Subjektiven, aber diesseits des Objektiven.[399] Es ist der Bereich des Zwischen selbst, das Buber nicht als eine begriffliche Hilfskonstruktion ansieht, sondern als "wirklicher Ort und Träger zwischenmenschlichen Geschehens."[400] Für die Bedeutung dieses Zwischen bzw. Zwischenmenschlichen ist vor allem die Abgrenzung vom Sozialen wichtig, das ja für Buber dem Bereich der Ich-Es-Dimension angehört. Das Soziale erscheint als Mittel, um dem Menschen Schutz vor seiner Einsamkeit und 'Hauslosigkeit' zu bieten, ohne ihn aber notwendig in Beziehungen zu stellen. Das Zwischenmenschliche dagegen ist ein Wagnis, weshalb der Einzelne zumeist dem Kollektiv den Vorzug geben wird. Obwohl die soziale Gruppe personale Wesensbeziehungen nicht ausschließt, ist doch "das kollektive Miteinander darauf bedacht, die Neigungen zum personenhaften Zuein-

---

395 Buber, M., Ich und Du, S. 80.

396 Vgl. dazu die Aufsätze in Friedman, M./Schlipp, P.A., Martin Buber, Stuttgart 1963; sowie in Bloch, J./Gordon, H., Hrsg., Martin Buber. Bilanz seines Denkens, Freiburg 1983.

397 Buber, M., Ich und Du, S. 81.ff., S. 146. ff.

398 Buber, M., Ich und Du, S. 147 f.

399 Das Problem des Menschen, S. 406; vgl. Speck, J., Martin Buber. Die Aporetik des Dialogischen, in: ders., Hrsg., Grundprobleme der großen Philosophen. Philosophie der Gegenwart IV, Göttingen 1981, S. 48-105.

400 Das Problem des Menschen, S. 405; vgl. Theunissen, M., Bubers negative Ontologie des Zwischen, in: Philosophisches Jahrbuch 71/1964, S. 319-330.

ander in Schranken zu halten."[401] Das Zwischenmenschliche ist also gegen das Soziale zunächst durch die Abweisung von Objektbeziehungen gekennzeichnet. Sodann ist die Aktualität des Beziehungsereignisses für das Zwischenmenschliche im Sinne des Ich-Du kennzeichnend; gemeint sind "lediglich aktuale Ereignisse zwischen Menschen, sei es voll gegenseitige, sei es solche, die sich unmittelbar zu steigern oder zu ergänzen geeignet sind; denn die Partizipation beider Partner ist prinzipiell unerläßlich. Die Sphäre des Zwischenmenschlichen ist die des Einandergegenüber, ihre Entfaltung nennen wir das Dialogische."[402]

Eine Konkretisierung kann in der Bereitschaft gesehen werden, dem Partner vorbehaltlos gegenüberzutreten, offen zu sein für abweichende Überzeugungen, und sich in "personaler Vergegenwärtigung" dem Anspruch des anderen zu stellen.[403] Buber spricht hier von "Innewerdung", in der der Andere nicht standardisiert wird und nicht in Abstraktionen aufgefaßt wird, sondern in der Konkretion seines Lebens. Dazu gehört auch das Element der "Erschließung", das die aktualisierenden Kräfte des Anderen unterstützt und ihn so zu sich selbst befreit und ihn als solchen sein lässt.[404] Das echte Gespräch des Dialogischen geschieht also "in Hinwendung zum Partner in aller Wahrheit, als Hinwendung des Wesens ... an die personhafte Existenz." Eine solche Hinwendung schließt die Bestätigung und die Akzeptanz des anderen ein.[405] Die Andersheit des Anderen bleibt in ihrer vollen Widerständigkeit und Eigenheit bestehen; "als Partner, als mein Du kann der andere in seiner vollen Selbständigkeit gefaßt werden, ohne dass seine Sinnenhaftigkeit verkürzt würde."[406] Deshalb schließt das Sprechen des Grundwortes Ich-Du die Bejahung des Gegenübers ein.[407]

Dazu gehört auch die besondere zeitliche Struktur der Ich-Du-Beziehung. Seine Aktualität bedeutet auch, dass sie stets in der Gegenwart entsteht, während die Ich-Es-

---

[401] Buber, M., Elemente des Zwischenmenschlichen, in: ders., Das dialogische Prinzip, 5. Auflage, Heidelberg 1984, S. 272 f.
[402] Buber, M., Elemente des Zwischenmenschlichen, in: ders., Das dialogische Prinzip, 5. Auflage, Heidelberg 1984, S. 275 f.
[403] Buber, M., Elemente des Zwischenmenschlichen, in: ders., Das dialogische Prinzip, 5. Auflage, Heidelberg 1984, S. 282.
[404] Vgl. Kurz, G., Die Verantwortung bei Martin Buber, in: Bildung und Erziehung 21/1968, S. 226-231.
[405] Buber, M., Elemente des Zwischenmenschlichen, in: ders., Das dialogische Prinzip, 5. Auflage, Heidelberg 1984, S. 293.
[406] Buber, M., Der Mensch und sein Gebild, Gesammelte Werke Bd. I, Schriften zur Philisophie, München/Heidelberg 1962, S. 432.
[407] Vgl. Friedman, M., Die Grundlagen von Martin Bubers Ethik, in: Schilpp, P.A./Friedman, M., Hrsg., Martin Buber, Stuttgart 1963, S. 153-179.

Beziehung gerade nicht Gegenwart ist, sondern wesentlich Vergangenheit. Die Gegenwart des Ich-Du ist jedoch nicht die physikalische Zeit, sondern die wirkliche und erfüllte Zeit, die deshalb als 'zukünftig' bezeichnet wird; als Gegenwart ist sie deshalb "das Gegenwartende und Gegenwährende."[408] Die Gegenstände der objektiven Welt des Ich-Es dagegen bestehen in ihrem Gewesensein. Dem entspricht die Vermitteltheit der Gegenstandswelt - zum einen durch ihre Beziehungen zu anderen Gegenständen und zum anderen durch ihren Status als Mittel für Zwecke. Die Unmittelbarkeit der Ich-Du-Beziehung dagegen reflektiert sich gerade in ihrer Zeitlosigkeit bzw. in ihrer Gegenwärtigkeit, die ohne Eingliederung in die Verlaufszeit die Zeit als solche dementiert und nur die reine Begegnung gelten lässt.

Die vollständige Teilnahme des Ich in der Ich-Du-Dimension an der Wirklichkeit beruht nun auch auf der Struktur der Unmittelbarkeit. Das Eigenwesen oder Individuum hat auch deshalb keine Teilhabe an der Welt, die ihm als eine Objektwelt gegenübersteht, weil sein Verhältnis zur Welt über Zwecke und Mittel bestimmt ist. Deshalb bleibt es in der Abgeschlossenheit seiner Urdistanz. Weil keine Zwecke oder Mittel zwischen Ich und Du stehen, deshalb kann das Ich der Ich-Du-Dimension dagegen mit seinem ganzen Wesen an der Wirklichkeit des Du teilhaben. Der Zweck der Beziehung zwischen Ich und Du liegt nicht außerhalb der Beziehung beider. Indem keine Mittel und Zwecke vorhanden sind, kann die Teilnahme an der Wirklichkeit direkt und damit vollständig stattfinden. In dieser direkten Wesensberührung ist die Beziehung ohne Vermittlung durch Elemente jenseits der Beziehung selber: "Die Beziehung zum Du ist unmittelbar."[409]

Schließlich ist die Ich-Du-Beziehung auch durch eine Ausschließlichkeit gekennzeichnet. Dies ergibt sich für Buber schon aus ihrer Unmittelbarkeit. Die völlige Teilnahme an der Wirklichkeit und die direkte Wesensberührung der Beziehung implizieren den völligen Ausschluß aller Anderen und alles Anderen aus der Beziehung von Ich und Du. Sie sind also nur durch sich selbst verbunden: "Jede wirkliche Beziehung zu einem Wesen oder einer Wesenheit in der Welt ist ausschließlich. Losgemacht, herausgetreten, einzig und gegenüber wesend ist ihr Du."[410]

---

[408] Buber, M., Ich und Du, S. 86.
[409] Buber, M., Ich und Du, S. 85.
[410] Buber, M., Ich und Du, S. 130.

Die anerkannte Selbständigkeit der Person transformiert nun die in der Urdistanz stattfindende Selbständigkeit des Individuums in eine andere Dimension. Der entscheidende Unterschied ist dabei, dass nun das Wirkungszentrum nicht im Ich oder im Du liegt, sondern in Ich und Du zusammen. Die Beziehung ist gegenseitig und ihr ganzer Charakter erschöpft sich in dieser Gegenseitigkeit: "Beziehung ist Gegenseitigkeit. Mein Du wirkt an mir, wie ich an ihm wirke."[411] Indem das Ich der Dimension Ich-Es einseitig am Es wirkt, liegt das Wirkungszentrum immer im Ich, das auf diese Weise Subjekt wird und als Mittelpunkt der Es-Welt nur Objekte gegenüber haben kann. Deshalb kann darin auch kein Dialog stattfinden; das Ich bleibt in der Situation des Monologs.

Die Gegenseitigkeit impliziert eine gegenseitige Anerkennung von Ich und Du.[412] In Beziehung treten und Person werden, heißt demnach die Selbständigkeit und das Anderssein des Du anzuerkennen. Eine solche Anerkennung stellt sich konkret als Zustimmung zur Selbständigkeit der Individualität des Du dar, welche Individualität nun jedoch nicht das Eigenwesen der Ich-Es-Dimension meint, sondern die Teilhabe an der Wirklichkeit des Anderen in seinem Person-Charakter: "Dieser Mensch ist anders, wesenhaft anders als ich, und diese seine Andersheit meine ich, weil ich ihn meine, ich bestätige sie, ich will sein Anderssein, weil ich sein Sosein will."[413] Anerkennung ist für Buber also gleichbedeutend mit Akzeptation, Bestätigung und Bejahung des Anderen in seiner Andersheit. Diese Andersheit wird nur in der Beziehung Ich-Du als Begegnung erfahrbar, in der der Andere nicht in seiner Brauchbarkeit und seiner Nützlichkeit gemeint ist, sondern in seinem Sosein erfahren wird.[414]

In der Dimension des Ich-Du stellt sich nun die Welt anders dar als in der Dimension des Ich-Es.[415] Mit den Grundworten des Menschen ändert sich also auch die Welt des Menschen: "Die Welt ist dem Menschen zwiefältig nach seiner zwiefältigen Haltung. Die Haltung des Menschen ist zwiefältig nach der Zwiefalt der Grundworte, die er sprechen kann."[416] Das Sprechen der Grundworte ist also wirklichkeitskonstituierend nicht nur für den Menschen, sondern auch für die Welt. Auch die Welt hat keinen Be-

---

[411] Buber, M., Ich und Du, S. 88.
[412] Vgl. dazu Speck, J., Martin Buber, in: ders., Hrsg., Geschichte der Pädagogik des 20. Jahrhunderts, Band 1, Stuttgart u.a. 1978, S. 132-155.
[413] Buber, M., Die Frage an den Einzelnen, Gesammelte Werke Bd. I, Schriften zur Philosophie, München/Heidelberg 1962, S. 240.
[414] Vgl. dazu Böckenhoff, J., Die Begegnungsphilosophie, Freiburg/München 1970.
[415] Vgl. zum Folgenden Grünfeld, W., Der Begegnungscharakter der Wirklichkeit in Philosophie und Pädagogik Martin Bubers, Ratingen 1965.
[416] Buber, M., Ich und Du, S. 80.

stand, der unabhängig von der Dimensionalität der Grundworte wäre, auch sie ist in die Paarhaftigkeit der Grundworte einbezogen. Buber bezeichnet den Menschen in diesem Sinne geradezu als "Helfer" und "Gefährte" der Schöpfung.[417]

4.3 Mediation als Korrektur der Ich-Es-Beziehung im Recht

Die Ursprünglichkeit der Ich-Du-Relation kann im Zusammenhang der Buberschen Philosophie als ein gewisses Korrelativ zu systemtheoretischen Rechtsauffassungen einerseits und zu im weitesten Sinne transzendentalphilosophischen Konzeptionen wie bei Kant und Habermas andererseits aufgefaßt werden. Die systemische Konstruktion personaler Systeme erscheint vor diesem Hintergrund als eine Abstraktion, die sich nur durch den Erkenntniszweck einer einheitlichen Verständnisweise von Systembildungen aller Art ausweisen kann, nicht aber als eine angemessene Weise von Regulierungen im sozialen Zusammenhang, ja nicht einmal als eine ausschließlich geltende Weise der Auffassung des sozialen Zusammenhangs selbst. Eine Erklärung des Rechts als einer bestimmten Systemleistung, in der Komplexität durch die Entscheidungsleistung des gesetzlichen Richters reduziert wird, womit Leistungen für die Erhaltung des Systems und die Stabilisierung seiner Grenzen in einem Komplexitätsgefälle erbracht werden, erscheint vor diesem Hintergrund ebenso in ihrer ganzen Abstraktheit, die sich durch einen bestimmten Erkenntniszweck ausweisen müßte und vielleicht auch kann. Diese Ausweisung wird dann jedoch ‚dysfunktional', wenn die systemtheoretische Auffassung sich als die ‚richtige' Erkenntnisweise von Regulierungen im gesellschaftlichen Zusammenhang darstellen will.

Hier kann an eine weitere Thematik der Buberschen Philosophie angeknüpft werden. Buber faßt den Bereich der Gesellschaft grundsätzlich als der Dimension des Ich-Es - also der Subjekt-Objekt-Relation – zugehörig auf, wobei er allerdings doch darauf hinweist, dass diese Relation abhängig bleibt von der ursprünglichen Ich-Du-Relation, von der her sie ständig korrigiert werden muss, soll sie nicht vollständig zu einer Relation werden, die mit dem Verhältnis des Menschen zur objektiven Welt zusammenfällt. Damit unterscheidet sich auch das soziale Leben von dem Leben, in dem wir uns mit

[417] Buber, M., Ich und Du, S. 133.

der natürlichen Umwelt auseinandersetzen und sie für unsere Zwecke bearbeiten. Darin sind zwar die Ich-Du-Beziehungen ‚verobjektiviert', aber sie bleiben doch noch bestimmend für eine Welt des Sozialen, die nicht identisch mit dem Bezug des Menschen zur Welt der Sachen geworden ist. Eine solche Auffassung des Sozialen wird von der systemischen Theorie vollständig ausgeklammert. In der Kantischen und Habermas´schen Philosophie dagegen kommt die Sonderstellung des Sozialen zum Ausdruck, indem dort die Bedeutung der freiheitssichernden Funktion des Rechts in der Garantie durch den Staat betont wird, und indem hier die prinzipielle Verwiesenheit aller kommunikativen Beziehungen auf eine universelle Begründungsweise herausgestellt wird, die Habermas mit der Idealstruktur des Diskurses näher ausarbeitet.

Das Recht mit seinen sanktionierten Entscheidungen erscheint unter dem Gesichtspunkt der Buberschen Philosophie deshalb als prinzipiell noch von dem ursprünglichen Ich-Du-Verhältnis geleitet, bzw. es muss so geleitet sein, wenn es nicht in die Dimension der Dinge abgleiten soll. Während bei Kant das Recht also von einem objektiven Verhältnis durch die Garantie personaler Freiheit und bei Habermas durch seine inhärente Verwiesenheit auf die diskursive Rechtfertigung von Rechtsnormen unterschieden wird, geschieht eine solche Unterscheidung bei Buber durch seinen Anschluß an die ursprüngliche Ich-Du-Beziehung, bei deren Ausklammerung auch das Recht nur noch eine Relation innerhalb des Ich-Es darstellen würde, also in der Dimension der Beziehungen des Menschen zu den Dingen geschehen würde.

Auf der Grundlage einer solchen Bestimmung des Rechts durch seine Unterscheidung von einer Beziehung des Menschen zu den Dingen kann mit Hilfe der Buberschen Philosophie aber auch die Institution der Mediation neu verstanden werden und in ihrem Status weiter verdeutlicht werden. In einer etwas verkürzten Darstellung war Mediation in der Luhmannschen systemtheoretischen Rechtstheorie nach ihrem Status eine effektivitätsfördernde Institution, die neuen Anforderungen an die Komplexitätsverarbeitungskapazität des Rechtssystems gerecht werden konnte. Legt man die Kantischen Gedankengänge zugrunde, ist Mediation eine prekäre Angelegenheit, weil sie das Prinzip des Rechts im allein entscheidungsbefugten Richter und in der rechtssichernden und damit Freiheit und Anerkennung der Personalität garantierenden Autorität des Staates durchbricht. Nach den Gedankengängen von Habermas ist Mediation eine Institution, die näher an die prinzipiell diskursorientierte Situation legitimer gesellschaftlicher Beziehungen heranreicht und näher an der fundamentalen Situation zwischenmenschlicher Beziehungen in ihrer Verwiesenheit auf Begründungen und Rechtfertigungen ist, als dies im Recht nach seinen traditionellen Verfahren der Fall ist.

Auf der Grundlage der Gedankengänge von Buber erscheint die Institution der Mediation nun als eine Verfahrensweise in der Dimension der Gesellschaft und damit des Bereiches ‚zwischen' Ich-Du und Ich-Es, die sich vom Recht insofern unterscheidet, als in ihr die Dimension der ursprünglichen Ich-Du-Beziehung stärker repräsentiert ist, als dies im mehr an der objektiven und an der Ich-Es-Beziehung orientierten Dimension des traditionellen Rechts der Fall ist. Auch aus dem Zusammenhang der Gedankengänge Bubers heraus ist die Institution der Mediation nicht als ein Element der ursprünglichen Ich-Du-Beziehung aufzufassen. Eine solche Auffassung wäre auch im höchsten Maße unrealistisch. In der Mediation geht es um eine Konfliktbeilegung; sie setzt also nicht voraus, dass keine Konflikte bestehen und Menschen sich in der reinen Ich-Du-Beziehung gegenüberstehen, in der keine Beziehungen zur Es-Welt der Dinge in der Welt die Harmonie trüben. Mediationen werden notwendig, weil empirische Menschen in der empirischen Welt über ihre Beziehungen zu den Dingen in dieser Welt in Konflikte geraten. Insofern ist in einer Mediation auch nach den Gedankengängen der Buberschen Philosophie stets die Ich-Es-Beziehung präsent und überlagert zumindest zum Teil die ursprüngliche Ich-Du-Beziehung.

Der Punkt, an dem sich die auf der Grundlage der Buberschen Philosophie mögliche Statusbestimmung von Mediation jedoch von der systemtheoretischen ebenso wie von der Kantischen und Habermas'schen wesentlich unterscheidet, ist darin zu sehen, dass sich die traditionellen Verfahren der Rechtsfindung von der Mediation durch den verschiedenen Grad der in ihnen repräsentierten Ich-Du-Beziehung unterscheiden. Die traditionellen Rechtsfindungsverfahren gehören in einem weit höheren Ausmaß der Ich-Es-Welt an, als dies für eine Institution wie die Mediation gelten kann. Insofern ist die Korrektur der Ich-Es-Struktur der sozialen Welt durch das Hineinragen der ursprünglichen Ich-Du-Beziehung in der Institution der Mediation weit stärker ausgeprägt, als dies im traditionellen Recht der Fall ist. Damit gehört das Verfahren der Mediation in den Zusammenhang jener Strukturen, mit denen die soziale Welt an die ursprüngliche Ich-Du-Beziehung zurückgebunden bleibt und damit vor dem Abgleiten in eine rein dingliche Beziehung der Ich-Es-Beziehung bewahrt wird, in der sich Menschen wechselseitig in der Analogie zu ihren Beziehungen zu den Dingen auffassen. Vor diesem Hintergrund kann die Institution der Mediation nicht nur mit Hilfe systemtheoretischer Argumentationen als bessere und effektivere Methode zur Komplexitätsreduktion und zur Steuerung von Gesellschaft aufgefaßt werden, sie muss auch nicht nur als eine bessere Annäherung an die Situation des an Kriterien der Wahrheit und Richtigkeit orientierten Diskurses bestimmt werden, sondern sie kann auch als eine Institution bestimmt werden, in der innerhalb des Rechts eine Korrektur der dem Recht immanenten Tendenz zur dinglichen Auffassung von sozialen Beziehungen stattfindet.

Literaturverzeichnis

Alexy, R., Theorie der juristischen Argumentation. Die Theorie des rationalen Diskurses als Theorie der juristischen Begründung, Frankfurt 1983.

Anzenbacher, A., Die Philosophie Martin Bubers, Wien 1965.

Ashby, R., An Introduction to Cybernetics, London 1961.

Austin, J.L., How to do Things with Words, Oxford 1962.

Beck, U., Risikogesellschaft. Auf dem Weg in eine andere Moderne, Frankfurt/Main 1986.

Beer, S., Decision and Control, London/New York 1966.

Beetz, M., Organisation und Öffentlichkeit als Mechanismen politischer Kommunikation, in: in: Hellmann, K.-U./Fischer, K./Bluhm, H., Hg., Das System der Politik. Niklas Luhmanns politische Theorie, Wiesbaden 2003, S. 108-120.

Bell, B., Die nachindustrielle Gesellschaft, Frankfurt/Main 1985.

Benz, A., Kooperativer Staat? Gesellschaftliche Einflußnahme auf staatliche Steuerung, in: Klein, A./Schmalz-Bruns, R., Hg., Politische Beteiligung und Bürgerengagement in Deutschland, Bonn 1997, S. 88-113.

Berger, P.L./B. Berger/H. Kellner, Das Unbehagen in der Modernität, Frankfurt/New York 1975.

Bertens, H., Die Postmoderne und ihr Verhältnis zum Modernismus. Eine Übersicht, in: D. Kamper/W. v. Reijen, Hrsg., Die unvollendete Vernunft. Moderne versus Postmoderne, Frankfurt 1987, S. 46-98.

Beyme, K. v., Der Neo-Korporatismus und die Politik des begrenzten Pluralismus in der Bundesrepublik, in: Habermas, J., Hg., Stichworte zur 'Geistigen Situation der Zeit', Bd. 1, Frankfurt/Main 1979, S. 229-262.

Beyme, K., v., Die politischen Theorien der Gegenwart. Eine Einführung, Opladen 1992.

Beyme, K. v., Der Staat des politischen Systems im Werk Niklas Luhmanns, in: Hellmann, K.-U./Schmalz-Bruns, R., Theorie der Politik. Niklas Luhmanns politische Soziologie, Frankfurt/Main 2002, S. 131-148.

Beyme, K. v., Die parlamentarische Demokratie. Entstehung und Funktionsweise 1789-1999, Opladen 1999.

Bloch, J., Die Aporie des Du. Probleme der Dialogik Martin Bubers, Heidelberg 1977.

Bloch, J./Gordon, H., Hrsg., Martin Buber. Bilanz seines Denkens, Freiburg 1983.

Böckenförde, E.-W.,, Staat, Verfassung, Demokratie. Studien zur Verfassungstheorie und zum Verfassungsrecht, Frankfurt/Main 1991.

Böckenhoff, J., Die Begegnungsphilosophie, Freiburg/München 1970.

Bolsinger, E., Autonomie des Rechts? Niklas Luhmanns soziologischer Rechtspositivismus, in: Politische Vierteljahresschrift 42/2001, S. 3-30.

Braun, D., Artikel ‚Steuerungstheorien', in: Nohlen, D./Schultze, R.-O., Lexikon der Politik, Bd. 1, München 1995, S. 611-618.

Brodocz, A., Mächtige Kommunikation in Niklas Luhmanns Theorie sozialer Systeme, in: Imbusch, P., Hg., Macht und Herrschaft. Sozialwissenschaftliche Konzeptionen und Theorien, Opladen 1998, S. 183-197.

Brosziewski, A., Die Beobachtung der Macht. Zum Verhältnis von Macht, Wahrheit und Intelligenz, in: Hellmann, K.-U./Fischer, K./Bluhm, H., Hg., Das System der Politik. Niklas Luhmanns politische Theorie, Wiesbaden 2003, S. 49-61.

Brozus, L./Take, I./Wolf, K.D., Vergesellschaftung des Regierens? Der Wandel nationaler und internationaler Steuerung unter dem Leitbild der nachhaltigen Entwicklung, Opladen 2003.

Buber, M., Aus einer philosophischen Rechenschaft, in: Gesammelte Werke, Bd. I: Schriften zur Philosophie, München/Heidelberg 1962.

Buber, M., Begegnung. Autobiographische Fragmente, Heidelberg 1986.

Buber, M., Das Problem des Menschen, in: Gesammelte Werke, Bd. I: Schriften zur Philosophie, München/Heidelberg 1962.

Buber, M., Der Mensch und sein Gebild, in: Gesammelte Werke, Bd. I: Schriften zur Philosophie, München/Heidelberg 1962.

Buber, M., Die Frage an den Einzelnen, in: Gesammelte Werke, Bd. I: Schriften zur Philosophie, München/Heidelberg 1962.

Buber, M., Elemente des Zwischenmenschlichen, in: ders., Das dialogische Prinzip, 5. Auflage, Heidelberg 1984.

Buber, M., Ich und Du, in: Gesammelte Werke, Bd. I: Schriften zur Philosophie, München/Heidelberg 1962.

Buber, M., Urdistanz und Beziehung, in: Gesammelte Werke, Bd. I: Schriften zur Philosophie, München/Heidelberg 1962.

Buber, M., Zwiesprache, in: Gesammelte Werke, Bd. I: Schriften zur Philosophie, München/Heidelberg 1962.

Burth, H.-P., Eine metatheoretische Analyse politikwissenschaftlicher Steuerungstheorie, in: Druwe, U./Kühnel, S.-M/Kunz, V., Kontext, Akteur und strategische Interaktion, Opladen 2000, S. 163-185.

Bußhoff, H., Demokratietheorie als Steuerungstheorie, in: ders., Hg., Politische Steuerung, Steuerbarkeit und Steuerungsfähigkeit, Baden-Baden 1992, S. 241-283.

Claessens, D., Familie und Wertsystem, Berlin 1962.

Czada, R., Konkordanz, Korporatismus und Politikverflechtung: Dimensionen der Verhandlungsdemokratie, in: Holtmann, E./Voelzkow, Hg., Zwischen Wettbewerbs- und Verhandlungsdemokratie, Wiesbaden 2000, S. 23-49.

Czerwick, E., Politik als System. Zum Politikverständnis in Systemtheorien, in: Lietzmann, Hg., Moderne Politik. Politikverständnisse im 20. Jahrhundert, Opladen 2001, S. 287-310.

Deggau, H.-G., Die Aporien der Rechtslehre Kants, Stuttgart 1983.

Deutsch, K.W., Politische Kybernetik, Modelle und Perspektiven, Freiburg 1973.

DiFabio, U., Verwaltung und Verwaltungsrecht zwischen gesellschaftlicher Selbstregulierung und staatlicher Steuerung, in: Veröffentlichungen der Vereinigung der Deutschen Staatsrechtslehrer 56/1997, S. 235 ff.

Döbert, R., Habermas, J., Nunner-Winkler, G., Einführung, in: dies., (Hrsg.), Entwicklung des Ichs, Köln 1977, S. 9-30.

Dreier, R., „Zur Einheit der praktischen Philosophie Kants", in: Perspektiven der Philosophie 5 (1979), S. 5-37.

Dyk, I., Gesellschaftspolitische Aspekte der Planung, Berlin 1981.

Easton, D., A Systems Analysis of Political Life, New York 1965.

Eder, K., Prozedurales Recht und Prozeduralisierung des Rechts, in: D. Grimm, Hrsg., Wachsende Staatsaufgaben - sinkende Steuerungsfähigkeit des Rechts, Baden-Baden 1990, S. 155 ff.

Eichenberger, K., Der geforderte Staat: Zur Problematik der Staatsaufgaben, in: Hennis, W., Kielmansegg, P., Matz, U., (Hrsg.), Regierbarkeit. Studien zu ihrer Problematisierung, Bd. I, Stuttgart 1977, S. 103-117.

Etzioni, A., Die aktive Gesellschaft. Eine Theorie gesellschaftlicher und politischer Prozesse, Opladen 1975.

Forget, Ph., Leitfäden einer unwahrscheinlichen Debatte, in: ders., Hrsg., Text und Interpretation, München 1984, S. 7 ff.

Forst, R., Die Rechtfertigung der Gerechtigkeit. Rawls' Politischer Liberalismus und Habermas' Diskurstheorie in der Diskussion, in: Brunkhorst, H./Niesen, P., Hg., Das Recht der Republik, Frankfurt/Main 1999, S. 105-168.

Frank, M., Zwei Jahrhunderte Rationalitätskritik und ihre postmoderne Überbietung, in: D. Kamper/W. v. Reijen, Hrsg., Die unvollendete Vernunft. Moderne versus Postmoderne, Frankfurt/Main 1987, S. 99-121.

Friedman, M., Die Grundlagen von Martin Bubers Ethik, in: Schilpp, P.A./Friedman, M., Hrsg., Martin Buber, Stuttgart 1963, S. 153-179.

Friedman, M./Schlipp, P.A., Martin Buber, Stuttgart 1963.

Furger, F., Management by Achtung und Vertrauen, in: Erwachsenenbildung. Vierteljahresschrift für Theorie und Praxis, 39/1993, S. 108-110.

Gadamer, H.G., Text und Interpretation, in: Ph. Forget, Hrsg., Text und Interpretation, München 1984, S. 24 ff.

Geismann, G., „Kants Rechtslehre vom Weltfrieden", in: Zeitschrift für philosophische Forschung 37 (1983), S. 363-388.

Geismann, G., Kant als Vollender von Hobbes und Rousseau, in: Der Staat 27/1982, S. 161-189.

Gessenharter, W., Die Bedeutung der Kybernetik für das Studium politischer und sozialer Systeme, in: D. Oberndörfer, Hrsg., Systemtheorie, Systemanalyse und Entwicklungsländerforschung, Berlin 1971, S. 247-316.

Giddens, A., Die Konstitution der Gesellschaft. Grundzüge einer Theorie der Strukturierung, Frankfurt/New York 1988.

Giddens, A., Interpretative Soziologie. Eine kritische Einführung, Frankfurt/New York 1984.

Göbel, A., Politikwissenschaft und Gesellschaftstheorie. Zu Rezeption und versäumter Rezeption der Luhmann'schen Systemtheorie, in: Berg, H. de/Schmidt, J., Hg., Rezeption und Reflexion. Zur Resonanz der Systemtheorie Niklas Luhmanns außerhalb der Soziologie, Frankfurt/Main 2000, S. 134-174.

Görke, A., Das System der Massenmedien, öffentliche Meinung und Öffentlichkeit, in: in: Hellmann, K.-U./Fischer, K./Bluhm, H., Hg., Das System der Politik. Niklas Luhmanns politische Theorie, Wiesbaden 2003, S.121-135.

Görlitz, A./Adam, S., ‚Strukturelle Kopplung' als Steuerungstheorie: Rekonstruktion und Kritik, in: in: Hellmann, K.-U./Fischer, K./Bluhm, H., Hg., Das System der Politik. Niklas Luhmanns politische Theorie, Wiesbaden 2003, S. 271-289.

Grande, E., Regieren in verflochtenen Verhandlungssystemen, in: Mayntz, R./Scharpf, F.W., Hg., Gesellschaftliche Selbstregulierung und politische Steuerung, Frankfurt/Main 1995, S. 327-368.

Greshoff, R., Die theoretischen Konzeptionen des Sozialen von Max Weber und Niklas Luhmann im Vergleich, Opladen 1999.

Greven, M.Th., Luhmanns ‚Politik' im Banne des Systemszwangs der Theorie, in: Demirovic, A., Hg., Komplexität und Emanzipation. Kritische Gesellschaftstheorie und die Herausforderung der Systemtheorie Niklas Luhmanns, Münster 2001, S. 197-216.

Greven, Th., Parteiensystem, Wertwandel und neue Marginalität, in: Matthes, J., Hg., Sozialer Wandel in Europa. Verhandlungen des 19. Deutschen Soziologentages 1979, Frankfurt/Main 1979, S. 574-590.

Grünärml, F., Vertrauen und Glaubwürdigkeit - aus der Sicht des Ökonomen, in: List Forum für Wirtschafts- und Finanzpolitik, 24/1998, S. 279-290.

Grünfeld, W., Der Begegnungscharakter der Wirklichkeit in Philosophie und Pädagogik Martin Bubers, Ratingen 1965.

Güth, W., Menschliche Kooperation basierend auf Vorleistungen und Vertrauen, in: Jahrbuch für neue politische Ökonomie, 12/1993, S. 253-277.

Habermas, J., Ein Fragment (1977): Objektivismus in den Sozialwissenschaften, in: ders., Zur Logik der Sozialwissenschaften (5. Auflage), Frankfurt/Main 1982, S. 541-607.

Habermas, J., Legitimationsprobleme im Spätkapitalismus, Frankfurt/Main 1973.

Habermas, J., Moralentwicklung und Ich-Identität, in: ders., Zur Rekonstruktion des Historischen Materialismus, Frankfurt/Main 1976, S. 63-91.

Habermas, J., Technik und Wissenschaft als 'Ideologie`, Frankfurt/Main 1968, S. 146-168.

Habermas, J., Theorie des kommunikativen Handelns, Bd. 1, Frankfurt/Main 1981.

Habermas, J., Theorie des kommunikativen Handelns, Bd. 2, Frankfurt/Main 1981.

Habermas, J., Theorie und Praxis, (mit einer Einleitung zur Neuausgabe), Frankfurt 1971.

Habermas, J., Vorbereitende Bemerkungen zu einer Theorie der kommunikativen Kompetenz, in: J. Habermas/N. Luhmann, Theorie der Gesellschaft oder Sozialtechnologie - Was leistet die Systemforschung?, Frankfurt 1971, S. 101-141.

Habermas, J., Vorlesungen zu einer sprachtheoretischen Grundlegung der Soziologie, in: ders., Vorstudien und Ergänzungen zur Theorie des kommunikativen Handelns, Frankfurt/Main 1984, S. 11-126.

Habermas, J., Wahrheitstheorien, in: H. Fahrenbach, Hrsg., Wirklichkeit und Reflexion, Festschrift für W. Schulz zum 60. Geburtstag, Pfullingen 1973, S. 211-265.

Hayek, F.A., Arten der Ordnung, in: ders., Freiburger Studien, Gesammelte Aufsätze, Tübingen 1969, S. 32 ff.

Hayek, F.A., Die Theorie komplexer Phänomene, (Walter Eucken Institut, Vorträge und Aufsätze Bd. 36), Tübingen 1972.

Heinrichs, J., Artikel "Dialog, dialogisch", in: Historisches Wörterbuch der Philosophie, hrsg. v. J. Ritter, Bd. 2, Basel 1972, S. 226 ff.

Hejl, P.M., Der Begriff des Individuums. Bemerkungen zum ungeklärten Verhältnis von Psychologie und Soziologie, in: G. Schiepek, Hrsg., Systeme erkennen Systeme, München/Weinheim 1987, S. 115 ff.

Hellmann, K.-U./Fischer, K., Niklas Luhmanns politische Theorie in der politikwissenschaftlichen Diskussion, in: Hellmann, K.-U./Fischer, K./Bluhm, H., Hg., Das System der Politik. Niklas Luhmanns politische Theorie, Wiesbaden 2003, S. 9-16.

Hennen, M., Zur Betriebsfähigkeit postmoderner Sozialentwürfe, in: G. Eifler/O. Saame, Hrsg., Postmoderne - Anbruch einer neuen Epoche?, Wien 1989, S. 53-72.

Höffe, O., Kritische Überlegungen zur Konsensustheorie der Wahrheit (Habermas), in: Philosophisches Jahrbuch 83/1976, S. 313-332.

Hofmann, H./Dreier, H., Repräsentation, Mehrheitsprinzip und Minderheitenschutz, in: Schneider, H.-P./Zeh, W., Hg., Parlamentsrecht und Parlamentspraxis in der Bundesrepublik Deutschland, Berlin/New York 1989, S. 165-198.

Holz, K., Politik und Staat. Differenzierungstheoretische Probleme in Niklas Luhmanns Theorie des politischen Systems, in: Hellmann, K.-U./Fischer, K./Bluhm, H., Hg., Das System der Politik. Niklas Luhmanns politische Theorie, Wiesbaden 2003, S. 34-48.

Ilting, K.-H., Geltung als Konsens, in: Neue Hefte für Philosophie 10/1975, S. 20-50.

Jäger, W./Baltes-Schmitt, M., Jürgen Habermas. Einführung in die Theorie der Gesellschaft, Wiesbaden 2003.

Canzler, W./Kalinowski, M., Hg., Zukunftsfähige Gesellschaft. Demokratische Entscheidungen für eine dauerhafte tragfähige Gesellschaft, Bonn 1996, S. 74-84.

Kant, I., Metaphysik der Sitten, Akademieausgabe, Bd. VI.

Kant, I., Religionsphilosophie, Akademieausgabe Bd. VI.

Kellner, D., Postmodernismus als kritische Gesellschaftstheorie? Herausforderungen und Probleme, in: H.-H. Krüger, Hrsg., Abschied von der Aufklärung? Perspektiven der Erziehungswissenschaft, Opladen 1990, S. 37-60.

Kersting, W., Wohlgeordnete Freiheit. Immanuel Kants Rechts- und Staatsphilosophie, Berlin 1984.

Kiss, G., Grundzüge und Entwicklung der Luhmannschen Systemtheorie, Stuttgart 1990.

Kitschelt, H., Linkages between Citizens and Politicians in Democratic Polities, in: Comparative Political Studies 33/2000, S. 845-879.

Kneer, G., Von Kommandohöhen zu Maulwurfshügeln. Ein Beitrag zur Diskusion politischer Steuerung aus systemtheoretischer Sicht, in: Sociologica Internationalis 36/1998, S. 61-85.

Koslowski, P., Die Prüfungen der Neuzeit. Über Postmodernität, Wien 1989.

Kühl, K., Eigentumsordnung als Freiheitsordnung, Freiburg/München 1984.

Kurz, G., Die Verantwortung bei Martin Buber, in: Bildung und Erziehung 21/1968, S. 226-231.

Küsters, G.-W., Kants Rechtsphilosophie, Darmstadt 1988.

Ladeur, K.H., Vom Sinnganzen zum Konsens, in: D. Deiseroth, Hrsg., Ordnungsmacht? Zum Verhältnis von Legalität, Konsens und Herrschaft, Frankfurt 1980, S. 112 ff.

Landshut, S., Der politische Begriff der Repräsentation, in: Rausch, H., Hg., Zur Theorie und Geschichte der Repräsentation und Repräsentativverfassung, Darmstadt 1968, S. 482-497.

Lauth, R., Die absolute Ungeschichtlichkeit der Wahrheit, Stuttgart 1966.

Lehner, F., Grenzen des Regierens. Eine Studie zur Regierungsproblematik hochindustrialisierter Demokratien, Königstein 1979.

Lorenzer, A., Sprachzerfall und Rekonstruktion, Frankfurt/Main 1970.

Luhmann, N., Der Wohlfahrtsstaat zwischen Evolution und Rationalität, in: Soziologische Aufklärung (4), Opladen 1987, S. 104-116.

Luhmann, N., Die Gesellschaft der Gesellschaft, 1. Teilband, Frankfurt/Main 1997.

Luhmann, N., Die Knappheit der Zeit und die Vordringlichkeit des Befristeten, in: Politische Planung. Aufsätze zur Soziologie von Politik und Verwaltung, Opladen 1971, S. 143-164.

Luhmann, N., Die Weltgesellschaft, ARSP 57, 1971, S. 1 ff.

Luhmann, N., Einführende Bemerkungen zu einer Theorie symbolisch generalisierter Kommunikationsmedien, in: ders., Soziologische Aufklärung (2), Opladen 1975, S. 170-192.

Luhmann, N., Funktionen der Rechtsprechung im politischen System, in: ders., Politische Planung, Opladen 1971, S. 46-52.

Luhmann, N., Funktionen und Folgen formaler Organisationen, Berlin 1964.

Luhmann, N., Gesellschaft, in: Soziologische Aufklärung (1), Köln/Opladen 1970, S. 137-153.

Luhmann, N., Komplexität und Demokratie, in: ders., Politische Planung, Opladen 1971, S. 35-45.

Luhmann, N., Komplexität, in: ders., Soziologische Aufklärung 2, Opladen 1975, S. 204-220.

Luhmann, N., Macht, Stuttgart 1975.

Luhmann, N., Organisation und Entscheidung, in: ders., Soziologische Aufklärung (3), Opladen 1981, S. 335-389.

Luhmann, N., Politische Planung, in: ders., Politische Planung, Opladen 1971, S. 66-89.

Luhmann, N., Politische Theorie im Wohlfahrtsstaat, München 1981.

Luhmann, N., Positives Recht und Ideologie, Opladen 1971, S. 178-203.

Luhmann, N., Rechtssoziologie, Opladen 1987.

Luhmann, N., Reflexive Mechanismen, in: ders., Soziologische Aufklärung 1, Köln/Opladen 1970, S. 92-112.

Luhmann, N., Sinn als Grundbegriff der Soziologie, in: J. Habermas; N. Luhmann, Theorie der Gesellschaft oder Sozialtechnologie - Was leistet die Systemforschung?, S. 25-100.

Luhmann, N., Soziologie als Theorie sozialer Systeme, in: ders., Soziologische Aufklärung (1), Köln/Opladen 1970, S.113-136.

Luhmann, N., Systemtheoretische Argumentationen, in: J. Habermas; N. Luhmann, Theorie der Gesellschaft oder Sozialtechnologie - Was leistet die Systemforschung?, Frankfurt/Main 1971, S. 291-404.

Luhmann, N., Systemtheorie, Evolutionstheorie und Kommunikationstheorie, in: ders., Soziologische Aufklärung 2, Opladen 1975, S. 193-203.

Luhmann, N., Vertrauen. Ein Mechanismus der Reduktion sozialer Komplexität, Stuttgart 1968.

Luhmann, N., Vorbemerkungen zu einer Theorie sozialer Systeme, in: ders., Soziologische Aufklärung (3), Opladen 1981, S. 11-24.

Luhmann, N., Wirtschaft als soziales System, in: ders., Soziologische Aufklärung 1,Köln/Opladen 1970, S. 204-231.

Luhmann, N., Zweckbegriff und Systemrationalität, Tübingen 1973.

Lütz, S., Politische Steuerung und die Selbstregulierung korporativer Akteure, in: Mayntz, R./Scharpf, F.W., Gesellschaftliche Selbstregulierung und politische Steuerung, Frankfurt/Main 1995, S. 169-196.

Lyotard, J.-F., Das postmoderne Wissen. Ein Bericht, Graz/Wien 1986.

Lyotard, J.-F., Der Widerstreit, München 1987.

Lyotard, J.-F., Eine post-moderne Fabel über die Postmoderne oder: In der Megalopolis, in: R. Weimann/H. U. Gumbrecht, Hrsg., Postmoderne - globale Differenz, Frankfurt/Main 1991, S. 291-304.

Lyotard, J.-F., Streifzüge. Gesetz, Form, Ereignis, Wien 1989.

Marcel, G., Ich und Du bei Martin Buber, in: Schilpp, P.A./Friedman, M., Hrsg., Martin Buber, Stuttgart 1963, S. 35-41.

Marquard, O., Abschied vom Prinzipiellen, Stuttgart 1980.

Martens, E., Der Zwang der Wahrheit. Zum Dezisionismusproblem bei Jürgen Habermas, in: Philosophisches Jahrbuch 83/1976, S. 392-401.

Matthiesen, U., Das Dickicht der Lebenswelt und die Theorie des kommunikativen Handelns, München 1985.

Mayntz, R., Politische Steuerung und gesellschaftliche Steuerungsprobleme - Anmerkungen zu einem theoretischen Paradigma, in: Jahrbuch zur Staats- und Verwaltungswissenschaft 1/1987, S. 89-110.

Meyer-Drawe, K., Illusionen von Autonomie, München 1990.

Münch, R., Talcott Parsons, in: Kaesler, D., Hg., Klassiker der Soziologie, Bd. II, München 2002, S. 24-50.

Neves, M., Zwischen Themis und Leviathan. Eine schwierige Beziehung, Baden-Baden 2000.

Noack, P., Ist die Demokratie noch regierbar?, München 1980.

Phillips, A., The Politics of Presence, Oxford 1995.

Pitkin, H. F., The Concept of Representation, Berkeley 1967.

Preuß, U.K., Revolution, Fortschritt und Verfassung. Zu einem neuen Verfassungsverständnis, Berlin 1990.

Prigogine, J.,/Pahaut, S., Die Zeit wiederentdecken, in: M. Baudson, Zeit. Die vierte Dimension in der Kunst, Weinheim 1985.

Prigogine, J./Stenger, J., Entre le temps et l'éternité, Paris 1988.

Raulet, G., Zur gesellschaftlichen Realität der Postmoderne, in: H.-H. Krüger, Hrsg., Abschied von der Aufklärung? Perspektiven der Erziehungswissenschaft, Opladen 1990, S. 25-36.

Rödel, U./G. Frankenberg/H. Dubiel, Die demokratische Frage, Frankfurt 1989.

Röpke, J., Die Strategie der Innovation, Tübingen 1977.

Rorty, R., Kontingenz, Ironie und Solidarität, Frankfurt/Main 1989.

Rose, N., Tod des Sozialen? Eine Neubestimmung der Grenzen des Regierens, in: Bröckling, U./Krasmann, S./Lemke, Th., Hg., Gouvernementalität der Gegenwart. Studien zur Ökonomisierung des Sozialen, Frankfurt/Main 2001, S. 71-109.

Rötzer, F., Einleitung, in: ders., Hrsg., Denken, das an der Zeit ist, Frankfurt/Main 1987, S. 9-33.

Saage, R., Eigentum, Staat und Gesellschaft bei Immanuel Kant, Stuttgart 1973.

Sandforth, Chr., Prozeduraler Steuerungsmodus und moderne Staatlichkeit, Baden-Baden 2002.

Scharpf, F., Verhandlungssysteme, Verteilungskonflikte und Pathologien der politischen Steuerung, Max-Planck-Institut für Gesellschaftsforschung, Discussion Paper 88/1, Köln 1988.

Scharpf, F.W., Die Handlungsfähigkeit des Staates am Ende des zwanzigsten Jahrhunderts, in: Politische Vierteljahresschrift 32/1991, S. 621-653.

Schimank, U., Funktionale Differenzierung und Systemintegration der modernen Gesellschaft, in: Friedrichs, J./Jagodzinski, Hg., Soziale Integration (Sonderheft 39 der Kölner Zeitschrift für Soziologie und Sozialpsychologie), Opladen 1999, S. 47-65.

Schmidt, H., ,,Durch Reform zu Republik und Frieden? Zur politischen Philosophie Immanuel Kants", in: Archiv für Rechts- und Sozialphilosophie 71 (1985), S. 297-318.

Schulz, W., Philosophie in der veränderten Welt, Pfullingen 1972.

Schütz, Ch., Verborgenheit Gottes. Martin Bubers Werk - Eine Gesamtdarstellung, Zürich u.a. 1975.

Searle, J.R., Speech Acts, Cambridge/Mass. 1969.

Senghaas, D., Systembegriff und Systemanalyse. Analytische Schwerpunkte und Anwendungsbereiche in der Politikwissenschaft, in: Zeitschrift für Politik 15/1968, S. 50-64.

Spaemann, R., „Moral und Gewalt", in: M. Riedel (Hrsg.), Rehabilitierung der praktischen Philosophie I, Freiburg 1972, S. 215-241.

Speck, J., Martin Buber, in: ders., Hrsg., Geschichte der Pädagogik des 20. Jahrhunderts, Band 1, Stuttgart u.a. 1978, S. 132-155.

Speck, J., Martin Buber. Die Aporetik des Dialogischen, in: ders., Hrsg., Grundprobleme der großen Philosophen. Philosophie der Gegenwart IV, Göttingen 1981, S. 48-105.

Stichweh, R., Niklas Luhmann, in: Kaesler, D., Klassiker der Soziologie, Band II, München 2002, S. 206-229.

Vester, F., Neuland des Denkens. Vom technokratischen zum kybernetischen Zeitalter, München 1991.

Vester, F., Unsere Welt - ein vernetztes System, Stuttgart 1978.

Voigt, R., Recht als Instrument der Politik, Opladen 1986.

Waldenfels, B., Ordnung im Zwielicht, Frankfurt/Main 1987.

Waldenfels, E., Der Stachel des Fremden, Frankfurt/Main 1990.

Wehr, G., Martin Buber: Leben, Werk, Wirkung, Zürich 1991.

Wellmer, A., Zur Dialektik von Moderne und Postmoderne, Frankfurt/Main 1985.

Welsch, W., Die Philosophie der Mehrsprachlichkeit. Postmoderne und technologisches Zeitalter, in: Die politische Meinung 32/1987, S. 65 ff.

Welsch, W., Postmoderne oder ästhetisches Denken - gegen seine Mißverständnisse verteidigt, in: G. Eifler/O. Saame, Hrsg., Postmoderne - Anbruch einer neuen Epoche?, Wien 1990, S. 237–269.

Welsch, W., Unsere postmoderne Moderne, Weinheim 1987.

Welsch, W., Vielheit oder Einheit? Zum gegenwärtigen philosophischen Spektrum der Diskussion um die ?Postmoderne?, in: Philosophisches Jahrbuch 1987, S. 111 ff.

Weßels, B., Politische Repräsentation als Prozeß gesellschaftlich-parlamentarischer Kommunikation, in: Herzog, D./Rebenstorf, H./Weßels, B., Hg., Parlament und Gesellschaft, Opladen 1993, S. 99-137.

Wewer, G., Steuerungspotentiale und die politische Praxis, in: Burmeister, Wilke, H., Die Steuerungsfunktion des Staates aus systemtheoretischer Sicht, in: Grimm, D., Hg., Staatsaufgaben, Frankfurt/Main 1996, S. 685-711.

Willke, H., Entzauberung des Staates. Überlegungen zu einer sozietalen Steuerungstheorie, Königstein 1983.

Wolf, S., Martin Buber zur Einführung, Hamburg 1992.

Zimmerli, W. Ch., Jürgen Habermas: Auf der Suche nach der Identität von Theorie und Praxis, in: J. Speck, Hrsg., Grundprobleme der großen Philosophen. Philosophie der Gegenwart IV, Göttingen 1981, S. 223-266.

Peter Lang · Europäischer Verlag der Wissenschaften

Ina Krischek

Wirtschaftsmediation als alternatives Streitbeilegungsverfahren

Gerichtsverfahren, Schiedsverfahren und Mediation im Vergleich

Frankfurt am Main, Berlin, Bern, Bruxelles, New York, Oxford, Wien, 2005.
X, 199 S., 53 Abb.
Saarbrücker Studien zum Privat- und Wirtschaftsrecht.
Verantwortlicher Herausgeber: Michael Martinek. Bd. 52
ISBN 3-631-53429-9 · br. € 39.–*

Internationale Entwicklungen zeigen uns, welches Anwendungspotential in der Wirtschaftsmediation liegt. Auch hierzulande gewinnt dieses alternative Konfliktlösungsmodell an Bedeutung. Umso wichtiger ist es, dem Anwender Vorzüge und Nachteile des Verfahrens im Vergleich zu den Gerichts- und Schiedsverfahren transparent zu machen. Der Schwerpunkt der Arbeit besteht in der Gegenüberstellung der verschiedenen Streitbeilegungsverfahren. Darauf aufbauend wird ein Instrumentarium entworfen, welches den Konfliktparteien ermöglicht, die Eignung der Verfahren im konkreten Fall zu beurteilen.

Aus dem Inhalt: Definition und Begriffsabgrenzung von Mediation · Potentielle Anwendungsfälle (Konflikttypen) der Wirtschaftsmediation · Streitbeilegung in Wirtschaftskonflikten · Internationale Perspektive

Frankfurt am Main · Berlin · Bern · Bruxelles · New York · Oxford · Wien
Auslieferung: Verlag Peter Lang AG
Moosstr. 1, CH-2542 Pieterlen
Telefax 00 41 (0) 32 / 376 17 27

*inklusive der in Deutschland gültigen Mehrwertsteuer
Preisänderungen vorbehalten

Homepage http://www.peterlang.de

FSC
www.fsc.org
MIX
Papier | Fördert gute Waldnutzung
FSC® C083411

Kolibri 360 GmbH
Ferdinand-Jühlke-Straße 7
99095 Erfurt, Deutschland
produktsicherheit@kolibri360.de

Druck:
CPI Druckdienstleistungen GmbH
im Auftrag der
Kolibri 360 GmbH
Ferdinand-Jühlke-Str. 7
99095 Erfurt